集人文社科之思 刊专业学术之声

集 刊 名：区域史研究
主办单位：中山大学岭南文化研究院
　　　　　中山大学历史人类学研究中心
主　　编：温春来（中山大学岭南文化研究院）
副 主 编：黄国信（中山大学历史人类学研究中心）
本辑执行主编：王东杰（清华大学人文学院历史系）

REGIONAL STUDIES

编辑委员会（按姓氏拼音排序）

杜丽红（中山大学）	杜正贞（浙江大学）	冯筱才（华东师范大学）
贺　喜（香港中文大学）	黄国信（中山大学）	黄志繁（南昌大学）
刘永华（北京大学）	王东杰（清华大学）	温春来（中山大学）
谢晓辉（中山大学）	杨国安（武汉大学）	余新忠（南开大学）
张　侃（厦门大学）	张瑞威（香港中文大学）	

编辑部主任：李晓龙（中山大学）
编　　辑：任建敏
编　　务：梁结霞　肖啟良

微信公众号：Regional_History
投 稿 邮 箱：lingnanculture@126.com

2022年第1辑（总第7辑）

集刊序列号：PIJ-2018-326
中国集刊网：www.jikan.com.cn
集刊投约稿平台：www.iedol.cn

2022年第1辑（总第7辑）

区域史研究

REGIONAL STUDIES

主编 | 温春来　本辑执行主编 | 王东杰

社会科学文献出版社
SOCIAL SCIENCES ACADEMIC PRESS (CHINA)

区域史研究
Regional Studies

2022 年第 1 辑（总第 7 辑）
2022 年 11 月出版

学人访谈

在区域与全球之间追寻历史
　　——王笛教授访谈 …………………………… 王　笛　李世鹏 / 3

专题研究

历史上甘肃河西走廊地区与新疆和田地区的联系述论 …… 李吟屏 / 29
道咸时期的湖州学术
　　——以戴望早期学术、交游为中心 ………………… 潘炜旻 / 54
民国游记所见时人对新疆地理空间与资源开发的认知
　（1916~1945） ……………………………… 宋其然　黄达远 / 87
村落水利联盟对抗背景下的民国晋江尚书埭水利纠纷
　　…………………………………………… 杨园章　马文忠 / 121
新青年的省籍意识
　　——以《共进》为中心 ……………………………… 李　哲 / 142

书　评

黄博《谣言、风俗与学术：宋代巴蜀地区的
　政治文化考察》评介 ………………………………… 徐　阳 / 173
评 Steven B. Miles, *Upriver Journeys: Diaspora and Empire in
　Southern China, 1570-1850* ………………………… 王庚午 / 179

空间语境下精英与政治的互动
　　——读萧邦奇《中国精英与政治变迁：20世纪初的浙江》
　　………………………………………………………………… 薛宸宇 / 184
评巫仁恕《劫后"天堂"：抗战沦陷后的苏州城市生活》
　　………………………………………………………………… 李慧敏 / 190
其命维新：嘉道之际的思想、政治与财政
　　——评罗威廉《言利：包世臣与19世纪的改革》…… 方华康 / 196
评姜抮亚《东亚华侨资本和近代朝鲜：广帮巨商同顺泰号研究》
　　………………………………………………………………… 冯国林 / 203
评白德瑞《爪牙：清代县衙的书吏与差役》………… 李璐男 / 212
评谢晓辉《制造边缘性：10~19世纪的湘西》………… 吴舒岚 / 217

征稿启事 ………………………………………………………… / 223

学人访谈

在区域与全球之间追寻历史
——王笛教授访谈

受访人：王　笛
访谈人：李世鹏[*]

　　王笛教授1956年出生于成都，先后在四川大学、约翰斯·霍普金斯大学获得学士、硕士和博士学位。留学美国前，王笛教授已是四川大学历史系副教授，在美国获得博士学位后，曾任美国得克萨斯农工大学历史系教授，现为澳门大学历史系杰出教授。王笛教授早年专研长江中上游地区的区域社会史、辛亥革命史等，赴美后转向研究微观的城市空间，并着力发掘历史中普通百姓的生活履迹，倾听地方民众的声音。凭借对四川成都街头文化、茶馆等城市空间的重要研究，王笛教授斩获多个国际学术大奖，深受国内外学术界赞誉，是中国近现代史与中国区域史研究的代表性学者之一。近年王笛教授也参与公众史学的写作，以期将更多象牙塔内的学术研究成果推广到社会读者中间去，《袍哥——1940年代川西乡村的暴力与秩序》（以下简称《袍哥》）等作品也获得众多媒体与读者的肯定。多年来，王笛教授穿行于中国与美国等不同学术环境之间，他是在区域与全球之间追寻过去的历史学家。2022年春，受《区域史研究》委托，我们对王笛教授进行了专访。在两个多

---

[*] 王笛，澳门大学历史系教授；李世鹏，清华大学历史系2021级博士研究生。

小时的访谈中，王笛教授分享了他对区域史研究的方法、区域与全球的联结、中西学术写作的差异、历史学家的公众写作等问题的许多重要理解与思考，现整理成文，以飨读者。

《区域史研究》：您的研究或可被纳入区域史的范畴，但您的区域史研究似乎表现出两种不同的特点：在出国前的《跨出封闭的世界——长江上游区域社会研究（1644~1911）》（以下简称《跨出封闭的世界》）中，您更注重宏观、整体的考察，而后来的《茶馆：成都的公共生活和微观世界，1900~1950》（以下简称《茶馆》）、《街头文化：成都公共空间、下层民众与地方政治，1870~1930》（以下简称《街头文化》）和《袍哥》则倾向于在更微观的场景中呈现细节。您现在基本上更倾向于后者，但您也提到早年的整体性研究对您后来的研究是有帮助的，那么您现在如何看待这样的两种取向？从区域史的角度看，它们各自的"洞见"与"不见"是什么？在研究方法上有什么根本的差异？是否存在可以将二者结合起来的可能？这些可能怎样展开？

王笛：确实，《跨出封闭的世界》和我后来所写的东西差别还是比较明显的。在后来的几本著作及《跨出封闭的世界》重印的时候，我在前言里边都提到这种区别。因为《跨出封闭的世界》是1980年代写的，毕竟已经30多年了。当时国内和国外的史学取向、理论、方法，和现在其实差别都很大。

我也反复提到过，当时是受到布罗代尔研究模式的影响，就是想要看一个大的区域，具体来讲就是长江上游社会是怎样演变的，是如何从一个传统社会走向现代社会这样一个长期的过程。如果要讲演变过程的话，难免要讲到传统社会，所以花了非常大的精力去研究清代的经济、社会、政治系统、组织、士绅等这些问题，甚至研究人口、粮食的提供，研究传统的教育……这样才能有一个参照系，去观察这个社会是怎么发生变化的，特别是19世纪到20世纪初的演变过程。难免地，整个研究的取向相对来说比较宏观：一个是时间的跨度长，从清初一直讲到辛亥革命；一个是涉及范围大，是整个长江上游地区，虽然是以四川为中心；另外一个是涉及的问题非常多，虽然叫作社会史，但实际上这个"社会史"是比较宏观的。这些都和我以后的研究差别很大。

这种宏观视野下的研究，如果说"洞见"的话，我想可能就是涉及一些大问题，并重视这些大问题。包括去计算粮食能够产多少，能够供给多少人生存，关注经济的状况，包括手工业的发展、农业的发展等。以这个研究修正的人口数为例，按照官方的统计，四川人口在19世纪末就达到了7000多万人，而根据我的重新计算，实际上也只有4000多万人。而耕地的问题刚好相反，按照官方的统计，只有4000多万亩，根据我的计算，当时四川实际上达到了1亿亩。这些都涉及非常大的问题，整个省人口和耕地的官方记录和实际相差这么大，甚至相差一倍以上。而这些数字对研究社会史是非常重要的。

但是《跨出封闭的世界》的缺陷也是很明显的。这一本"大书"，中华书局那个版本有700多页，但我们很少能在其中看到普通人，这个就是所谓的"不见"的东西。虽然书里面也有提到普通民众，但是都是通过精英批判的眼光来呈现的，比如说精英批判他们的风俗习惯、迷信等。看不到个体的人，没有个人的经历、个人的故事，这就是和我以后的研究最大的不一样之处。后来我越来越注重人的经历、个体的经历，特别是一般人的故事。而且很多情况下是站在他们的角度，尽量能够透过精英的话语来寻找普通人自己的声音。这样一个转变就是方法上的、史学观上的、史学理论上的转变。

那么你提到两者是否可以结合起来，我觉得其实不管是写宏大的题目，还是微观的题目，都需要从两个方面来考察历史。如果仅仅是从一方面看，肯定是不完备的。两者不仅仅是有没有可能结合起来的问题，实际上是必须结合起来。

虽然我也曾谈到过"以小见小"，我说如果你不能做到"以小见大"的话，那么"以小见小"也不错。当然，我是退一步来讲这个问题实际上作为历史研究来说，我们要有这样的史学思考：哪怕是选一个小问题，你也应该考虑这个问题是否能够帮助我们回答一些大的问题。如果是能够帮助我们回答一些大的问题的话，你研究的这个小问题就更有意义了。就是说，不仅仅是把小的问题弄清楚了，而且是能够从更抽象的层次来认识问题。

以我的研究为例，在《街头文化》里，我虽然是讲成都的街头文化，但主要是要讨论大众文化和精英文化的关系，而这样一个关系，实际上就远远地跳出了成都的街头文化。因为这个问题存在于中国的任何一个城市，甚至可以超越中国。比如在西方城市中，也存在大众文化和精英文化的关系。最近在国内刚翻译出版的卡洛·金茨堡的《奶酪与蛆虫——一个16世纪磨坊主的宇宙》（以下简称《奶酪与蛆虫》），也是研究大众文化，研究正统文化和异端文化的冲突。把小问题放到一个学术界普遍关注的问题之中，这就是以小见大，让那些不是研究成都，不是研究中国文化的学者，也能从这个研究中得到启发和思考。特别是研究西方大众文化与精英文化的学者，读《街头文化》，也能够从中国的案例中，来和西方类似的问题进行一种对话。我想这就是为什么《街头文化》出版以后获得了美国城市史学会的最佳著作奖，颁奖词也就是体现了这个意思。

《茶馆》也是这样，我不再是回答大众文化和精英文化的关系，而是通过茶馆的研究，试图去分析地方文化和国家文化之间的冲突，地方文化又是怎样反抗这种国家文化对地方文化的打击。所以虽然讲的是茶馆，讲的是一个小的公共空间，但它却是超越了茶馆本身，超越了成都，甚至超越了中国的地方和国家的关系，超越了中国的公共生活。因为西方的历史学家也注重公共空间的问题、公共生活的问题，以至于公共领域的问题。他们也讨论诸如咖啡馆、酒馆等，类似的问题也是他们关注的。

总之，我认为宏观和微观需要结合起来，讨论小问题的时候要能够去回答大问题，而在研究大问题的时候也要关注细节。

《区域史研究》：那么可不可以这样总结：我们的研究对象可以是碎的，但是它的意义不是碎的，是普遍的？

王笛：对，可以这样认为。我记得在《茶馆》的前言中我也讨论过，中国学界有一种普遍的看法，认为我们要研究"重大课题"才有意义，并以此评价一个史学研究是否重要，是否有贡献。所以就产生了所谓的"一流题目""二流题目"的说法。其实我不赞成这种提法。

史学研究，大问题当然很重要，但是我觉得对历史学家来说，课题本身的重要性其实不是问题的关键，最重要的是你是否能从研究对象后面发现重要的东西。《奶酪与蛆虫》中的那个小磨坊主，其实一点儿都不重要，他就是那个时代意大利乡村的千千万万个农民之一，但卡洛·金茨堡能够从这样一个人身上发现后面的大问题。其实孔飞力的《叫魂：1768年中国妖术大恐慌》里面的许多人物，不管是和尚也好，乞丐也好，他们也都不是重要人物，但是作者从他们身上所发生的故事，发现了乾隆和国家官僚体制之间的矛盾。

所以，关键是能不能够从小问题上，从那些看起来只是蛛丝马迹的事物中，挖掘出或者察觉到后面的大问题。而且，这不是说去很勉强地牵扯上联系，而是逻辑的探索。而所谓"一流题目""二流题目"，反而会误导我们。我们作为研究者能够透过历史表面的尘埃，看到后面的实质，这个才是重要的。

《区域史研究》：近年来，全球史越来越成为一门"显学"，在您看来，全球史与区域史研究该如何有效地联结起来？或者是否有必要联结起来？现在学者对这二者的研究，似乎更多集中于江南、两广等沿海地区或西北、东北等边疆地区，而像四川这样的内陆地区，我们是否也可以全球史的视角对这一区域进行某些重新审视？

王笛：回答当然是肯定的。去年《历史研究》组织过一个专题讨论，我也提供了一篇文章，就讲怎样把中国史和世界史结合起来。说到区域和全球的关系，其实相对于全球来讲，中国就是一个区域；相对于中国来说，江南也是一个区域，所以说二者始终是相辅相成的。我们要更好地了解中国历史，就必须研究全球史。

全球史需要一个更宏大的结构、更宏大的视野。我认为过去我们的研究还是就中国来看中国的问题，当然，这样我们可以看得很深，可以不断地发掘，但是它有一定的弊病。好多问题我们必须转换一个角度，即视野的转化或者视角的转化。就像我们站在地球上看地球与在太空上看地球，是非常不一样的。虽然我们看的对象都是一样的，但是由于视野不同，我们所看到的东西完全就是两回事儿。因此，当我们站在全球的角度来看中国的时候，就会发现过去从中国的视野看中国所看不到的问题，或者有了新的认识。

我们研究历史必须像布罗代尔说的那样，有长时段、中时段、短时段，要有不同的时间维度。另外还必须有不同的空间维度，比如说用望远镜来看，你可能视野会比较广，很远的地方你都能够进行观察。你还可以移动你的望远镜，从而看到一个非常大的世界。你也可以选择你的目力所及的世界，即是中观的视野。还应该有近景，甚至有特写。

我曾经提到做研究就像拍电影一样。我记得美国有个电影的片头，开始是在宇宙看地球，然后镜头拉近，进入地球，然后又到一个国家，再到一个城市，在某一个街道，进入某个房间，落到房间的一个人身上，最后进入他的瞳孔。历史研究也是这么一回事，就像拍电影一样，你看一部电影，镜头和景深没有任何变化，你会看得很难受。不能想象，一部电影的镜头都是特写，或者都是远景，那就根本没法看。所以导演必须不断地转换镜头，有远景，有中景，有近景，有特写，有各种不同的层次和线索，你才能感觉到这部电影有一个完整的叙事。其实历史研究也是这样，你不能始终只是一种视野或者一个角度，你的角度或者视野应该是移动的。那么这样一个关系，其实也就是全球史和区域史的关系。当你的视野变化了，那么好多问题的认识也就趋于全面。像看一个人，如果只是从一个面看，还不行，还不是立体的认识，要多换几个面来看，才是比较完整的。

你说现在具有全球史倾向的研究大都集中在江南、沿海地区，确实是这样。当然我也知道为什么会这样，因为那些地方留下来的资料相对系统一些。还有就是江南由于经济和文化的发展，是中国的重要区域，所以不光是中国学者，研究上海、江南的西方学者也非常多，而研究内地的学者，到现在为止，相对来说比较少。

我想随着学术的发展，当我们对江南、华南等地研究非常多以后，如果我们要进一步深化对江南和华南这些区域的了解的话，就必须对中国的不同地区进行研究。江南、华南或者华北的这些研究可以帮助我们认识西南、长江上游地区；那么关于长江上游区域史的研究，也可以帮助我们来研究其他地区。所以说区域史的研究，必须跳出本区域。我记得科大卫教授前几年就提出要"走出华南"，我想他也是觉察到了只关注一个地区的局限。也就是说，研究华南不能把注意点永远都只放在华南。

区域史的研究可以帮助我们认识世界历史或者全球的历史，同样全球史的眼光、方法、视野、思考，其实也可以帮助我们理解区域。像《棉花帝国——一部资本主义全球史》那本书，虽然是研究整个全球的棉花种植和贸易以及影响，但实际上它的案例也是具体到国别、区域，如在中国、在南美、在非洲是怎么回事，这就是全球和区域研究结合起来的一个非常好的典范。

还有《茶叶大盗：改变世界史的中国茶》（以下简称《茶叶大盗》），其实也是从全球史的角度来看历史的。东印度公司的福琼（Robert Fortune）到中国来，到武夷山去偷茶种，再转运到印度去种植，就几十年的工夫，印度茶叶出口就超过了中国。这样一个从茶叶来看全球史的研究，实际上它可以小到一个英国人怎样到武夷山去寻找茶种，大到东印度公司的整个贸易战略这样的大问题。我们可以在英文世界找到好些这类的研究，对我们做区域史的人肯定都会有很好的启发。

《区域史研究》： 您长期研究长江上游特别是成都，那么您觉得如果您来研究成都的话，可以怎么样、从哪些角度把成都和全球联系起来？

王笛： 我们知道成都是一个内陆城市，根据记载，直到19世纪末，成都其实都很少受到西方的影响。它是一个相对封闭的地区，因此我的第一本书就叫《跨出封闭的世界》。但这是不是就说明成都和全球没有关系？我们研究内陆城市就不需要和全球史来进行对话和思考？

其实当然有关系了。我在写《跨出封闭的世界》的时候就已经看到这方面的资料，但是当时根本没有什么全球史的思考，就没讨论这个问题。我记得在晚清新政时期，四川的茶业就已经出现了很严峻的问题，这就涉及前面提到的《茶叶大盗》中印度的茶。成都周围都产茶，中国的茶过去是这么有名，为什么到了这时候中国的茶却卖不出去？这就涉及当时我们的茶叶制作工艺问题，还有不少的"奸商"在茶叶里掺树叶，把中国茶的声誉搞坏了，导致茶叶在出口上遭到印度茶非常大的冲击。这是30多年前看的资料，我现在还记得。

再举一个例子，19世纪以来，由于棉纺织业的大机器生产，英国运到中国的棉纺织品价格便宜，质量又好，所以近代以来英国棉纺织品大量地进入中国，中国的手工业特别是棉纺织手工业受到很大的冲击，造成农村自给自足的小农经济破产。不管是江南也好，内地也好，都是这样一个故事，历史书也经常提到。但如果我们看成都平原，抗战时期成都的棉纺织业却有一个繁荣时期，这就涉及一个全球的问题，为什么有这一繁荣期？这是由于抗战爆发以后，东南沿海被日本占领，东南沿海的航路都被日本人控制了，西方的棉纺织品要进口非常困难。在这种情况下，由于西方产品的竞争减少了，长江上游的传统棉纺织业就发展起来了。当时燕京大学就做过一个社会调查，也讲到这个问题，讲到抗战时期家庭棉纺织手工业的兴旺。这是由战争所引起的，在第二次世界大战这样一个全球史的大背景下，落实到成都郊区一个小的地方的变化，全球的战争就这样影响到中国内地一个个小小的手工棉纺家庭。

《区域史研究》： 您刚刚提到"华南学派"，中国目前的区域史研究似乎是华南学派一枝独秀。在您看来，华南学派的研究和您采取的"新文化史"路径有何异同？它们有没有结合的可能？如果有的话，我们需要做些什么工作？

王笛： 其实我们有很多相同点的，华南学派的东西我也很喜欢，像科大卫、陈春声、刘志伟、郑振满等，还要加上在北京的赵世瑜，他们的东西我都读，跟他们也很熟。最近也刚收到贺喜和科大卫的新书《秘密社会的秘密——清代的天地会与哥老会》。前几年他们要"走出华南"的时候，在上海举办了一个研习班，我也去做过讲座。我觉得我们的共同点就是都关注人类学的方法，都关注社会调查。

他们的社会调查、他们所研究的乡村社会，包括赵世瑜研究的庙会等，我也关注。比如赵世瑜用大槐树民间传说来研究移民，其实我在《街头文化》中也用了不少民间故事。其实新文化史也很强调利用民间故事来看历史，达恩顿《屠猫记——法国文化史钩沉》里的"小红帽"那一章，其实就是用民间故事来看中世纪的农民的生活。方法也有很多共同点，比如他们研究仪式、组织、宗族等，这些在我的研究中也是经常涉及的问题。

如果要说不同的话，我觉得华南学派和我最大的不同，就是他们以乡村为主，而我主要关注的是城市。另外，他们更强调、更倾向于人类学的方法，或者说明确地打出了历史人类学的旗帜，包括他们所办的《历史人类学学刊》杂志。我还是更强调历史学，无论是新文化史还是微观史，都是历史学的方法和取向。再者，我们研究不同的区域，他们集中在华南，我主要是集中在西南或者说是长江上游。还有就是在时间上，华南学派其实研究明清比较多，属于华南学派的哈佛大学宋怡明教授就几乎都在研究明代。而我毕竟是一个中国近代史的研究者。所以说这些区别也是很明显的。

如果将我们所研究的区域进行对话，可以体现在哪些方面呢？举个简单的例子，华南学派特别注重宗族的研究，因为宗族在华南扮演了非常重要的角色，影响到整个社会结构、生活方式、家庭、个人甚至经济和政治。但是在四川，宗族没有扮演像在华南这样重要的角色，那么，是什么东西在左右社会呢？这就回到了我所研究的袍哥，这种秘密社会组织其实在相当程度上起到了宗族在华南所起的作用。可以看到，由于区域的不同，在华南，宗族势力非常强，就很难有像四川袍哥这样的组织的形成和发展，因为宗族已经对地方社会有控制权了，没有留下很大的社会空间给秘密会社，哪怕那些地方天地会、洪门等非常活跃，但是起不了像袍哥在四川这样的作用。所以这就是区域之间的不一样。

如果说区域研究还有哪些可能性的发展的话，我想第一点，一些区域的研究是不够的，大量研究集中在江南、华南和华北。华北其实研究得也蛮多的，包括黄宗智、杜赞奇等的研究。但中国的有些地区其实还很少被研究，如西北的研究到现在为止都还很薄弱。其实对西南的研究也非常少，特别是对贵州、云南的研究。另外，东北的研究也不多。如果按照施坚雅的九个巨区划分，其实好多巨区我们根本没有进行深入的研究，以前的研究就是集中在江南或者珠江三角洲、华北这几个区域。

第二个我觉得是区域间的比较研究还有非常大的发展空间。但是区域间的比较研究，肯定是集中在那些研究相对比较充分的区域。如果对一个区域了解不多，你怎么进行对比？所以说研究要平衡，不能大家都集中在一个区域或者一两个区域。

第三点，区域研究应该和中国史乃至全球史进行对话。各个区域加在一起，并不见得就是一个完整的中国史。实际上，在研究一个区域的时候，不管是研究西南，还是研究西北、江南、华南或者是珠江三角洲，首先要把它放到中国这样一个大语境中来考虑，这样更能全面地认识那个区域。这其实是一个逐步扩大的过程，比如可以把东亚各国放在东亚这样一个大区域中来观察，然后从东亚逐步扩展到亚洲，然后从亚洲到全球，这样一来就有了各个层次。就像我《茶馆》的第二部，最后一章我研究麻将，我就分为四个层次，一个是个人，一个是社区，一个是城市，一个是国家。我们研究区域史也可以用各种不同的层次，从一个一个"小区"（比如说县），然后到施坚雅说的"巨区"，然后到像亚洲这样的洲际的"区"……所以说，关键是看你自己怎么限定你所做的区域研究。只有把你的区域研究放到相对更大的一个区域中间，才能更清楚地认识你所研究的那个区域。

《区域史研究》：您就是穿行在中西不同学术"区域"中的学者，而在很多访谈中您都曾回忆过您在美国的求学经历，特别是您最开始因为语言问题带来的困窘，您是如何克服语言这一障碍的？您的著作大都是您自己用中英文写就的，您觉得中英文在史学学术表述上有何异同？表述的差异会导致学术视角的差异吗？如果是的话，那又表现在什么方面呢？

王笛：我出国留学实际上比较晚，在川大的朋友都知道，我是被评为副教授以后才出国的，留学的时候已经35岁了。而且那个时代我们的英语底子很差，不像现在的年轻人非常小就能接触到英语的广播、英语的电视，而且现在学校外语授课的质量、训练都比我们那个时候好得多。我在出国的时候，英语几乎只能阅读。

到美国以后首先就面临怎样能够用英语进行学术的交流，这对我来说确实是非常大的挑战。听不懂，口头表达困难，写作更不要说了，从来没有用英语写过任何东西，更不要说写学术论文了。

怎样克服这样的困难？语言的进步只能循序渐进，不可能在很短的时间内有所突破。其实35岁要想在语言上有所提高的话，真的是比年轻时候要困难得多。十几岁之前，学语言是最快的，然后学习语言的能力随着年龄的增长而降低。那个时候，自己是不是能够面临这样的挑战，是不是能够克服各种困难，确实没有底。但是我就想，做最大的努力，尽人事而听天命。

课堂讨论非常重要，开始很难听懂，完全跟不上课堂讨论的节奏。通过修课、阅读、写论文，逐步地，几年下来各个方面都得到了提高。虽然那个时候英语不好，但并不给自己任何借口，课堂讨论的时候不发言，而是相反，利用一切机会，去锻炼自己的表达，尽最大的努力去参与讨论。就这样，一个学期再一个学期，一年又一年，在这样的一个长期过程中，逐步弥补和克服自己的短处和弱点。在不断进步中，自己也越来越有信心。

讲到学术训练，实际上不仅仅是个语言的问题。我本科和硕士受的是国内的学术训练，而西方的学术背景和中国存在相当大的差异，学术概念和表达也是不同的，包括理论、方法、史学观等，都同时在发生转变。这样一个转变过程，也是经过了几年的努力。

既然在美国，肯定只能用英语来写作。但是在美国的最初的几年，我还是中国的思考习惯，写作的时候，不管是建构内容，还是说文章的结构、使用的词汇和语言，都是按照中国学术的习惯。因此，思考要纳入西方的学术语境，我觉得是一个非常大的转变。在学术训练的过程中，我逐步地养成了英语思考的习惯。在美国的华人中有一个笑话，说如果你做梦都是说英语的话，那就说明你已经开始用英语进行思考了。后来还真就是这样，我曾在梦中用英语与别人进行辩论。

在用英语写作中，我就发现过去一些中文写作的习惯，和英文的写作差别很大。

首先，我们过去的写作习惯，特别强调要把事情讲清楚，这样一来你的目的就达到了，特别是我们喜欢去研究过去没人研究过的题目。但是在英文的学术写作中，更强调的不是这个问题是否有人研究过，而是你研究的是不是学术界大家共同关注的问题，能不能放到一个大的问题中进行讨论。在中国我们经常说填补了某个问题的空白，比如说这个人物没有人研究过，这个事件没有人研究过，或者是这个问题没有人研究过。西方不这样看，他们更关心你研究的课题能说明什么问题，对他们认识中国历史、认识中国社会有多大的帮助，能够提供什么新东西，是否让他们有新的思考，等等。如果不能提供新东西的话，即使你研究的课题是别人从来没有研究过的，他们也不感兴趣。比如你写的文章投稿给杂志，评审就会问你，你的文章到底对我们理解中国能够做出什么贡献。如果你只说这个问题过去没有人研究，这是不行的。

  第二个差别就是研究的具体个案问题，必须考虑你的个案是不是能提高到一个更抽象的层次上。你要考虑，不是研究你这一具体个案的人，你和他们是不是能进行学术对话。所以在英语写作中，别人始终会问你 what's your argument? 就是你想要阐述、想要论证的是什么。在中文写作中不是很注重这一点。所以我在指导学生的时候，不管是在美国还是在中国的澳门大学，或者是中国内地，我都不断地问学生，在你的研究中，你想要论证的是什么，你能不能用一句话来表达你的主要观点。

  第三，还有一个很大的不同就是史料的运用。中西方的历史写作，都很强调史料。如果你投稿给西方的历史学杂志，评审就会问这篇研究是不是提供了新的资料。但是怎样使用资料，差别很明显。在中文写作中，我们喜欢把各种不同的资料都摆出来，甚至长篇地引用原文。在英文的写作中，不是很认同这种方式。在英文的写作中，总是要强调你尽量用自己的语言来表达，避免大段地引用原文，除非在这种特殊的情况下：随后的讨论，建立在对这些原文的分析的基础之上。也不喜欢你进行同类资料的排比，你只需要点到为止。有同样的其他资料，你可以放在注释中间，甚至在注释中把出处给出就行，有兴趣的学者可以自己去查找，不需要在正文中大量罗列。所以相对来讲，在英文著作中，鸿篇巨制特别是个案研究的鸿篇巨制其实很少。以学术专著为例，一般两三百页的英文学术书是占主流的，超过 400 页的著作是非常少的，也很难出版。他们讲究要精练，而不是强调厚重。

在我自己用英文写作的时候，我始终考虑怎样能够准确、精练地表达我的观点、我的论证和我的分析，这就和我写中文书的时候很不一样。我的学术专著只有《跨出封闭的世界》这一本是直接用中文写的，后来的《街头文化》、《茶馆》和《袍哥》都是先有英文版。那么后来翻译成中文的时候，其实区别蛮大的。翻译的时候，我还不得不再补充一些资料和细节进去，否则就觉得还不够饱满。这并不是说哪一个更优，哪一个不好，而是中英文有不同的写作习惯。如果是叫我把我的中文的东西翻译成英文的话，好多资料实际上就会用不上，因为会觉得有点累赘。

而且在英文的写作中，特别是学术写作中，尽量要少用一些描述性的文字，以达到准确和精练的目的。我们中文写作有的时候很强调文笔，用些成语，用很多形容词、副词，使用一些比较自由的表达，来增加文字的感染力。而在英文的学术写作中，不怎么关心你的文笔，反而要求你要精练、准确。例如当英文论文要发表的时候，杂志社会有专门的 copy editor，把每一篇论文（哪怕作者是大教授）的文字逐句逐段地编辑，他们会看文章表述是不是清楚，语言是不是精练，是不是按照了杂志的格式，等等。

《区域史研究》：以前我们提到近现代史研究，常提到范式的转变，但现在近现代史研究似乎并没有一统的"范式"了，因此有些学者开始担心史学的"碎片化"。您自己也是参与和推动过中国近现代史范式转变的人，而且之前也就"碎片化"等问题写过文章，那么在您看来，一统的范式对于史学工作来说，究竟有何利弊？似乎总有历史学家在追求这种统一性，这种追求背后的社会、心理和学术动力是什么？

王笛：其实范式，我认为应该是自然形成的。比如费正清的"冲击—反应"，是他在研究近代中外关系的时候提出的观点，后来他的学生觉得这样一种范式对我们理解近代中国非常有帮助。西方在认识近代中国的过程中，还有现代化理论，从现代化的角度来看中国；殖民主义理论，强调帝国主义对中国的影响；还有革命范式，通过革命来认识中国社会；等等。这些都没有问题，都是根据中国近代的具体的研究课题而提出的研究理论和框架。学者先做出研究，由于它们的影响，逐渐为其他的学者所接受。那么我们后来总结说在某个时期某方面的研究形成了某种范式。

再如法国的年鉴学派，也是因为一些志同道合的学者发表了大量的社会史的研究，形成了一个学术共同体，才被学术界称为年鉴学派。最早的法国年鉴学派的那些人，并没有在进入直接的研究之前就宣称我们现在要来创造一个年鉴学派，对不对？他们的理论、方法都是在不断的研究过程中、出版过程中形成的。

我经常说的微观历史也是这样，所以金茨堡今天还不承认他是微观史的鼻祖。他并没有宣布要搞一个新的 approach（取向），叫作微观史，而是他先写了《夜间的战斗——16、17世纪的巫术和农业崇拜》《奶酪与蛆虫》这些著作，大家觉得他这是从微观视野来考察欧洲的中世纪。

我反对为了创造某种范式而先去创造理论框架，再来进行具体的研究。所以我认为，在个人的研究中，是不是适合于哪种范式，其实一点儿都不重要。现在我们没有范式了，或者说没有一统的范式了，大家不必焦虑。为什么不用担心？因为我们在进行某种历史的探索的时候，都在思考历史的问题，都在考虑怎样用最合适的理论和方法来研究自己的课题。那么在这些作品发表以后，也可能在很多年以后，发现这一类的研究对我们了解中国历史、了解中国社会有非常好的启发，到那时人们可以说这是一个新的范式了。

在现在这个阶段，可能没有一统的范式，这太正常了。如果现在我们真的有一统的范式，我才真是担忧了。现在范式的弱化，其实是有利于学术研究的。如果说我们现在只能用某种范式、用某种方法，或者说只能思考大问题，或者是只能思考小问题，这种所谓的"一统"，最后对我们的研究肯定是有害的。要让不同的学者做出不同的思考，进行不同的探索。至于说很多年以后来总结这段时期的史学发展的时候，可以划分为某种 approach，或者某种 paradigm（范式），那是以后的事情，留给以后的人去思考。

《区域史研究》： 在您的《茶馆》第二部中，因为档案文献的缺失，您使用了很多的口述和访谈资料，想请您具体谈谈您是如何做口述、访谈，又如何用口述、访谈的？在这方面有什么心得？在中国参与口述史工作的人有很多，除了历史学家，还有人类学家，以及像崔永元这样的影视工作者。您觉得大家的视角有什么差异吗？历史学家需要向其他人学习什么？

王笛： 在我写《街头文化》和《茶馆》第一本的时候，因为写的是晚清和民国，档案资料很丰富，所以虽然也用了一些采访，但是用得很少，因为文献资料已经够多了。我用采访资料用得最多的就是《茶馆》的第二本，写社会主义时期，从1950年到2000年。关于1950年代的档案比较丰富，1990年代的时候我收集到了很多。但是那本书的后半部，从改革开放以后茶馆的复兴一直写到2000年，几乎没有任何档案的资料。当然也有一些文献，比如说报刊上有一些报道，但是不细，不具体，不系统，于是就不得不大量地依靠自己的田野考察。

我对茶馆的田野考察是从1997年开始，一直到2003年最后完成。比较集中的考察，就在这差不多六七年时间里。我的调查和社会学还不一样，社会学的调查一般要做问卷，然后根据问卷进行分析。我曾经也想过这样做，其实我连问卷都设计好了，但最后我没有采用这个方法，因为我觉得我要回答的问题是历史的问题。我学术生涯的早期很重视计量，如果我要用问卷的话，实际上最后要把它转化成数字，进行计量的分析。但这一数字和计量的分析与我想关注的问题关系不是很大，所以后来我放弃了。我在《茶馆》第二本中所关注的问题，主要是讲国家权力怎样深入日常生活。

说得更具体一点儿，我到茶馆去，看起来不是一个研究者，而是一个普通茶客，用我的眼睛来观察周围的世界，把我所听到的、所看到的、和茶客的交流、听到的他们所讲的故事，记录下来。其实我的这种方法，有点儿像文学家深入生活，也是到现场去了解和观察。我在茶馆和别人讲话的时候，也从不做录音，不做笔记。而是作为他们中间的一员，跟他们进行一种平等的交流。年复一年，这样六七年的时间，从1997年到2003年，然后把每次的考察记录下来。那个详细的笔记我已经整理出来，世纪文景准备出版，现在暂定的题目就叫《茶馆笔记》。这样一个实录，笔记中所记载的东西，有一部分用在了我的《茶馆》的第二部中。这部书的中译本，香港中文大学出版社已经出版。英文版2018年出了，而且因为这本书，我第二次获得了美国城市史学会的最佳著作奖的殊荣，这个是我没想到的。我希望早日能够在中国内地出版，让大家更多了解我的第二本《茶馆》到底是怎么思考的，回答了一些什么问题。

我的调查不同于人类学，虽然也受到人类学的启发。我自己对人类学也非常感兴趣，但是我的研究和人类学最大的不同是所要回答的问题不一样。我强调的是国家的权力是怎样影响到日常生活和公共空间。如果是学者的话，虽然他们也能到茶馆里面去考察，去听这些故事，但他们是要建立一种个人之间的或者群体之间的行为模式。因此我们关注的问题是不一样的，这种区别还是蛮明显的。我们都在观察，但是我们头脑中想的问题是不一样的。

我始终在想，个人在国家的影响之下，不管是控制的时候还是放开的时候，他的生活怎样受到国家权力的影响，而且外部政治发生的变化怎样影响到他们的日常生活。人类学家想的是，从早上、中午、晚上去看他们的行为方式有些什么规律，或者从人与人交往之间发现了一种什么模式，或者是在文化上有什么内在的逻辑，等等。

至于我的田野考察和运用是不是成功，至少从英语世界来看还是得到认可的，能否得到中文世界的认可，还有待于检验。但是我觉得这种把人类学的田野考察和历史学的文献分析结合起来，也是我自己学术方法的一个探索和发展。

《区域史研究》：您正在写作的三卷本《袍哥》，是否还是围绕地方文化和国家文化这一命题展开？与之前的论著相比，它想要讨论的核心问题是什么？相较于此前汗牛充栋的关于中国秘密会社的研究著作，您觉得您的研究最大的特色是什么？

王笛：对这个问题，实际上我一直在思考，我研究的习惯就是在写作的过程中间逐步形成自己的观点和表达形式。其实我这个课题的研究时间已经很长了，1980年代就开始了。2018年出了第一本《袍哥》，那本书回答的主要问题是在社会基层暴力与秩序的关系，通过个人的经历回答这样一个问题。而现在写的三卷本，我一直在想到底我要回答什么问题，说实话，我觉得我现在还不是非常明确。

但是，我初步的计划是将三卷本分为历史、仪式和组织三部分。这看上去其实很像人类学的著作。的确，仪式部分基本上是解决人类学的问题；组织部分是解决政治学的问题；而第一卷是解决历史的问题，包括袍哥怎么产生、怎么壮大、怎么扩展等。这只是一个初步的构想，现在也是按这个构想在写。那么，每一卷所要回答的问题又是不一样的。至于具体每一卷要回答什么问题，实际上要在写作过程中不断提炼，要根据情况，要根据研究的内在逻辑，到最后才能敲定。

《区域史研究》：《美国与五四新文化时代的中国》一书是您预告过的最新著作之一，除了此前比较少人研究这一问题之外，还有什么原因促使您写这样一本和您既往研究都"不太一样"的书？为什么您会考虑将这本书用更为通俗的语言进行重写？

王笛：其实我过去对这个课题的写作没有现在这么迫切，但现在想尽早把这本书写出来。我自来认为历史的研究不是为现实政治服务，但这本书能够帮助我们回答很多问题：怎样去理解美国与中国的关系，美国对中国的态度，美国到底想要中国成为一个什么样的国家，等等。

我的这个研究集中在辛亥革命以后一直到国民党统一全国，从1912年到1928年。过去我想要主要集中在五四运动时期，但是在研究的过程中，发现很多问题都必须在较长的时间段内进行考虑，只看"五四"时期是根本不行的，结果就从五四运动往前后两边扩展，于是就扩展到清廷垮台、中华民国成立，到五四运动，后来又涉及华盛顿会议、五卅运动，涉及布尔什维克的兴起。我也不会讲到国民政府时期，那就无限度了。实际上这本书就是讲北洋军阀时期，从1912年到1928年美国到底在中国干了些什么，他们到底怎么样认识中国，或者怎么样了解中国。

其实我前年就差不多完成了专著，正文共九章，外加导言和结论，每一章集中研究一个问题，当时书名叫《美国与五四新文化时代的中国》。我开始把每一章整理成一篇篇研究论文，陆陆续续都在发表，从2019年在《近代史研究》上发表关于华盛顿会议的论文开始，到现在已经有七篇论文问世，剩下的两篇也会在这几个月发表。这九篇论文实际上很完整地展示了这本"学术专著"。

但是作为一本专著，可能要换一种方式来写，这或许会让"敏感性"有所降低。另外，改写也可以起到一石二鸟的作用。一方面是希望改写后它能顺利出版，另一方面觉得改写以后，可能会有更大的读者群。在改写过程中，我开始用另外一种写法，放飞自我。在学术专著中间很难用的一些故事，我都补充了进去。原来专著完成的时候是22万字，结果这一改写，就不可收拾，现在已经写到45万字了。

既然已经把摊子扯大了，要改就把它改好。所以我现在还在继续写，最后完成的体量有多大，说实话我现在都没有数了。我估计可能最多50万字，就是在过去的基础上增加了一倍。

其中有很多有意思的故事。我给你举个例子吧，我在读《纽约时报》的时候，发现了巴黎和会期间《纽约时报》发表了一个姓王的先生的读者来信，他批评巴黎和会对中国的不公。这封读者来信发表以后，一个美国人对王先生的信很不满，写了一封信给《纽约时报》，为日本人辩护。王先生又写一封信回去批驳那个美国人。然后美国人又反驳回去。在这几个回合中间，第二个美国人加入进来，对那个为日本人辩护的美国人大加批判。这里面有三个主要人物，两个美国人，一个中国人，我就在想，到底这些人后来怎么样了？我就去深挖，最后经过考证，利用蛛丝马迹，知道了"王先生"的真面目，知道了他当时在美国的情况、后来的情况，然后又去挖了这两个美国人，结果每个人后面都有非常复杂的故事。从《纽约时报》的几封读者来信，最后发现他们后面的不同的背景、观念、经历和故事。这个事件和后面的发现，就成了我的这本非虚构书中间的一章。我把王先生看作历史中的一个小人物，如果不是我去挖掘的话，他的事迹和他这个人可能就会完全被遗忘了。

实际上《纽约时报》在当时的影响非常大，我想很多人读到了他这封信，而且读到了他们的论争。他在当时巴黎和会的情况下为中国呐喊，这样一种爱国主义的情怀，其实全世界都能看得到。我们现在只看到台面上的顾维钧、陆征祥、王正廷这样一批在巴黎和会上向西方世界争取中国权利的外交官，但在后面还有像王先生这样的一些人，用不同的方式在创造历史。这个寻找的过程就非常有意思，所以说我的新书增加了好多过去没有想到的内容。

《区域史研究》：这个故事非常有趣，让我想起了您在《袍哥》里面寻找沈宝媛的家人，还有《街头文化》中寻找"大卫·格拉汉姆"（葛维汉）的故事。

王笛：对，当你把这个线索追踪下去，你都不知道会发现什么，对吧？我在这一章的最后就写到，作为一个历史学家，寻找的过程有点儿像宫崎骏电影《千与千寻》的故事一样，经过了一个隧道，突然就进入一个不同的奇妙世界。其实寻找王先生就是这样一个过程，短短的一封信，能勾起很多历史的细节——那些差点儿被永远忘记的细节。我经常说，要把历史上面覆盖的尘埃清理掉，发现一个新的历史，一个过去我们不知道的历史。这给人一种成就感，所以我觉得这个改写的过程，其实让我有了新的发现。

现在我不想剧透，其实王先生是很有背景的，书出来后大家就知道了。现在书还在写，今年肯定能写完。

《区域史研究》：您近年似乎更多地参与到了公众史学的领域，您觉得历史学者该如何面向公众讲历史，如何处理学术与大众之间的关系？

王笛：其实现在有两种历史写作，一种是写给专家看的，可能有的研究论文全球也就只有几个人、十几个人看，这是应该允许的一种学术探索。也就是说，不能通过看有多少人读来决定他的研究是不是重要。

而我的研究读者群还是不小的，是属于"歪打正着"。我的这种研究方式、写作方式在出版以后受到的关注，超出了我的预期。因为我在撰写自己著作的时候，还是定位为严肃的学术研究。但是在出版以后，历史学界之外，甚至学术界之外的人也愿意读，包括社会学、人类学、文学、建筑学、新闻学的一些读者，都在阅读我写的历史著作，这是没有想到的。当然，这就增加了我对大众阅读的关注和兴趣。

从写《袍哥》那本书开始，就算是有一种主观的愿望，期望这本书写出来能够让更多的人喜欢读。那么现在写《美国与五四新文化时代的中国》（其实这个书名已经变了，现在书名暂定是《风雨飘摇——美国人的中国观察（1912~1928）》，但这个书名可能还会变，写作的过程中还在思考，怎样的书名能更恰当地反映这本书）的过程中，这种主观愿望就更强烈了。本来这本书就是直接用中文来写，后来大幅度修改，也是为了让大众阅读。

在这本书中，其实也有我的史学观，有我要阐述的观点、理论和方法，我希望读的人不光是学者，包括大众都能够对中美关系有更深刻的认识。我研究的这段时间的中美关系，特别是中美之间的民间来往，讲得比较少，但我觉得也特别重要。

《区域史研究》：此前您谈到过如何用小说、非虚构文本当史料的问题，那么反之，作为一个历史学家，当您去进行更具文学性（类似《袍哥》《那间街角的茶铺》这样的非虚构作品或散文）的写作时，您有没有受到史学工作者的质疑？在写作过程中，您是否遇到过一些问题？这种身处史学性和文学性之间的双重写作经验，对您的史学研究有没有什么启迪？比如说，它怎样让您重新思考虚构和非虚构之间的关系，以及想象力在史学研究中的能与不能？

王笛：其实我觉得主要是一个观念的转变。比如说，过去我们的论文或者专著，是不会对不重要的东西费笔墨。在我们传统的历史研究中不会去花很多工夫去描写很多景色，甚至像《袍哥》中写到的水牛在水渠里面洗澡，水里面漂着浮萍这样一种非常有画面感的东西，过去的历史写作中是要回避的，如果你描述的话，他人会觉得是累赘。比如说，如果把这种描述放在我的《跨出封闭的世界》里面，是绝对放不进去的，放进去也很不搭，非常勉强，因为那本书的风格不是这种风格。但是在《袍哥》里边就很合适，到现在为止，没有一个人批评我说这种景色的描述不好。当然有另外一种批评是"注水"，但是他们也没有说风景描写不好，只是说依靠民国时期一个大学生两三万字的田野调查就写了一本书是注水。

所以说，我觉得主要是看所写的题材和风格。风格一旦转化了，实际上就进入了人类学家吉尔茨（Clifford Geertz）所说的"深描"，而要深描的话，就必须具体到人，比如说《袍哥》中的雷明远。因此，把好多细节自然而然地融入进去，就不会觉得违和，不会觉得这些东西是多余的。

另外，批评"注水"的那些人，可能也并不是觉得那些描述的东西不必要，只是不能接受根据一个两三万字的调查报告来写本书。其实，我觉得历史写作的妙处就在这里，通过研究手段扩大视野，在主线明确的情况下，加进很多辅助的材料。所以这就是为什么书出来以后受到文学界的欢迎，获得吕梁文学奖、单向街书店文学奖等。

从这本书来说，文学的探索其实帮助了我的史学思考，让我能跳出史料本身。我一直强调有多少资料说多少话，但是我自己在过去的写作中，在史料的框架之下，很难发挥自我，缺乏合理的想象。在写《袍哥》的时候，我进行了很多合理推论，比如说由于没有资料，我也不知道雷明远以后到底发生了什么，在史料可以解读的范围内，设想可能有几个结局。但是我会告诉读者，这是我的推论。实际上，从逻辑上而言，雷明远无非就是这样的结局：要不就是因为吸食鸦片毁坏了身体，早就已死去；或者就是由于杀过人，在1949年以后就被镇压；要么便是成为贫农，还分了土地。但是到底是哪一种结局，实际上目前没办法得出结论，非常大的可能性是我们永远也不能知道。当然，如果哪一天一个偶然的发现能够回答这个问题，那便是最理想的。总之，就是利用了这样合理的想象，这个想象不仅仅是我自己的想象，实际上读这本书的读者，也可以产生他们自己合乎逻辑的其他推论。

至于刚才你提到的《那间街角的茶铺》那本书，更是我最近把历史、文学甚至艺术结合起来的一种尝试。我关于茶馆的写作，过去几乎都局限在学术领域，但是这本书让我能够进入文学的状态，在把历史资料作为基础的情况下，进入一种文学的境界，跳出史学研究那种格式的限制，而让文学的色彩在这本书中得到充分的展现。对于这本书，我写作的时候定位就非常清楚，不是为进行历史研究的专家所写的，而是为了大众的阅读，让读者感觉到历史的写作也是可以有文学性的。没有想到的是，这本书在文学圈子得到了非常好的评价，出版之后两三个月就入选了人民文学出版社"年度二十大好书"、腾讯读书2021年原创十大好书、名人堂"年度十大好书"等。市场的反应也非常好，现在已经重印了。

《区域史研究》：最后想问一下，您从澳门大学历史系主任职位卸任以后，有怎样的工作计划？

王笛：其实学校的事情还很多，例如负责高等研究院的一些工作，在学校还有其他各种委员会的事务。但是相对系主任的工作还是要轻松一些，有了更多的时间把自己正在进行的计划早日完成。要高质量地完成写作的话，肯定需要更多的时间。我这本《风雨飘摇》，按道理说，应该在2019年五四运动100周年的时候出版，结果那个时候就只发表了一篇论文，现在已经三年过去了，还在不断地修改。所以我希望把手里边的《风雨飘摇》尽快完成（目前这本书已经完成，实际上成为两卷本——《中国记事，1912~1919》和《中国记事，1919~1928》），然后就是三卷本的《袍哥》，尽量不让读者等太久。

专题研究

历史上甘肃河西走廊地区与新疆和田地区的联系述论

李吟屏[*]

摘　要　甘肃河西走廊地区是西通西域的门户，新疆和田地区古称于阗，是西域最早与河西走廊发生联系的方国（或部落）之一，玉门关之名即为铁证。本文利用传世史料、出土文书以及考古发现等资料，对河西走廊地区与和田地区从古到今的联系进行了纵向的叙述与研究。考察出历史上河西走廊直通于阗的道路有四条，其中的一条南河道早已掩埋于大漠。各种资料表明，不论历史上河西地方政权与和田地方政权如何变化、分合，河西与和田的联系从未中断。本文在政治、经济、宗教、文化以及商贸等方面，对两地这种千丝万缕的联系做了全方位的纵论。

关键词　历史时期　河西走廊　于阗

甘肃河西走廊因地处黄河以西而得名，其地域包括甘肃省内的北山山地、阿拉善高原南缘、柴达木盆地北部一隅和祁连山地。此地域的祁连山之北，合黎山和龙首山之南，乌鞘岭以西，是大片的平原，因而形成了一条连接东西交通的通道，被称为河西走廊。这种特殊的地理位置

---

[*] 李吟屏，陕西师范大学中国西部边疆研究院特聘研究员。

和举足轻重的战略地位，使它历来与西域的政治、经济、文化等有着割不断的联系。

新疆的和田地区，古称于阗，是西域著名的大国之一。它地处欧亚大陆中部、中西交通要冲，西逾帕米尔高原可达克什米尔、中亚各国乃至南亚次大陆和欧洲，东沿塔里木盆地南缘可入中原地区，其中河西走廊是东入中原的必经之路。

关于河西走廊和于阗联系、交往的记载，不绝于史籍。在研究西域史地的著作、文章中，往往可见有关的论述。但是，这些著作和文章主要限于某一地方政权时期的断代性或者专题性的研究和论述，至今还未见有关两地关系的通论性研究。

鉴于此，笔者根据已有的研究成果，搜索史籍记载、出土文书以及考古发现等资料，试对甘肃河西走廊与新疆和田地区（古于阗）从古代到近代的联系做一点初步的研究。

一

甘肃河西走廊是由中原进入西域的门户，很早就与西域发生了联系。新疆各地发现的母系氏族公社的遗址及文物表明，这类公社的生产和生活方式，以至造型艺术等，同陕西、甘肃、青海等地的母系氏族公社有着明显的联系。[1] 近年新疆的且末、吐鲁番、库尔勒等地遗址出土的彩绘陶器，在形制特征、制作方法、图案风格等方面，都明显地受到甘肃东部沙井文化的影响。[2] 具体到和田，应该说于阗是最早与河西走廊发生联系的西域方国（或部落）之一。

1976年河南妇好墓出土的7000多件随葬玉器，主要就是新疆和田

---

[1] 新疆社会科学院民族研究所编著《新疆简史》第1册，新疆人民出版社，1980，第8页。
[2] 新疆社会科学院民族研究所编著《新疆简史》第1册，第10页。

玉。① 可见，至晚在距今 3000 多年前，和田玉就已经河西走廊输入中原了。

先秦时期的古文献中，记载昆仑山以及所产玉石的文字，往往有之。至迟成书于战国时期的古籍《竹书纪年》记载：周穆王"十七年，王西征，至昆仑丘，见西王母。其年西王母来朝，宾于昭宫"。又云：同年"王北征，行流沙千里，积羽千里"。② 一般认为，西王母是我国西域的一个部落。又据晋太康二年（281）汲县民盗发魏襄王墓中所得竹简《穆天子传》多处记载，穆王西行至昆仑山并得到玉石。例如："遂宿于昆仑之阿"，"升于昆仑之丘"，"至于群玉之山"，以及"取玉版三乘，玉器服物，载玉万只"，③ 等等。对文中的昆仑山，在认识上历来有分歧，或以为今昆仑山，或以为今祁连山，或以为今天山东段，等等，不一而足。还有人认为这些内容似为神话传说。但观其合情合理的情节，并配有干支纪年，不可能全是杜撰的神话。"流沙千里""群玉之山"，没见过的人是编造不出来的。这些文字至少反映了当时中原人对西域的了解。司马迁《史记》明言"汉使穷河源，河源出于寘，其山多玉石，采来，天子案古图书，名河所出山曰'昆仑'云"。④ 可见，"古图书"中有昆仑山以及其地出玉的记载，天子根据"古图书"验证出于寘有昆仑山，昆仑山出玉。联系到此记载，《竹书纪年》和《穆天子传》中的昆仑山可以认为是今昆仑山。《史记·赵世家》载："苏厉为齐遗赵王书曰：'……秦以三郡攻王之上党，羊肠之西，句注之南，非王有已。逾句注，斩常山而守之，三百里而通于燕，代马、胡犬不东下，昆山之玉不出，此三宝者亦非王有已。'"⑤ 这个"昆山之

---

① 中国社会科学院考古研究所编著《殷墟的发现与研究》，科学出版社，1994，第 324~325 页。
② （汉）班固等撰，熊宪光选辑《古今逸史精编·汉武故事等十一种》，重庆出版社，2000，第 28 页。
③ （汉）班固等撰，熊宪光选辑《古今逸史精编·汉武故事等十一种》，第 55、57 页。
④ 《史记·大宛列传》，中华书局，1975，第 3173 页。
⑤ 《史记·赵世家》，第 1818 页。

玉"无疑指的是西域的和田玉。

考古资料和历史记载证明，早在张骞通西域之前，由我国内地经河西走廊通西域的道路已经形成。而地处河西敦煌的玉门关之名，更以无可驳辩的事实证明，和田古人及和田玉是这条路的先行者。

传统上认为，西出玉门关和阳关后，经南北两道可绕行至古于阗。《汉书·西域传》云："自玉门、阳关出西域有两道。从鄯善傍南山北，波河西行至莎车，为南道；南道西逾葱岭则出大月氏、安息。自车师前王廷随北山，波河西行至疏勒，为北道；北道西逾葱岭则出大宛、康居、奄蔡焉。"① 按《水经注》的记载，南北朝以前塔里木盆地有南北二河，北河可对应今塔里木河，南河已掩埋于大漠。南道出阳关，经罗布泊地区，沿着南河可达于阗，再至莎车。北道出玉门关，经今哈密、吐鲁番地区，沿天山之南的北河，行到疏勒（今喀什），再绕道南行至于阗。古人西行大多沿这两条道行走。

到三国时期，又增加了一条"北新道"。据《三国志·魏书》引《魏略·西戎传》："从敦煌玉门关入西域，前有二道，今有三道。从玉门关西出，经婼羌转西，越葱岭，经县度，入大月氏，为南道。从玉门关西出，发都护井，回三陇沙北头，经居卢仓，从河西井转西北，过龙堆，到故楼兰，转西诣龟兹，至葱岭，为中道。从玉门关西北出，经横坑，辟三陇沙及龙堆，出五船北，到车师界戊己校尉所治高昌，转西与中道合龟兹，为新道。"②

以上三道中，由于塔克拉玛干大沙漠的流动变迁，南河今已不存，故只有沿南河直进和田的这条路线（即《魏略·西戎传》中用"经婼羌转西，越葱岭"一笔带过的南道），往往不被研究者认可，或被曲解。

笔者在塔克拉玛干大沙漠周缘生活、活动了近50年，曾对这片世

---

① 《汉书·西域传》，中华书局，1983，第3872页。
② 《三国志·魏书》，中华书局，1982，第859页。

界第二大沙漠做过南北和东西向的穿越考察。深知沙漠变幻莫测，河道变迁频仍。河道或左右摆动，或断流改道。曾目睹过许多古河床，有些河道与今日之河流走向完全不同。南河的河床，笔者在和田绿洲之北的大漠中亲见过。在1996年笔者由和田河下游塔瓦库勒乡向东穿越沙漠寻找丹丹乌里克遗址的探险考察中，途中于漫漫沙丘之间的洼地上，时见胶土淤泥层厚达四五米的古河床。它以无可辩驳的事实证明了郦道元《水经注》中记载的真实性。① 《水经注》载："南河又东径于阗国北，释氏《西域记》曰：河水东流三千里，至于阗，屈东北流者也。《汉书·西域传》曰：于阗已东，水皆东流。南河又东北径扞弥（史籍中多作'扜弥'——引者注）国北。治扞弥城，西去于阗三百九十里。南河又东径精绝国北。西去扞弥四百六十里。南河又东径且末国北，又东，右会阿耨达大水。释氏《西域记》曰：阿耨达山西北有大水，北流注牢兰海者也。"② 文字明白地记述了南河流经今和田绿洲，再经精绝国（今民丰县城北150公里处）、且末（今且末县），北流入牢兰海（今罗布泊）的走向。古人行路，必择有水草之地，南道即沿此南河行走，此道即为罗布泊地区直达和田的捷径。东晋时期的高僧法显于秦弘始二年（400）西行求经时，由高昌（今吐鲁番）"西南行，路中无居民，沙行艰难，所经之苦，人理莫比。在道一月五日，得到于阗"。③ 显然，他们走的就是这条南道。

史地学者王守春在《〈山海经〉与古代新疆历史地理相关问题的研究》一文中说："先秦时期黄河流域与新疆地区的交通路线主要有4条，其中经河西走廊、罗布泊地区沿塔里木盆地南缘到和阗地区的一条是最主要的通道，其主要目的是进行玉石交换。"④ 这一结论是符合历

---

① 李吟屏：《和田考古记》，新疆人民出版社，2006，第59页。
② （北魏）郦道元：《水经注·河水》卷2，岳麓书社，1995，第16页。
③ （东晋）法显著，章巽校注《法显传校注》，上海古籍出版社，1985，第12~13页。
④ 王守春：《〈山海经〉与古代新疆历史地理相关问题的研究》，《西域研究》1997年第3期。

史实际的。这条路线大致是出阳关，经青海芒崖，到米兰（今若羌县米兰农场），再沿南河（南河消失后从瓦石峡沿车尔臣河）过且末到达于阗。瓦石峡曾出土元代文书等文物，是这条道上的一处城邑。瓦石峡系维吾尔语地名，意为首城或首府，其在历史上的地位不应被低估。北魏时期的僧人宋云、惠生等西行求经，走的基本就是这条路线。据《宋云行纪》，他们"从吐谷浑（即青海地区）西行三千五百里，至鄯善城。……从鄯善西行一千六百四十里至左末城。……从左末城西行一千二百七十五里至末城。从末城西行二十二里至捍䃺城。……从捍䃺城西行八百七十八里，至于阗国"。① 其中的鄯善城应在今新疆若羌县。左末城即且末城，地在今新疆且末县。末城和捍䃺城，据笔者考证，均掩埋于今策勒县北沙漠中，其中的捍䃺城即今卡纳沁古城。② 唐代高僧玄奘游学印度东归途中，于贞观十八年（644）春夏之交到达于阗，在此逗留七八个月之后，即由此路线回到长安。他由沮末（即今且末）"复东北行千余里，至纳缚波故国，即楼兰地也"。③ 显然，他是沿车尔臣河东北行至罗布泊地区，然后穿越沙漠到达沙州的。④ 西魏大统元年（535），犍陀罗国（今巴基斯坦白沙瓦）人阇那崛多由印度来长安，也应是走的这条路。唐道宣《续高僧传》称他从于阗国"又达吐谷浑，便至鄯州（青海乐都）"。⑤ 后晋天福三年（938），后晋使者高居诲等人出使于阗，走的也是这条路线。他们由灵州（今宁夏宁武西南）出

---

① （北魏）杨衒之著，范祥雍校注《洛阳伽蓝记校注》，上海古籍出版社，1978，第252~271页。按文中"从捍䃺城西行八百七十八里，至于阗国"，里程有误。据笔者研究，"八"应为"二"之误，作"二百七十八里"，符合实际里程。
② 李吟屏：《古于阗坎城考》，马大正等编《西域考察与研究续编》，新疆人民出版社，1998，第236~262页。
③ （唐）玄奘：《大唐西域记》，章巽校点，上海人民出版社，1977，第305页。
④ 详见（唐）慧立、彦悰：《大慈恩寺三藏法师传》，中华书局，1983，第124~125页。
⑤ （南朝梁）慧皎等：《高僧传合集》，上海古籍出版社，1991，第114页。按高荣主编《河西通史》（天津古籍出版社，2011，第227页）将此事系于北周武成元年（559），这是阇那崛多在长安译经的时间，《续高僧传》明言他到鄯州的时间"于时即西魏大统元年也"，即535年。

发，经甘州、沙州、阳关以及地处沙州之西的仲云界，"又西，渡陷河，伐柽置水中乃渡，不然则陷。又西，至绀州。绀州，于阗所置也。……又行二日至安军州，遂至于阗"。① 文中的"陷河"应为车尔臣河。绀州即《宋云行纪》中的捍麽城，亦即今策勒县北之卡纳沁古城。

唐人贾耽所著《贾耽四道记》对这条路线有详细的记载，他的这些内容被《新唐书·地理志》节录采用。关于这条路线，《贾耽四道记》载："又一路自沙州寿昌县西十里至阳关故城，又西至蒲昌海南岸千里。自蒲昌海南岸，西经七屯城，汉伊修城也。又西八十里至石城镇，汉楼兰国也，亦名鄯善，在蒲昌海南三百里，康艳典为镇使以通西域者。又西二百里至新城，亦谓之弩支城，艳典所筑。又西经特勒井，渡且末河，五百里至播仙镇，故且末城也，高宗上元中更名。又西经悉利井、袄井、勿遮水，五百里至于阗东兰城守捉。又西经移杜堡、彭怀堡、坎城守捉，三百里至于阗。"② 文中的寿昌县在今敦煌市南湖乡境，蒲昌海即罗布泊，七屯城或伊修城一般认为即今若羌县东北之米兰古城，石城镇地当今若羌县城附近，弩支城地当今瓦石峡，播仙镇地当今且末县城附近，兰城地当今于田县境，坎城即今策勒县北之卡纳沁古城。这条出阳关故址经罗布泊地区，又经若羌、且末、于田县到和田的路线，一一皆可对应今日地址。这条路线上的各站点，除阳关一带外，其余的笔者都实地踏察过，沿途多有水草，无水草的荒漠中也能挖出地下水。

元代，意大利人马可·波罗由和田东行到沙州，走的就是这条路线。他在其著《马可波罗行纪》中详细记载了由忽炭州（即和田）向东行经之地。他离开和田后，经培因州（据笔者考证，即今策勒县城北之卡纳沁古城）到达车尔臣州（即今且末县）。他说："自车尔臣首途后，在沙漠中骑行五日，仅见苦水。然更前行，有一地有甘水可饮。此地既无他

---

① 《新五代史·四夷附录第三》，中华书局，1974，第918页。
② 杨建新主编《古西行记选注》，宁夏人民出版社，1987，第143页。

事足述。吾人仍往前行，请述一名曰罗不（LOP）之州。行上述之五日毕，抵一城，名曰罗不。此城在人广大沙漠之处。所以行人于入沙漠之前，必在此城停息。"① 马可·波罗又接着说："罗不（LOP）是一大城，在名曰罗不沙漠之边境，处东方及东北方之间。此城臣属大汗，居民崇拜摩诃末。前此已言凡行人渡此沙漠者，必息于此城一星期，以解人畜之渴。已而预备一月之粮秣，出此城后，进入沙漠。"② "在此沙漠中行三十日毕，抵一城，名曰沙州。"③ 穿越了罗布泊沙漠，就到了敦煌。

这条路在瑞山撰写于清宣统元年（1909）的《婼羌县乡土志》"道路"一节中有明确的记载："东小路由县一百八十里至阿不旦庄，六十里至密远庄，三百七十里至敦煌火石嫌子。西小路由县一百八十里至凹石峡庄，一百二十里至于阗沁克里克南戈壁乌道。"④ 宣统二年唐光祎所著《婼羌县乡土志》记载同上，⑤ 只是文字有脱漏。文中的阿不旦庄又译阿布达勒，是一个随居民迁徙而游移的村庄，笔者考察过数个，但都已废弃于沙漠。密远即今米兰，凹石峡即今若羌县瓦石峡乡。沁克里克在今且末县境，当时未设且末县，其地域属于阗县，1913 年改隶若羌县，1914 年置且末县。

这条路线是：敦煌—柴达木—芒崖—米兰—瓦石峡—且末—和田。

除以上诸条路线外，从种种迹象看，还有一条由河西走廊越祁连山，穿越柴达木盆地，经格尔木及其附近，直插且末，到达和田的路线。此路尚未引起研究者的注意。

成书于北宋的《青唐录》（李远著），记述了我国 11 世纪时期湟水流域的地理情况。其文云："自青唐（今西宁）西行四十里，至林金城

---

① 《马可波罗行纪》，冯承钧译，上海书店出版社，2001，第 102 页。
② 《马可波罗行纪》，第 106~107 页。
③ 《马可波罗行纪》，第 116 页。
④ 马大正等整理《新疆乡土志稿》，新疆人民出版社，2010，第 311 页。
⑤ 马大正等整理《新疆乡土志稿》，第 315 页。

（宁西城）……至此，百铁堠，高丈余，羌云：以此识界。自铁堠西，皆黄沙，无人居。西行逾两月，即入回纥、于阗界。"① 宋神宗元丰四年（1081）于阗国使节到宋朝进贡时，"神宗尝问其使去国岁月，所经何国及有无钞略，对曰：去国四年，道途居半，历黄头回纥、青唐，惟惧契丹钞略耳"。② 从其内容看，宋代于阗人到河西走廊或中原走的也是这条路线。其实当时西方外国使节到中土，走的也是这条路线。史载"宋神宗元丰四年十月六日，拂菻国贡方物，大首领你斯都令斯孟判言……又东至西大石及于阗王所居新福（复）州，次至旧于阗，次至约昌城，乃于阗界；次东至黄头回纥，又东至鞑靼，次至种榅，又次至董毡所居，次至林檎城，又东至青唐，乃至中国界"。③ 按文中的林檎城即《青唐录》中的林金城（宁西城），青唐即西宁。黄头回纥即居住在河西的裕固族的祖先。《青唐录》所载由西宁西行逾两月到于阗的路，以及拂菻国贡物使所行路线，应即柴达木—格尔木—且末—和田这条路线。

这条路线直到近现代，还为民间使用。清末《新疆乡土志稿》所附《新疆全省舆地图》中之《和阗州总图》上，由卡墙（今且末县城）向东南方标出一条小路，此路途经阿亚其、毛拉布拉克、可同浣、色克斯阿哈克、阿落衮、可素克、亦拉克、阿柳沙、必司坎、雪别、阿落滚可拉可，进入青海海西地区。④ 同书《新疆全省总图》及《于阗县图》上也绘有这条路线。⑤ 且末县存中华民国档案《民国卅一年且末县略图》和民国三十七年六月的《新疆省且末县区域略图》⑥ 上也标有此

---

① 杨建新主编《古西行记选注》，第171页。
② 《元史·于阗传》，中华书局，1977，第1410页。
③ 冯家昇等编著《维吾尔史料简编》，民族出版社，1981，第45页。引用时删去了原编著者在括号中的注文。
④ 马大正等整理《新疆乡土志稿》，第504页。
⑤ 马大正等整理《新疆乡土志稿》，第452、507页。
⑥ 见且末县地名委员会编《且末县地名图志》（内部资料，1987）所附复制地图。书中称此图为"国民党伪档案"，不妥。因为其否定了中国政府对新疆的管辖；另外，当时国民党势力尚未进入新疆。应称"国民政府档案"或"中华民国档案"。

小路，但路途所经地名比清代地图简略。图上由且末县向东南到青海经过的地名是：克其克、木拉布拉克、九个大坂卡、巴什马勒工。民国三十七年的图，路线绘到婼羌（即今若羌）县境瓦石峡之南。民国三十一年的图，路线绘到巴什马勒工，又向东绘一直线进入婼羌（若羌）县境，并书"至敦煌"三字；另由巴什马勒工向南绘出一条路线，经伙什里克、目子力克进入婼羌（若羌）县境，路线终端书"至青海"三字。按所谓"目子力克"系维吾尔语，意为有冰之地。另外，由伙什里克向南又绘出一条进入西藏的路线，终端书"至西藏"三字。查地图出版社1953年版《新中国分省图》，由且末县境阿牙克库木湖东南支流绘出一条小路，小路向东直插噶尔穆（现译格尔木）南，又东行经哈多至都兰（察汗乌苏）附近，或南下入西藏，或北上至青海湖，从此既可越祁连山到河西，也可经西宁到兰州。① 由且末到青海的这条小路，现在虽然人迹稀少，但时闻寻玉、挖药和偷猎藏羚羊者出没其间。由且末进入青海的拐点是木拉布拉克（清人作毛拉布拉克，今规范译名作木纳尔布拉克），笔者曾多次经过此地，目睹其地东南走向的沟口。

综上所述，河西地区直通和田地区的交通路线，主要有四条。

（1）玉门关（元以后改为嘉峪关）—哈密—吐鲁番，经北道至和田。

（2）阳关—罗布泊地区—若羌，经南道至和田。

（3）玉门关（或阳关）—青海（芒崖）—米兰—若羌，沿南河穿越塔克拉玛干沙漠至和田。

（4）河西—越祁连山—柴达木（格尔木），经且末至和田。

必须指出的是，截至20世纪50年代南道是沿车尔臣河而行，而非今315国道沿阿尔金山北麓的路线。应该说整个315国道的路线为了利用山前冲积平原的戈壁便于筑路，大多未沿用深入沙漠的绿洲古道。

---

① 世界舆地学社编制《新中国分省图》，地图出版社，1953，第10页。

二

自张骞通西域沟通了东西方之间的官方联系之后,和田与中原以及河西的联系、交往,史不绝书,并且常见于近世出土的各种文书。

综合考察分析历史上和田地区与河西地区持久不断的密切联系,其原因不外乎地理位置、商贸交易、政治结盟、血缘关系、宗教交流、旅途接待等多种因素。

1990~1992年,经甘肃省文物考古研究所发掘,在敦煌、安西市、县交界处的悬泉置出土23000余枚两汉时期的简牍。其中有关于于阗王、于阗以及地处今和田地域内的精绝、扜(扞)弥、渠勒、皮山等西域方国使节在悬泉置受接待的内容。

例如154号简牍,"永光五年七月癸卯朔丁巳,使送于阗王诸国客,卫司马参、副卫候临,移敦煌太守"。① 永光五年为西汉元帝刘奭年号,即公元前39年。这是西域都护府建立后不久的一次有明确纪年的官方来往。除此之外,还有一些失去纪年的官方来往记录:

(1) 145号:"各有数,今使者王君将于阗王以下千七十四人,五月丙戌发禄福,度用庚寅到渊泉。"② 按文中"禄福"为酒泉郡属县,治所在今酒泉市。

(2) 150号:"……送精绝王诸国客凡四百七十人。"③

(3) 189号:"客大月氏、大宛、疎(疏)勒、于阗、莎车、渠勒、精绝、扜弥王使者十八人,贵人□人……"④

以上这些简牍都是接待赴中央王朝公干的西域国王、官员和使节等

---

① 胡平生、张德芳编撰《敦煌悬泉置汉简释粹》,上海古籍出版社,2001,第117页。
② 胡平生、张德芳编撰《敦煌悬泉置汉简释粹》,第110页。
③ 胡平生、张德芳编撰《敦煌悬泉置汉简释粹》,第114页。
④ 胡平生、张德芳编撰《敦煌悬泉置汉简释粹》,第133页。

人的内容。从中可看出于阗王一次出行，随从竟达一千多人，规模宏大，同时来往河西的还有地处今和田地区的方国。

在西域都护府建立后，古于阗地区也常有与河西交往的事例。19世纪末20世纪初，斯坦因在和田地区民丰县北尼雅遗址（精绝国故址）进行过数次考古发掘，除出土大量佉卢文文书外，也有汉晋时代的汉文简牍出土。汉文简牍中即有和田与河西交往的内容，兹举几例。

（1）"☐张掖酒泉会☐☐"（688号）。

（2）"武威西平西郡张掖酒泉敦"（697号）。

（3）"☐☐右一人属典客寄☐纤钱佛屠中自赍敦煌太守住还过"（701号）。

（4）"泰始五年十月戌午朔廿日丁丑敦煌太守都☐"（706号）。①

这些文书中只有一件有纪年，即晋泰始五年（269），比敦煌悬泉置文书的时间要晚。这证明两地的交往一直没有中断。虽然简牍残损较多，我们无法得知更具体的内容，但至少可看出它们是河西地区官方人员来此的记录。其中第701号文书中的"典客"，正是西晋管理少数民族事务的官员，简牍内容似乎说到他带着敦煌太守开出的介绍住宿和回程的"过所"（通行证）。文书中的地名囊括了武威、张掖、酒泉、敦煌等河西四郡的全部郡名，可见河西与精绝、于阗等地交往频繁。

西晋十六国时期，北方陷入十六国分裂割据状态，河西相继出现了五个以"凉"为国号的政权，史称"五凉"。这一时期，河西各地方政权都极力加强对新疆地区的控制，故与于阗的联系也未中断。

前凉时期（301~376），前凉的第四位统治者张骏（307~346）曾于其在位第11年（东晋咸康元年，335），"使其将杨宣率众越流沙，

---

① 林梅村编《楼兰尼雅出土文书》，文物出版社，1985，第86~87页。

伐龟兹、鄯善……于是西域并降"。① 次年,"焉耆前部,于阗王并遣使贡方物。得玉玺于河,其文曰'执万国,建无极'"。② 看来,前凉政权的国玺用的是和田玉。前凉还在于阗进行过军事行动。史载东晋咸康八年"春正月,(张)骏遣其将和磷、谢艾讨西羌,于阗大破之"。③ 前凉政权的军队在讨伐南羌时,一直打到于阗境内才取得胜利。前凉政权发行过一种形如小五铢的"凉造新泉"铜钱(或有人认为系北凉沮渠蒙逊铸造),目前存世量不多,仅几十枚,一般认为流通范围不广。但笔者在和田民间曾收集到一枚"凉造新泉",据当地一泉友说他亦见到过一枚,这说明两地有商业交流。

后凉时期（386~403）,后凉的创建者吕光和于阗有官方的联系。史载:"初,吕光之称王也,遣使市六玺玉于于阗。至六月,玉至敦煌,纳之郡府。"④ 按《太平御览》《晋书》均有此记载。

从以上记载看,五凉政权的政令在于阗畅通无阻,对和田玉亦很重视,王府玉玺必用和田玉。

西晋十六国与北魏时期,于阗与河西的佛教均十分兴盛,于阗为西域著名的佛国,故两地的佛学交流亦较频繁。《高僧传》记载,"释宝云,未详氏族,传云凉州人。少出家,精勤有学行,志韵刚洁,不偶于世……志欲躬睹灵迹,广寻经要。遂以晋隆安(公元三九七至四〇一年)之初,远适西域"。⑤ 途中经过于阗,到达天竺。这是见于记载的较早到过于阗的河西僧人。此后到于阗求经学佛的僧人常见于历史文献。

---

① （清）汤球辑补《十六国春秋辑补》卷70《前凉录四》,《野史精品》第1辑,岳麓书社,1996,第678~679页。按此事高荣主编《河西通史》系于345年,不知何所据。查《晋书·张骏传》中此事无纪年,《十六国春秋辑补》作"骏十一年"。
② （清）汤球辑补《十六国春秋辑补》卷70《前凉录四》,《野史精品》第1辑,第679页。
③ 《十六国春秋》卷72《前凉录》,转引自新疆社会科学院历史研究所辑《新疆地方历史资料选辑》,人民出版社,1987,第73页。
④ （清）汤球辑补《十六国春秋辑补》卷70《前凉录四》,《野史精品》第1辑,第784~785页。
⑤ （南朝梁）释慧皎:《高僧传》,汤用彤校注,中华书局,1992,第102~103页。

5世纪初期，凉州沙门表僧曾到于阗，并得到笃信佛教的于阗王的赠品。日本学者羽溪了谛在其著《西域之佛教》中说："当时表僧为欲礼拜迦湿弥罗国台寺所藏之佛钵，乃赴西域。及至于阗时，因往迦湿弥罗之道阻塞，停住于阗。于阗王颇同情于彼，为之模写佛钵而与之，又于赞摩寺摹造佛像，高一丈，施以薄金，并置真佛舍利于其顶上，赠与表僧。此佛像据谓当梁时在蜀之龙华寺。"① 按羽溪了谛所用这条史料来自梁朝宝唱撰《名僧传抄》。据该书透露，表僧本姓高，凉州人，知凉将亡，遂携佛钵与佛像至四川欣平县龙华寺，住两年卒于该寺。

北凉沮渠蒙逊玄始三年（414），中天竺沙门昙无谶在姑臧（武威）翻译佛经。"谶以《涅槃经》本，品数未足，还外国究寻，值其母亡，遂留岁余。后于于阗，更得经本《中分》，复还姑臧译之。后又遣使于阗，寻得《后分》，于是续译为三十三卷。"②

沮渠蒙逊的从弟沮渠安阳侯（名京声），也是当时的一个名僧，曾从于阗带回大量佛教经典，译为汉文，广布中土。《高僧传》载，他"为人强志疏通，涉猎书记。……少时，求法度流沙，至于阗，于瞿摩帝大寺遇天竺法师佛陀斯那，咨问道义。……安阳从受《禅秘要治病经》，因其梵本，口诵通利。既而东归，向邑于高昌得《观世音》《弥勒》二观经各一卷。及还河西，即译出《禅要》，转为晋文"。③ 研究者认为沮渠京声在宋孝建二年（455）于扬都竹园寺和钟山定林上寺翻译出的28部经典，多为他得自于阗的。

隋朝第二代君王炀帝即位后，于大业五年（609）亲征吐谷浑到达河西，当时高昌王麹伯雅、伊吾吐屯设以及"西域二十七国谒于道左"④ 朝见了杨广，表示亲善。于阗国使节自当在其中。隋朝建立后，

---

① 〔日〕羽溪了谛：《西域之佛教》，贺昌群译，商务印书馆，1999，第151页。
② （南朝梁）释慧皎：《高僧传》，第77页。
③ （南朝梁）释慧皎：《高僧传》，第80页。
④ 《资治通鉴》（中），北岳文艺出版社，1995，第1232页。《隋书》卷67《裴矩传》记载同此。

于阗与中央王朝的首次通好，即发生在河西祁连山一带。此后，河西便是于阗与隋朝频繁交往的官道。

8世纪末至9世纪50年代，于阗被吐蕃占领。在吐蕃占领新疆南部期间，河西与于阗的联系并没有中断。一件出土于若羌县米兰古城的吐蕃文书残件透露了两地交往的信息。文书内容为："沙州使者十名……按一头毛驴能驮够三人吃一个月之口粮计算，糌粑……克……升，二十二日使者动身……"据文书的译者附注，此时（787）沙州已为吐蕃占领，文书"所云沙州使者或系沙州往于阗通聘的使节"。[①]

唐大中二年（848），沙州张议潮率众起义，驱逐吐蕃，建立了以汉人为主的政权，唐授张议潮为归义军节度使。瓜州归义军在张、曹两家族的统治下（其间张承奉一度称金山国或敦煌国）共存在了180余年，最终在宋仁宗景祐三年（1036）为西夏所灭。

就在张氏归义军政权建立的851年，于阗在回纥的支持下摆脱了吐蕃的控制，其后即与敦煌张氏政权发生了密切的联系，并结成了政治联盟。

唐末五代，于阗首先与沙州节度使张淮深通信联系。在信中，于阗王自称"大于阗汉天子"，称沙州张氏为舅，并约定凡书信去，请看两印，一是"通天万寿印"，一是"大于阗汉天子制印"，除此"更无别印也"。

自10世纪初开始，于阗与沙州（敦煌）的交往非常频繁。发现于敦煌莫高窟藏经洞的古文书中有一首曲子词《谒金门·开于阗》（编号为S.4359），赞颂了沙州政权开通于阗的功绩：

开于阗，绵绫家家总满。奉戏生龙及玉碗，将来百姓看。尚书座客典，四塞休征罢战。但阿郎千秋岁，甘州他自离乱。

[①] 王尧、陈践编著《吐蕃简牍综录》，文物出版社，1986，第34页。

曲子词反映了沙州归义军政权开通于阗后,于阗特产丝绸、玉石、马匹等输入河西的事实。据考证,此曲作于沙州归义军节度使张承奉执政的901~903年。发现于敦煌莫高窟的P.4640号文书《唐己未、庚申、辛酉年(899~901)归义军军资库司布纸破用历》记:"辛酉年三月十二日,又都押衙罗通达传,支与于阗使梁明明等一行细纸壹束捌帖。"这被认为是归义军与于阗国之间首次来往的年份。从此开始,直到10世纪末,来到敦煌的于阗国使臣、僧侣、尚书、公主、太子等络绎不绝。① 据敦煌发现的于阗文献、题记和汉文史籍,自901年至994年,于阗使者共到敦煌40次。虽然沙州归义军政权在100多年内先后落入张、索、曹数姓之手,但于阗与敦煌始终没有中断友好关系。②

沙州归义军和于阗在政治上互相影响,在经济上互补,在文化上互相学习。据敦煌出土的汉文、于阗文和藏文等材料,以讲中古伊朗语的塞人为主的于阗王国,大部分官职来源于汉族和回鹘族。沙州向于阗送去各种丝织品,于阗送往沙州的多为玉石。归义军时期的许多佛教文献是用于阗文书写的,于阗的汉文经卷也输往沙州。于阗向沙州索要木匠,曹氏画院中有于阗籍画家。③ 于阗使臣、官员在沙州宗教场所的布施、祈愿、礼佛、造佛窟、绘壁画等活动很常见,为后世留下大量遗迹、遗物。据于阗文《使河西记》,于阗狮子王尉迟娑缚婆十四年(925),派往沙州的使团中有一"于阗贵人萨木都到了全城(沙州——引者注)一百二十一寺,施送五百二升油,作为全城所有佛寺之用"。④

后梁乾化四年(914)张承奉去世后,沙州权力归沙州大族曹议金。曹议金废金山国,恢复归义军称号。曹议金执政后,与于阗国结成姻亲关系。曹议金把次女嫁给了于阗王李圣天为后,李圣天第三女又嫁

---

① 详见张广达、荣新江《于阗史丛考(增订本)》,中国人民大学出版社,2008,第70~105页。
② 详见李吟屏《和田春秋》,新疆人民出版社,2006,第109~110页。
③ 详见荣新江《归义军及其与周边民族的关系初探》,《敦煌学辑刊》1986年第2期。
④ 《新疆地方历史资料选辑》,第175页。

给曹议金之孙曹延禄为妻。莫高窟第 98 窟东壁绘有于阗王和王后曹氏等男女供养人 11 身,第 61 窟东壁绘有于阗公主等女供养人 4 身。敦煌千佛洞石室还流出一件于阗公主供养地藏菩萨像,上有"故大朝于阗金玉国天公主李氏供养"题记。据出土文书,于阗王尉迟达摩(978~982 年在位)曾派杨节使向归义军节度使曹延禄(976~1002 年在位)请求降嫁公主,但结果不明。① 10 世纪末,于阗皇太子从德、从连、琮原曾居敦煌。据考证,从德太子是李圣天和曹议金女儿的长子,幼年(935 年前后)被带到敦煌,可能长期留居敦煌,966 年曾奉命入宋朝贡。翌年,李圣天晏驾,遂回于阗继位,此即于阗文文书中的尉迟输罗。② 由于两地的通婚,于阗王室成员实际成了混血的汉人,王室官员中有汉人,于阗派往河西及中原的使臣亦多为汉人。

于阗王尉迟输罗与曹议金之子曹元忠以甥舅相称,关系十分密切。10 世纪末,于阗国展开了抗击以武力传播伊斯兰教的黑汗王朝的持久战,战争中与沙州互通书信,寻求对策和援助。宋开宝三年(970),于阗国初胜疏勒伊斯兰军,曾写信向沙州大王曹元忠通报,并征求战略对策。③ 最后由于没有后援和孤军奋战等,佛国于阗灭亡。在敦煌发现的关于于阗的各种古文书,分量巨大,内容丰富,看来不是偶然的。有学者推测是于阗国在与黑汗王朝交战处于劣势时,把国家档案转移至敦煌的。

9 世纪晚期至 1028 年,河西地区的回鹘人以甘州(今张掖)为中心,建立了一个地方政权。甘州回鹘与于阗交往密切。据大约写于 993 年的一件塞语文书——《甘州可汗与于阗王书》,我们得知两国的一些交往。这封信说:"当他(金汗)统治大宝金地于阗时,大金地经常派

---

① 李吟屏:《和田春秋》,第 110 页。
② 张广达、荣新江:《于阗史丛考(增订本)》,第 83~84 页。
③ 黄盛璋:《和田文〈于阗王尉迟徐拉与沙州大王曹元忠书〉与西北史地问题》,《历史地理》第 3 辑,上海人民出版社,1983,第 203~210 页。按"尉迟徐拉"即"尉迟输罗"的不同音译,"和田文"学术界通称"于阗文"。

遣使臣到甘州进行礼聘,如天之神之金汗常常送给甘州可汗许多珍贵异宝,而甘州汗也向你们大金地于阗派遣使臣,献给很多礼品与金汗,多年来如天之神金汗统治于阗时一直送来礼物,两国关系好如财宝与水乳交融……"信中又讲到由于于阗金汗退位和甘州大汗去世,两国关系中断了10年。在蛇年(即993年)甘州新汗登极向于阗派去了两个作为使臣的僧人,并带着致于阗王的信函和礼品,外带一只猴子。[①] 看来,于阗国在与归义军政权通好的同时,也和甘州回鹘政权维系着友好往来。

归义军政权被西夏攻灭后,在1036年至11世纪60年代末,河西地区又出现了一个以沙州为中心的回鹘地方政权。

沙州回鹘政权存在的时间不长,但与于阗关系密切。在敦煌出土文书中,有不少10世纪时于阗与沙州回鹘之间来往的于阗文、吐蕃文书信。于阗派往中原王朝的使节,往往至河西休整后与回鹘使节结伴而行,进贡方物,递交国书。两地在文化上也互相渗透。敦煌文书中保存有于阗人学习突厥语所用的词汇表,回鹘人的语言也对于阗中操伊朗语的民族形成了影响。于阗国王以往一直称王,此时却称"汗",可能系受回鹘的影响。[②]

出土文书中有两地通商及于阗使者来沙州求婚等内容。例如:

P. Ouïgur 2号(哈密顿编号为18)文书中有这样的记述:"狗年七月十七日,一位名叫鄂夏明的商人来了。(他)在于阗这个地方死了。其弟名为阿勒的王子带着财物回家(去)了。……"[③] 文书中的于阗作"Odun",即唐代汉译"于遁"(见《大唐西域记》),麻赫穆德·喀什噶里著《突厥语大词典》中亦收有此地名。

P. Chinois 2998号文书中有于阗使节在沙州向某一百户长之女求婚

---

① 黄盛璋:《和田塞语七件文书考释》,《新疆社会科学》1983年第3期。
② 李吟屏:《和田春秋》,第112页。
③ 杨富学、牛汝极:《沙州回鹘及其文献》,甘肃文化出版社,1995,第89~90页。

的内容:"美好时光幸福的……马年五月,我们金国的使节为了向百户长之女求婚,来到了沙州。我们得到了这位公主,并得到了好的荣誉。愿母亲和父亲再次平安地回到大宝于阗国去!……"① 文中的"金国"即于阗,后改称大宝于阗国。另据研究,"于阗历对沙州回鹘的历法也有一定影响"。②

和上引文书一样,同样入藏巴黎国家图书馆东方写本部、编号为P. Chinois 3037 号(哈密顿编号为11)的文书,是于阗可汗的发愿文。他在发愿文中祈求神保佑他得到幸福,"并战胜邪恶的敌人"等。③ 看来,于阗王在敦煌莫高窟向佛发愿后,将发愿文和大量回鹘文文书留在了藏经洞。

1038~1227 年,党项人在中国西部建立了一个政权,国号大夏,又因其地处西部,故后人称之为西夏。此时,甘、凉、肃、瓜、沙州等河西全境,尽归西夏王朝。西夏王朝存在的时期,正是于阗伊斯兰化并被黑汗王朝兼并的时期,故于阗与崇信佛、儒、道的西夏王朝的关系可能不会密切。由于蒙元对西夏文物典章制度毁灭性的打击,传世文献甚少,故于阗、西夏两政权的关系晦暗不明。据文献中的蛛丝马迹,推测两国关系时好时坏。据《宋史·外国传》,元丰五年(1082)西夏西南都统、昂星嵬名济给宋朝泾原总管刘昌祚的信中称:"南有于阗作我欢邻,北有大燕为我强援。"但事实并不完全是这样。《宋史·外国传》"于阗"条记载,宋元祐八年(1093)于阗上书宋朝"请讨夏国,不许"。又于宋绍圣(1094~1097)中报告宋朝称:"已遣兵攻甘、沙、肃三州。"④ 战事结果不得而知。

但是,和田出土和发现的西夏王朝钱币种类不少,并有西夏"乾

---

① 杨富学、牛汝极:《沙州回鹘及其文献》,第116页。
② 杨富学、牛汝极:《沙州回鹘及其文献》,第47~48页。
③ 杨富学、牛汝极:《沙州回鹘及其文献》,第206~207页。
④ 《宋史·于阗传》,中华书局,1976,第1410页。

祐元宝"钱范面世，这说明在丝路商潮中西夏货币不但通行于于阗，而且于阗还可能仿造过西夏钱币。1992年10月，和田地区墨玉县阿克萨拉依乡玉吉米里克村村民在挖水渠时，发现一处窖藏铜钱，钱币总重20千克左右，和田地区文管所当时收回了其中的7千克铜钱。文管所从此7千克铜钱中共剥离出1326枚钱币，钱币时代最早的为八铢半两钱，最晚的为西夏"光定元宝"钱。其中唐宋钱币占绝大多数，有1297枚，西汉、新莽共3枚，金11枚，黑汗朝2枚，西夏的13枚。[①] 此外，仅笔者在和田民间收集到的西夏王朝钱币，就有西夏文"天盛元宝"、"乾祐宝钱"、"皇建元宝"和"光定元宝"4种。[②] 20世纪八九十年代在和田玉石、古玩市场维吾尔族农民手中常见西夏钱币，均称出自沙漠废墟。这些迹象表明，西夏与于阗的商贸交流是密切的。

开禧二年（1206），成吉思汗建立蒙古汗国。1218年，蒙古军攻杀西辽统治者屈出律，于阗降服蒙古。宝庆三年（1227），蒙古军完全控制了河西走廊，西夏灭亡。从此和田、河西走廊归属元朝，成为元朝领土。从历史记载看，河西走廊几乎成为元朝经营西域及和田的后方基地。

元朝在于阗（当时的音译作"忽炭"或"斡端"）设置宣慰司都元帅府或宣慰使元帅府。13世纪60年代，西北蒙古游牧贵族盟主海都与察合台汗都哇举起了反对忽必烈的叛旗。从这时起，元朝不断派兵戍守于阗，与叛军交战。

史载至元十六年（1279），"以忽必来、别速台为都元帅，将蒙古军二千人、河西军一千人，戍斡端城"。[③] 从中可看出戍守和田的军事

[①] 陇夫（李吟屏）：《新疆墨玉县窖藏铜钱》，《中国钱币》1978年第4期。
[②] 详见李吟屏《简论发现于和田的西夏钱范与钱币》，《新疆钱币》2005年第4期。
[③] 《元史·世祖纪》，第216页。按《元史·兵志》作"（至元）十三年"，可能有误，应以《世祖纪》为是。

力量一是蒙古军，二是河西军。《甘州府志》卷2《世纪下》载，"至元十八年，四川宣慰司都元帅刘恩奉诏率蒙古军、汉军万人屯田甘州，得粟二万石"。① 这次屯田积谷，实际是为了筹集征戍和田的军粮。据《元史·刘恩传》，至元十六年刘恩入朝授都元帅、宣慰使之职前，曾率蒙古、汉军万人征斡端，"师次甘州，奉诏留屯田，得粟二万石"。"十八年命恩进兵斡端。"② 很显然，先屯田获得军粮，然后带着军粮进军和田。其后，进驻和田的军队仍然是河西军队。如至元二十年，元朝遣"汉都鲁米失帅甘州新附军往斡端"。③ 这个"新附军"应是新归顺元朝的甘州军队。

元朝还将新疆的大批手工匠人调往内地为朝廷干活。为解决这些人的口粮，元朝曾于至元二十五年"以忽撒马丁为管领甘肃、陕西等处屯田等户达鲁花赤，督斡端、可失合儿工匠千五十户屯田"。④ 文中的斡端即和田，可失合儿即喀什噶尔（喀什）。原记载中未点明屯田的地点，《河西通史》的编撰者认为他们是在河西屯田，⑤ 这是正确的。因为河西地广人稀，自然环境略同于新疆南部，又紧邻新疆，故不可能将和田、喀什的维吾尔族工匠远迁内地屯田。

明代，于阗成为叶尔羌汗国属地，与中央王朝脱离了隶属关系，但以"朝贡"为名、以玉石为大宗的与中土的交易活动从未中断，而河西走廊便成为这种交易活动的中转站。有些西域商人甚至长期定居甘州、肃州，娶妻生子，成家立业。

1582年，意大利传教士利玛窦来到中国，从事传教工作，直至1610年在北京去世。他著有《利玛窦中国札记》一书，书中收录了葡

---

① 高荣主编《河西通史》，第406页。按《元史·世祖纪》、《元史·也罕的斤传》和《蒙兀儿史记·刘恩传》同此，而《元史·兵志》作至元十六年，军队作探马赤军与新附军。
② 转引自陈高华编《元代维吾尔哈剌鲁资料辑录》，新疆人民出版社，1991，第18、19页。
③ 转引自陈高华编《元代维吾尔哈剌鲁资料辑录》，第23页。
④ 转引自陈高华编《元代维吾尔哈剌鲁资料辑录》，第31页。
⑤ 高荣主编《河西通史》，第403页。

萄牙人鄂本笃（1607年病逝于肃州）的《鄂本笃访契丹记》。《鄂本笃访契丹记》从和田起直到肃州，记述了大量关于采玉、买卖玉石的事。鄂本笃写道：肃州城"分为两部分。中国人，即撒拉逊人称之为契丹人的，住在肃州的一个城区，而来此经商的喀什噶尔王国以及其他国家的撒拉逊人则住在另一个城区。这些商人中很多已在此娶妻，成家立业；因此他们被视为土著，再也不回他们的本土"。"这些商人诡称是向皇帝进贡的使节前来旅行，贡礼大多是玉石、小钻石、紫色石头以及其他各种来源不一的宝石。"① 外国人的记述是符合历史事实的。《明史·西域传》"于阗"条记载了与此相同的情况："商人率伪称贡使，多携马、驼、玉石，声言进献。既入关（嘉峪关——引者注），则一切舟车水陆、晨昏饮馔之费，悉取之有司。邮传困供亿，军民疲转输。比西归，辄缘道迟留，多市货物。东西数千里间，骚然繁费，公私上下罔不怨咨。"于是给事中黄骥上书陈其害，明仁宗下令制止了这种"朝贡"。从此"贡使亦渐稀"。② 明仁宗朱高炽在位仅一年，即1425年。上引鄂本笃的记述是16世纪末17世纪初的情况，可见包括和田在内的西域与关内的经济交流没有也不会断绝。当不准西域商贩进入中原时，河西走廊便成为以和田玉为大宗的西域商品的集散批发地。明朝人宋应星在其著《天工开物》中记载了和田玉在河西走廊交易的盛况："凡玉由彼地缠回（指和田的维吾尔人——引者注）或溯河舟，或驾橐驼，经庄浪入嘉峪关，而至甘州与肃州。中国贩玉者至此互市得之，东入中华，卸萃燕京。"③ 文中提到的庄浪，从地理位置看应有误，因其地远在兰州以东。但甘州（张掖）、肃州（酒泉）无疑是和田玉的集散批发地，维吾尔族商贩在此把玉石卖给内地汉人，内地汉人再

---

① 《利玛窦中国札记》，何高济等译，中华书局，1997，第560页。张星烺编注，朱杰勤校订《中西交通史料》第1册，中华书局，1997，第435~436页。其中有内容大致相同的译文。
② 《明史·西域传》，中华书局，1974，第8614页。
③ 潘吉星：《天工开物校注及研究》，巴蜀书社，1989，第545页。

转售中原乃至都城北京。

　　清朝乾隆年间，清廷统一了新疆，设伊犁将军府管理新疆大部分地区，而东疆的哈密、巴里坤、乌鲁木齐在行政上一度归甘肃布政司管辖。1882年建省后，省会设巡抚一员，受陕甘总督节制，河西走廊与包括和田在内的新疆连为一体，应该说两地的联系变得日常，没有必要叙述探讨，在此仅选交通与商务，并连带民初逸事，略说数言。

　　清王朝统一新疆后，和田与新疆的执政者曾数次探路，拟打通和田至敦煌的便捷通道。据《敦煌县志》："道光八年（1828）和阗办事大臣差回子爱萨等十余人探路，前来敦煌葫芦斯太地方，遇见内地民人段福清引路来敦。据称前途均有水草，道路迷失，并无一定，亦无夷人住牧，地名无从查问，计程六十余日。"① 查道光八年和阗的领队大臣（后称办事大臣）是德惠，探路者所走的路实际就是汉阳关路。陶保廉在其著《辛卯侍行记》中有详细的记述，县志中的"葫芦斯太"在《辛卯侍行记》中作"胡卢斯台"，陶氏称该地"废屋无人，有泉水，荒田数顷，北有通大方盘路"，此路由敦煌西南七十里之石俄卜启程，途经若羌、且末，直达和阗（和田）。② 其后，首任新疆巡抚刘锦棠（1884~1889年在任）与代理巡抚魏光焘因"今赴新疆，必取道哈密，不能径达于阗"，曾"先后遣副将永刚、贺参将焕湘、刘都司清和，裹粮探路，各有图记"。③ 但限于当时的条件，没有开发成官道。但由若羌经青海到敦煌的小路，民间一直使用着。和田土特产商品多由此路输往敦煌。清末人易荣鼎编《和阗直隶州乡土志》"关隘"条载："……东由洛浦、于阗两县，可通婼羌，直连敦煌，无关隘。"④ 又，清末无名氏撰《于阗县乡土志》"商务"条载："本境运销外境物品（均系陆

---

① （清）苏履吉修，（清）曾诚纂《敦煌县志》，道光十一年刊本，台北：成文出版社，第380~381页。
② 详见陶保廉《辛卯侍行记》，刘满点校，甘肃人民出版社，2002，第351~353页。
③ 陶保廉：《辛卯侍行记》，第350页。
④ 马大正等整理《新疆乡土志稿》，第393~394页。

运,并无水运):……土布运销新疆省城、敦煌等处。每年约一万余匹。葡萄运销敦煌等处,每年约十余万斤。"① 这条记载不但是上引路线的一个注脚,而且说明和田土特产商品直销敦煌,再分流内地。敦煌显然是和田甚至新疆土特产商品的一个集散地。

河西走廊作为包括和田在内的新疆土特产商品集散地的情况,一直延续到近世。1919年,西行考察的林竞途经河西走廊各城镇,目睹新疆土特产商品及定居于此的维吾尔族人。他在其著《蒙新甘宁考察记》中说张掖"城南又有新疆缠回数家,乃真正回族之奉回教者"。②又说,肃州有"新疆缠回六十余家,多贩葡萄干,并制造蜡烛、肥皂为业"。③这些维吾尔族人中应有和田维吾尔族人。

1934年至1935年5月,上海《申报》记者陈赓雅对西北各省进行考察和访问后,著成《西北视察记》一书。书中提到敦煌商业、矿务及民风情况。书载:"敦煌商业,素握关外交易之牛耳,绥远西来之货品,新疆东运之物产,即多成交于此。……缠头所卖货物,类以南疆出产之棉花、皮毛、葡萄干、瓜干、杏干、和田绒毯等为大宗,次开零食店及杂货摊,为数亦不少。"④ 其中提到"和田绒毯",此必为和田商贩所经销的商品。文中的"缠头"指维吾尔族人,是清代人留下的俗称。该书尤其提到缠头妇女不但天足、俊美,还能用汉语唱《送郎曲》:"一、我送大哥大门外,手(儿)里提着水烟袋。唏哩呼噜吃两袋,眼里眼泪流下来。二、我送大哥大门外,手拉手儿不丢开。我问大哥几时来,今年不来明年来。三、我送大哥黄草坡,黄草坡上黄羊多。一只黄羊两只角,哪有小妹送大哥!"⑤ 有趣的是,我曾在和田收集到此曲的

---

① 马大正等整理《新疆乡土志稿》,第434页。
② 林竞:《蒙新甘宁考察记》,刘满点校,甘肃人民出版社,2003,第113页。
③ 林竞:《蒙新甘宁考察记》,第119页。
④ 陈赓雅:《西北视察记》,甄暾点校,甘肃人民出版社,2000,第195页。
⑤ 陈赓雅:《西北视察记》,第197页。按西部方言,"一只黄羊两只角"之"角"字,应读"ge"音,这样才押韵。

一段，歌词小有区别："我送大哥二八台①，手里提的水烟袋。我问大哥来不来，今年不来明年来。"② 据和田民间耆老讲，清代及民国年间，往往有维吾尔族妇女嫁给来和田经商或公干的内地汉人，此曲即表达了汉人回内地时维吾尔族妻妾的送别之情。流行于和田的歌词中有新疆二八台地名，反映了新疆的本土特色。而此曲在敦煌的传唱中地名和地点又变为"黄羊坡"和"大门外"，使其颇具汉地特色。此曲究竟是产生在河西走廊又传入和田，还是产生于新疆又传入河西走廊，无法得知。这支略带伤感之情的民间小曲，为昔日和田、河西两地的交往留下了一丝浪漫的余音。

---

① 这一地名实为维吾尔语"Ara rabat"的音译，意为"中间的客店"，即清人所谓"腰站"或"腰店"。此为新疆阿克苏地区库车县的一个地名，清代在此设有军台，现其地有二八台农场。清人祁韵士《西陲要略》卷1载："库车底台，六十里至托知奈台，一百四十里至阿尔巴特台。"阿尔巴特音译准确，但后来被人讹为"二八台"。
② 李吟屏：《漫话水烟》，《和田报》1991年3月16日，第4版。

道咸时期的湖州学术*
——以戴望早期学术、交游为中心

潘炜旻**

摘 要 戴望是在重视训诂、考据学的师长辈的教导下成长起来的，与湖州一带的朴学之士有着密切的互动。苏州问学期间，在陈奂、宋翔凤等硕儒的教诲下，戴望开始接触公羊学，奠定扎实的汉学基础。与此同时，戴望受到晚清经世思潮、科举制度的影响，在与湖州籍同龄士人同学共读的过程中，对南明史和明末清初诸多思想家诸如顾炎武、黄宗羲、颜元等的著述进行了广泛的研读，对程朱理学进行了深入的阅读。由此，依托江南在太平天国战前相对稳定的环境，湖州绵延发达的地方文脉，与老师宿儒、同龄学友的切磋，自身的勤勉好学，戴望得以在1860年前建立丰富的知识结构。细致梳理戴望早期与湖州士人的交往，其在朴学、明末清初历史思想、理学等学术脉络上的积累，不仅可以深化学界对戴望早期交游、学术的研究，而且可以丰富学界对道咸时期湖州学术生态的认知。

关键词 戴望 湖州 汉学 南明史 理学

---

* 这篇文章在内容结构、手札释读等层面得到过张勇、王东杰老师，辛智慧、谢友国师兄的帮助，深表感谢。
** 潘炜旻，清华大学历史系博士研究生。

戴望（1837~1873）是清代学术史上重要的经学家，其学术曾得到章太炎、刘师培、钱穆等诸多学者的赞赏。戴望逝世后，好友赵之谦为其拾掇残编，刊成《谪麟堂遗集》，言其"性不偕俗，寡交游，足迹不越大江以北"，[①] 可谓不刊之论。根据戴望的迁徙轨迹，其生活大致可以划分为三个阶段：1860年前，戴望的迹履主要在湖州郡城；1861年后，戴望因湖州战乱赴闽，主要活动于福建；1865年后，戴望校书金陵书局，主要生活在南京。从时间上看，湖州郡城不仅是戴望年少成长而且是其生活时段最长的地域，因此对戴望的生命有诸多塑造。而且，对有志于学、晨夕淬砺的戴望而言，湖州一带的学术生态，对其早年学术兴趣的养成、学术的蕴积具有关键性的影响。不过，尽管戴望的学术与湖州地域存在难解难分的关系，当下学术界尚未对戴望与湖州学术生态关系展开细致研究。

此外，就戴望整体研究而言，学术界往往关注戴望1860年后的学术状态，忽视其1860年前的学术状态。学术界对戴望人生后半阶段的学术状态展开详细分析，无疑是必要的，因为戴望是在1860年后真正走向学术的成熟。不过，这并不意味着戴望早期不成熟的学术状态不值得被讨论，因为戴望在1860年后表现出的诸多学术兴趣——诸如汉学、公羊学、颜李学、南明史，呈现出的学术关怀——诸如经世致用，都奠基于1860年前。因此，戴望学术的前后两个阶段并非截然断裂，其后半阶段的学术状态建基在其前阶段的学术积累之上。就此而言，学术界不能绕开对戴望早期学术状态的考察，因为这种忽略不仅妨碍我们对戴望一生的学术状态做整体性的把握，亦不能使我们理解戴望后半阶段学术演进的过程。

有鉴于此，本文尝试以戴望1860年前的知识结构、与湖州士人的交游为中心，一方面展现戴望在朴学、明末清初历史思想、理学等学术

[①] 赵之谦：《谪麟堂遗集叙目》，《谪麟堂遗集》，清宣统三年铅印《风雨楼丛书》本。

脉络上的积累，一方面展现道咸时期的湖州学术生态。通过这些梳理，本文试图深化学界对1860年前戴望学术与交游的理解，丰富学界对道咸时期江南学术的认知。

一 以汉学为学术根基

戴望的先世原是湖州德清县的名族，但自祖父开始迁居至湖州郡城。因此，戴望主要是在湖州郡城成长、度过他的青年时期。戴望的祖父戴铭金，号铜士，诸生，曾以诗词闻名嘉道间。其家本小康，但"中年为人所干没渐落"。①戴铭金生有三子——戴芬、戴福谦、戴莼，皆幼慧工文，人称三俊，次子戴福谦是戴望的父亲，字贻仲，号琴庄。②戴芬、戴福谦、戴莼三兄弟皆年命不永，戴芬得年二十六，戴莼享年二十五。戴氏三兄弟中，只有戴福谦长于科举业，曾感慨兄弟皆只是诸生，"读书未食其报，慨然以门户为己任，锐欲得科名以亢其宗"。道光十七年（1837），戴福谦举于乡，之后两度参加礼部会试而落第，③最后"郁郁成疾，卒于京邸"，④年仅三十三。戴氏三兄弟先后辞世后，戴芬无子，戴莼之子早殇，独戴福谦有一子存，是为戴望，其时只有四岁。这个昔日繁盛的大家族，遂只剩下戴望八十余岁的曾祖、六十余岁的祖父和皆寡的"母及诸母"，"三世茕茕，抱一孺子而泣"，生活转相困窘。六七岁时，戴望开始在曾祖、祖父的教导下读书。但不久，戴望的曾祖离世，祖父亦"赋绝命词四章，自经而死"。戴望的外祖父是周

---

① 潘玉璇、汪曰桢：《光绪乌程县志》，《中国地方志集成·浙江府县志辑》第26册，江苏古籍出版社，1993，第864页。
② 俞樾：《表兄戴琴庄先生传》，《宾萌外集》，《清代诗文集汇编》第685册，上海古籍出版社，2010，第279页。
③ 法式善：《清秘述闻三种》，中华书局，1982。
④ 孙燮愈：《戴氏三俊传》，《戴氏三俊集》，《丛书集成续编》第118册，台北：新文丰出版公司，1988，第4页。

· 56 ·

中孚，字信之，别字郑堂，浙江湖州府乌程县人。嘉庆年间，阮元担任浙江巡抚，"筑学舍西湖以处浙中文人学士"，① 周氏曾参与修纂《经籍纂诂》。周中孚长于版本目录、训诂考据之学，撰著丰富，著有《孝经集解》《顾职方年谱》《郑堂札记》等著述。周中孚故世于道光二十一年（1841），因此，戴望未曾亲聆周中孚的教诲。

戴望成长的19世纪四五十年代，是清王朝由衰败走向动荡的时期，但太平天国的动荡在1860年前尚未深度波及江南。同治十二年（1873），戴望的好友施补华曾这样追念战前湖州繁荣的文化生态："盖是时，东南虽乱，湖州数郡未被兵革，老师宿儒犹有存者，藏书之家以十数。子展与数此人（王定伯、戴子高、俞劲叔、凌子与）得借师友典籍之力，殚精于学而毕力于文。"② 同治八年（1869），戴望在给劳权的赠诗中也如此追忆道："过唐栖，访劳权巽卿。巽卿藏书极富，为浙西冠。与其弟格（季言）并精雠校，各有著书。乱后书悉散亡，季言亦卒。"③ 同样暗示出战乱前湖州周围兴盛的文化氛围。这使孤贫茕弱的戴望，依托江南相对稳定的战前环境，与老师宿儒、同龄学友的切磋，自身的勤勉好学，得以在1860年前建立丰富的知识结构。

戴望最初是在重视训诂、考据学的师长辈的教诲下成长起来的。九岁时，戴望开始跟随程庆余读书。程庆余，字善夫，别字心斋，又名可大，湖州乌程人。程庆余"少困童子试"，于"功令文违格，数试被摈，年逾四十不得为诸生"，但这并不妨碍他孜孜求学。在叔父程子祥的资助下，程庆余键户读书、照料母亲。程氏既无法从事举业，遂将汉学作为安身立命的根本与心灵慰藉，④ "思托著述以见其言"。程庆余与戴望家族关系密切，其曾从学于戴望的叔叔戴莼。对于程庆余的学术旨

---

① 戴望：《外王父周先生述》，《谪麟堂遗集》。
② 施补华：《书姚子展遗文后》，《施补华集》，浙江古籍出版社，2018，第144页。
③ 戴望：《自江宁归杭州杂诗四十首》，《谪麟堂遗集》。
④ 程庆余的事迹，可以参看施补华《程庆余传》《书程子祥》（《施补华集》，第96、113页）；戴望《先师程君墓版文》（《谪麟堂遗集》）。

趣，戴望与施补华的叙述略有差异：戴望言程氏推崇湖州严可均的学术，"凡天象、地形、乐律、书数、金石，罔不兼综"，又曾"东至吴诣陈征士，论《毛诗传》义"；① 施补华则认为程氏之学，"以嘉定钱晓征氏为归，精于考证，而尤长于书、数"。② 可见，虽然戴望、施补华的叙述在细节上存在出入，但都认为程庆余的学术大旨为朴学一脉。同治八年（1869），戴望撰写《先师程君墓版文》，回忆年少时受业于程庆余的情景，"就君授读《周易》《尚书》，为之正文字、明音读，间本汉师说，析其文义异于他师"，认为自己深深受益于程氏的朴学素养，以是"始知乡学，讫今粗有端绪，不见鄙于秀人伟才"。戴望的汉学启蒙大概始于此。

除了程庆余，戴望也曾与周学汝在学术上展开密切往来。周学汝，字礼传，为湖州乌程人。周学汝曾在道光二十六年（1846）的乡试中中举，因再赴礼部试不中第，遂锐意著书。周学汝是戴望老师程庆余的密友，戴望言程氏"违于时，惟与同郡汪刚木、周礼传两先生交"。③ 根据戴望的记述，周学汝的学术倾向是崇汉抑宋：周氏在年少时即致力于研读许、郑之学，"于学服膺段大令、王尚书父子、钱少詹事诸先生"；为学则深于《说文》，曾撰《说文经字考》，"举经某字，当《说文》某字，皆于声求之，亦有声绝相远、形似致误者，别据汉隶正之"。周学汝服膺汉学，无法容忍诋毁汉学的论述，因此"客有为汉宋之说者"，其"必信汉儒，至面发赪，龂龂不少休"。同治八年（1869），戴望在周学汝之弟周学濬的恳请下撰写《周孝廉墓表》，这样追忆了二人研讨音韵学的情景与忘年之契："望于君为通家子，尝就君论音均，得闻顾、江以下分部疏密同异。君谬谓望可与道古，尝以身后

---

① 戴望：《先师程君墓版文》，《谪麟堂遗集》。
② 施补华：《程庆余传》，《施补华集》，第96页。
③ 戴望：《先师程君墓版文》，《谪麟堂遗集》。

之文见托。"①

在湖州师长辈中，凌堃亦是戴望早年密切交往的师长。凌堃，字仲讷，为湖州乌程人。凌堃年长戴望四十有余，在戴氏成童时即"折节与交，后以女女焉"，足见二人相契甚深。凌堃的身世颇为传奇：他十岁时因"失后母爱"，②"尝七饵毒、两咽铜不死，祷神祈数万不死，再缢脰，一溺一颠不死，累累鹯结，走霜雪不死"；③之后被迫逃亡至山西，却"遇相者授以术"，得以"旁通星卜、岐黄之术"。道光十一年（1831），凌堃参加顺天府乡试中式，之后请业阮元以治经。晚年，凌堃选授金华教谕，好经世之略，曾"于署中作圃，行区田法，亩收数倍"。咸丰十年（1860），太平天国攻陷湖州，凌堃弃官从金华返回湖州，后死于战乱之中。④凌堃的经学著作，现被保留在他与父亲凌鸣喈合刊的《传经堂丛书》中。⑤凌堃的学术倾向，戴望亦有言及，一方面申言他曾请业阮元，治经推尊汉学；另一方面强调他深恶程朱理学，曾尖锐批评理学义理"以理杀人，如酷吏之舞法，致人骨肉遭变，不得尽其情"。⑥多年后，赵之谦总结清代汉学谱系，撰述《国朝汉学师承续记》，不仅听从戴望的意见将凌堃列入其中，而且参照了戴望撰写的《凌教谕墓志铭》。⑦

此外，与戴望交往密切的劳权、劳格、高学治等人，皆是湖州一带的朴学之士。劳权，字平甫，一字巽卿；劳格，字季言。劳氏二兄弟为

---

① 戴望：《周孝廉墓表》，《谪麟堂遗集》。
② 戴望：《凌教谕墓志铭》，《谪麟堂遗集》。
③ 凌堃：《泣莪生》，《德舆集》，《传经堂丛书》，清道光吴兴凌氏刻本。
④ 潘玉璇、汪曰桢：《光绪乌程县志》，《中国地方志集成·浙江府县志辑》第26册，第778页。
⑤ 《传经堂丛书》的详情，可参看李慈铭《传经堂丛书》，《越缦堂读书记》（下），上海书店出版社，2015，第1134~1135页。
⑥ 戴望：《凌教谕墓志铭》，《谪麟堂遗集》。
⑦ 赵之谦：《国朝汉学师承续记》，江藩纂，漆永祥笺释《汉学师承记笺释》，上海古籍出版社，2013。

仁和籍人，家居杭州唐栖，皆精校雠之学，喜好收书，建藏书处近十所，① 藏书在太平天国战前"为浙西冠"。1860年太平天国进攻江南，"唐栖当孔道，不遑宁处"，劳氏兄弟逃亡至湖州归安，之后又流离至吴江，② 所藏之书皆散亡。高学治，字宰平，亦为浙江仁和人，好朴学。章太炎撰写《高先生传》，记录下高学治、劳氏兄弟与戴望的交谊，不仅展现了江南一带繁荣的文化图景、活跃的朴学流风，而且呈现了1860年前戴望与朴学之士的密切互动、对朴学的强烈兴趣：

> 弱冠，游同县劳权、劳格兄弟间，慕其悃愊，始刻苦求朴学。劳氏多藏书，自何焯、卢文弨、顾广圻所校，键箧百种，得尽假读。深居治三礼及四家诗，旁罗金石，亦好宋、明儒书，以贡生选乌程训导。是时归安徐有壬善四元术，仁和劳权善校雠，德清戴望好为故训，皆时走集。望年最少，性感慨不与时俗偶。每至，见他人所论著，即日为先生谳狱。先生曰：诺。望即取书反复检之，证一事，驳一事，日为先生奏悲诵。先生曰：诺。望则倚墙振懂，声振林木。当是时，先生最欢。及望治《公羊春秋》，与先生异术，劳权亦死，先生始不说经。③

除了得到上述师长辈的教诲，戴望更得到经学大儒陈奂与宋翔凤的教导。咸丰七年、八年（1857、1858），④ 戴望持杨岘、李善兰之书为介前往苏州，至陈奂处受业。在汉学大儒陈奂门下，一则，戴望在汉学家法上得到很深的教诲。如同治五年（1866）三月，戴望为陈奂撰写行状，

---

① 吴昌绶：《唐栖劳氏三君传》，《清代传记丛刊》第123册，明文书局，1985，第209页。
② 施补华：《祭劳季言文》，《施补华集》，第148页。
③ 章太炎：《高先生传》，《章太炎全集》第8册，上海人民出版社，2018，第215页。
④ 关于戴望何时受业于陈奂，说法不一，争议详参柳向春《陈奂交友研究》，华东师范大学出版社，2010。

这样回忆自己昔日侍坐之所闻："说经贵守师法，出入旁杂为道之贼。自魏晋下，陋儒类自谓集大成，而不得经旨之仿佛，智不若臧获已。"① 二则，戴望得以与诸位同门师兄弟，诸如杨岘、李善兰、管庆祺、费宝锷、丁士涵等相知相熟。杨岘，字庸斋、见山，号季仇，浙江归安人，与戴氏有同籍之谊，在道光二十七年（1847）请业于陈奂，执弟子礼，②并在陈奂指引下主治《穀梁》礼学。③李善兰，字秋纫，号壬叔，浙江海宁人，亦是陈奂的弟子，其"熟习九数之术"，④时于湖州与杨岘讲算，⑤名冠于时。杨岘、李善兰是陈奂门下最杰出的两位弟子，戴望与他们情谊深厚，在战前战后保持着密切的往来。管庆祺，字洵美，江苏元和人，其"藏书富，多校雠"，曾手校《经典释文》，又通医术。⑥费宝锷，字禹三，苏州府人，曾治《诗经》，后殉难于太平天国攻陷苏州时。丁士涵，字永之，嗜好经籍，"熟读《周官经》，而于《考工记》一名一物时时走询"，又习读《管子》，"积数岁校雠之力成《管子案》若干卷"。⑦陈奂的这三位弟子学有专长、各有所胜，戴望曾给予较高的评价，称"吴下同门于学半多浮慕，足称者洵美、禹三、泳之数人"。⑧概言之，咸丰七年（1857）后，戴望通过受业于汉学宿儒陈奂，与诸多汉学素养深厚的同门切磋，其汉学素养得到进一步的巩固与提升。

与此同时，戴望也问业于同在苏州的宋翔凤。宋翔凤，字虞庭，是清代常州学派的重要学者。戴望在文集中曾几次提到宋翔凤与其外祖父

---

① 戴望：《清故孝廉方正陈先生行状》，《谪麟堂遗集》。
② 杨岘：《藐叟年谱》，《清代诗文集汇编》第 677 册，第 317 页。
③ 陈奂这样回忆其对杨岘的指导："余日学《春秋》者，从《公羊》以知例，治《穀梁》以明礼。穀梁氏文句极简，必得治礼数十年，用力既久而后可发明其要义也。"陈奂：《师友渊源记》，《清代传记丛刊》第 29 册，第 131 页。
④ 陈奂：《师友渊源记》，《清代传记丛刊》第 29 册，第 126 页。
⑤ 杨岘：《藐叟年谱》，"道光二十七丁未寅"条，《清代诗文集汇编》第 677 册，第 318 页。
⑥ 陈奂：《师友渊源记》，《清代传记丛刊》第 29 册，第 128 页。
⑦ 陈奂：《师友渊源记》，《清代传记丛刊》第 29 册，第 129~130 页。
⑧ 柳向春：《德清戴望致归安杨岘函八通考实》，《笺边漫语——近现代学人手札研究》，故宫出版社，2016，第 71 页。

周中孚交往甚深:"(周中孚)游京师,识宋先生翔凤,为刊正其著书十许事,宋大叹服","外王父周君中孚与先生最契"。① 大概正是因为这种特殊的身世,戴望得到宋翔凤诸多关照,所谓"孤寒承呴沫,谫陋辱提撕"。在宋翔凤门下,戴望不仅开始研习公羊学,② 对常州学派学人的撰述进行了系统的研读,而且极称许该学派学人,认为"东南人物无过毗陵"。③ 不过,宋翔凤在接受庄氏今文经学家法时,"更游段懋堂门,兼治东汉许、郑之学",④ 精通"训诂名物",⑤ 这使得宋翔凤的公羊学展现出强烈的朴学色彩。比如,宋翔凤最重要的义理著述《论语说义》,就对《论语》的诸多训诂、名物做了详细的考证。⑥ 由此可见,在宋翔凤的学术意识中,汉学与公羊学并不互相违异,而宋翔凤的这种学术观念日后为戴望所承继。

概言之,乾嘉时期,"居吴之阳,负越之阴"⑦ 的湖州,是汉学的学术重镇。道光、咸丰年间,湖州的朴学流风依然颇为兴盛。出生于道光中期的戴望,正是在重视训诂、考据之学的湖州师长中间成长起来的,这使得他在年少时即受到朴学的熏陶,培养起对汉学的浓厚兴趣,熟稔清代汉学的学术谱系。咸丰七年,戴望前往苏州问学于汉学宿儒陈奂、今文经学名宿宋翔凤。在师长诲之汉学师法、与同门共同淬砺的过程中,戴望不仅深化了对汉学的理解,而且积累了深厚的汉学素养。由此可见,在戴望早期的知识结构中,汉学占据非常重要的位置,并在日后发展成为他学术的底色。

---

① 戴望:《外王父周先生述》,《谪麟堂遗集》。
② 戴望:《哭宋大令三十韵》,《谪麟堂遗集》。
③ 钱基博整理编纂《复堂师友手札菁华》,人民文学出版社,2015,第117页。
④ 支伟成:《清代朴学大师列传》,《清代传记丛刊》第12册,第312页。
⑤ 《清史列传》卷482,《清代传记丛刊》第94册,第606页。
⑥ 黄开国:《清代今文经学的兴起》,巴蜀书社,2008,第269~277页。
⑦ 万历《湖州府志》,董份序,《四库全书存目丛书》史部第191册,齐鲁书社,1996,第2页。

二 经世旨归下的多面探求

除了与师长辈们交往唱和，戴望也与湖州同龄学友切磋问难。戴望的这一批学友，包括姚谌、施补华、凌霞、陆心源、程履正等人。他们的年龄基本相近：戴望，1837～1873年；姚谌，1834～1864年；施补华，1836～1890年；陆心源，1833～1894年；① 程履正，约1838～1862年。② 可见，这是一批出生于1830年前后的同辈士人。在施补华、姚谌、戴望等人的文集中，还保留着他们朝夕游处的影像：他们或切劘谈艺，"结茗社，相讲习"，③ 相与为友，"论学不为苟同而皆欲穷经以见道"；④ 或结伴游迹山河，"行野田中，大呼疾驰，或杂歌诗词，相顾大笑，村人望见，以为风狂"。⑤

在这些同辈士人中，姚谌是戴望最重要的学伴之一。姚谌，字子展，为湖州府归安县人。姚谌生而徇敏，十四岁学古文，十八岁补县学诸生，二十岁决意研治经史，旁及九流百家之学，二十五岁举于乡。姚谌的师承和戴望几乎一致，其先问学于同郡的周学汝、程庆余，之后又向陈奂、宋翔凤问汉师家法。⑥ 同治三年（1864）九月，姚谌因在太平天国战争中遭遇丧乱哀痛而死，得年仅三十。戴望与姚谌的交往，始于咸丰六年（1856），二人志趣相投、过从甚密。因此，姚谌生前篇幅不多的《景詹闇遗文》，提及戴望多处，频率颇高。⑦

---

① 戴望、姚谌、施补华、陆心源的生卒年，参见江庆柏编著《清代人物生卒年表》，人民文学出版社，2005。
② 根据戴望《程履正墓铭》，程履正卒于同治元年（1862），"卒年仅二十有五"。由此推断，程履正约生活于1838～1862年。参见戴望《程履正墓铭》，《谪麟堂遗集》。
③ 施补华：《王定伯墓志铭》，《施补华集》，第123页。
④ 姚谌：《友资》，《景詹闇遗文》，宣统三年归安陆氏刊本。
⑤ 姚谌：《游乔木山、孟家山记》，《景詹闇遗文》。
⑥ 戴望：《清故举人姚君行状》，姚谌：《景詹闇遗文》。
⑦ 参见姚谌《友资》《说隐赠戴子高》《赠戴子高叙》《游乔木山、孟家山记》《梦隐图题辞》，《景詹闇遗文》。

纵览《景詹闇遗文》，姚谌的学术大体可以被划分为经学与文章两个部分。首先，对于经学，姚谌主要抱持以下三点认知。其一，姚谌反对佛学，排拒宋儒性命之说。比如，在《释儒》中，姚谌严格区别了儒学与佛学，认为"儒释之为途远矣，凡为儒而杂释氏之学者，率儒之陋者尔"，坚决反对儒学参杂佛学义理；批评汉代以后的治经者改变汉儒"治训故、辨名物、考制度典章"的家法，而顺从佛法、禅者转求"性命之说"；斥责宋儒以"性命为教"，后"复流为科举之业"，[①]不仅导致了空疏不学的学风，而且引发士风荒陋、政教浸微等诸多社会危机。其二，姚谌重视文字训诂之学。比如，在《赠戴子高叙》《答人论写经书》《施均父文集序》[②]等文中，姚谌皆反复论述了其一贯的持论——"为学必先通经，通经必先正文字、明训诂"，试图将文字训诂作为通经、明道的基础，以抵抗宋儒空言性命的治学方法。其三，姚谌追求通经以致用。比如，在《赠戴子高叙》中，姚谌这样表述了其通经致用的构想："士不通经，不足用，由文字、训诂而能致之用者，盖鲜矣。"[③]姚谌在其乞请拜师问业的函件《与陈硕父先生书》中，同样论述了他的这一经学思想，申言通经的根本目的在于致用，学人当通经以晓知古今历史之因革损益，以期为现实变革提供可行的方案：

> 谌平时持论，尝谓学以通经为本，通经以致用为大。为学不本诸经，犹航断港绝流而求之于海也。通经不能致用，犹济海者舟楫具而不能驾以行也。窃不自揆，欲尽推考诸经，取其大经大法与夫典章制度、仪文节目疏通而证明之，究极其异同分合之故，推治乱之原，察古今之变，而断以今世所可行，都为一书，以待来者。然其为体至巨而用力至难，谌之愚陋，盖不任此，窃有其志而未逮

---

① 姚谌：《释儒》，《景詹闇遗文》。
② 姚谌：《赠戴子高叙》《答人论写经书》《施均父文集序》，《景詹闇遗文》。
③ 姚谌：《赠戴子高叙》，《景詹闇遗文》。

也。独所为《本政书》十篇，推论此意，尽其大略。顾犹未知其是否，既以质之于廷，述之诸老，而尤愿得闻教于先生。如先生不鄙夷而锡之一言，指其违失，则是谌之蹇拙固陋而或幸得与于斯也。①

其次，除了经学，文章之学对于姚谌亦颇为重要。戴望言姚谌十八岁补县学生之后，"益务浏览，无所不学"，但"一以古文为归"。而具体到姚谌对古文的认知，他主要持有以下两个观点。其一，姚谌坚持"文章源出于经，治经之本在明六书小学"。如姚谌写作《施均父文集序》，即反复强调"六经为文章之原"，因此今人为文应当"推本于经"；而"小学者又治经之始事"，因此"凡为文者"应当识字，致力于小学。其二，姚谌视姚鼐为文章之学的典范。如姚谌写作《姚姬传文录序》，对姚鼐推崇备至。在姚谌看来，"圣人之道大而博"，大体有"训诂、义理、辞章"三者之分，但后世学圣人者往往只能得其一端，不能窥见圣人之大本大原。只有姚鼐在汉学盛行之日，宗尚宋儒又未尝言性命，能综合汉宋二者之善，最终做到"操其本而救其敝，会三者之归而出于一"。②

不过，《景詹閤遗文》的可贵之处不仅仅在于它记录了姚谌的学术状态，也在于它遗存了姚谌对戴望早期学术状态的描述。根据姚谌叙述，1860年前戴望的学术状态展现出一个重要特征，即其学术屡经转变而以通经致用为根本导向。在《景詹閤遗文》中，一则，姚谌指出戴望曾对诸多学脉进行研习。如在《赠戴子高叙》中，姚谌对比了自己与戴望的学术状态，申言二人存在差异性——"子高数变而予不变"。戴望的"数变"，体现在他对文章之学、汉儒训诂、宋儒性理、颜李思想皆进行过研求："（戴望）幼时即穷力为文章"；"学术议论必折衷于桐城姚氏"；"已乃稍变为训诂之学，已又治宋儒者言，已又习

---

① 姚谌：《与陈硕父先生书》，《景詹閤遗文》。
② 姚谌：《施均父文集序》《姚姬传文录序》，《景詹閤遗文》。

为习斋、恕谷之说"。事实上，不仅姚谌，戴望早年的好友施补华也同样指出，戴望早期的学术状态变动不居："始为诗、古文辞，已而研求性理，最后至苏州谒陈先生奂，遂专力于考据训诂。"① 戴望亦承认自己早年为学数变，他曾研读颜李学，后又"习为词赋家言、形声训故校雠之学"。② 二则，姚谌指出戴望的学术以通经致用为根本旨归。如姚谌曾这样概述戴望学问的特质：

> 凡为学不能无所变，变不失其正而后通，通而后大，虽然，其大旨所在不可变也。综古今学之目数科，曰考证、曰义理、曰经济文章。而就数者之中析之，则至于百十不止。学者不遍涉其流，则其学专已而不广，而道之至者不两能。苟非专精于一而为异说所迁夺，则亦泛滥而无成。若戴君子高之于学，则所谓变而得其正者。子高幼时即穷力为文章，其立言大旨必通乎经而期适于用，已乃稍变为训诂之学，已又治宋儒者言，已又习为习斋、恕谷之说。盖自始学以至于今，数变易矣，而大旨期于有用。③

由姚谌的叙述可知，早年的戴望深受经世思想浸染，并在这一思想指引下对文章之学、朴学、宋学、颜李学等不同学脉进行了多面的探求。戴望追求通经致用给姚谌留下深刻的印象，因此，姚氏在《景詹閣遗文》中多处强调戴望以通经致用为旨归的学问特质。比如，在《说隐赠戴子高》中，姚谌勾勒了戴望早年的才情——负巨才、博学多能、具经世才；描绘了戴望早年的为学状态——希望通过博习世故增加自我识见，希望通过说经以"考古经术政治"；指出戴望早年学术的根本目的在提供"施之无不当、可行于世"的经济之学，由此树立起一

---

① 施补华：《戴子高墓表》，《施补华集》，第133~134页。
② 戴望：《颜氏学记序》，《颜氏学记》，中华书局，2009，第3页。
③ 姚谌：《赠戴子高叙》，《景詹閣遗文》。

个满怀开济民物理想的戴望形象。① 同样的，在《梦隐图题辞》中，姚谌强调戴望的性情虽然高旷，不愿"幸进苟得""奔竞于利禄之路"，内心怀藏洁身明道的归隐冲动，但终究是一个"平日读书论古，慨然有经世变俗之志"② 的士人。

统合1860年前戴望、姚谌的学术状态可知，嘉道年间兴起的经世思潮已深深影响到他们的精神与学术：一方面，这股思潮激发了他们肆力于学的志向，推动他们对多种学术资源进行广泛探索；另一方面，这股思潮又给他们的经学观念注入了新质的内容，使他们既重视汉儒训诂考据之学，更追求通经以致用。不过，经世并不仅仅是姚谌、戴望二人共有的理念，与二氏交好的施补华、陆心源等湖州青年士人亦秉持相似的经世观念。施补华，字均甫，为湖州乌程县人，其"少好剑术、骑马、饮酒"，性格"意气自豪、议论风生、目多上视"。③ 施补华在十四岁即与戴望、凌霞、姚谌等士人相识，朝夕游处，亲厚如兄弟。④ 之后，施补华与这些士人组建了苕社，殚精于学而毕力于文，治学异常勤奋。施补华于光绪十六年（1890）逝世后，凌霞、杨岘这样追忆道：

> 忆于弱冠时，（施补华）尝属余镌小印曰："我辈岂是蓬蒿人。"惟念均甫以有用之才遽止于此，虽未得展其抱负，然是区区文字亦足以长留天壤。均甫岂真蓬蒿人哉！⑤

> 忆三十年前，偕君（施补华）登杭州之吴山，东望钱塘江，波涛掀起如万骑奔骤。忽大声曰："钱镠射潮，竖子耳！吾曹当射天狼，宁潮为之哉？"乌乎，君之志大矣，然而不竟其用。⑥

---

① 姚谌：《说隐赠戴子高》，《景詹閤遗文》。
② 姚谌：《梦隐图题辞》，《景詹閤遗文》。
③ 凌霞：《天隐堂诗录序》，《天隐堂文录》，《清代诗文集汇编》第729册，第564页。
④ 施补华：《钮右庭墓志铭》，《施补华集》，第119页。
⑤ 凌霞：《泽雅堂文集序》，《施补华集》，第9页。
⑥ 杨岘：《山东候补道施君墓志铭》，《施补华集》，第599页。

凌霞、杨岘的这些回忆既展现了青年施补华的倜傥个性与用世志同，也彰显了经世精神在其身上打下的深深烙印。陆心源，字子梁，一字刚甫、刚父，号存斋，为湖州归安人。陆心源在二十岁时结交姚谌等人，"以古道相砥砺，流俗指目，称为狂生"，之后又与戴望、施补华等人组建苕社，晨夕淬砺，不懈益勤。据陆心源自述，其在年少时不仅极力推崇魏源的学行——"余年十五六，闻当代贤豪魁杰之士，首推邵阳魏默深先生"，广泛阅读了魏源的《诗古微》《圣武记》《海国图志》等著述；而且深受魏源经世思想的影响，主张后世儒者当知晓"兵、刑、礼、乐之要，安内攘外之方"，以避免"求非所学，学非所用"①的流弊。与此同时，陆心源在早年展现出"于书无所不窥"的倾向：

  余年十五六，《六经》《三传》略能上口，不屑屑为科举业，酷好诗、古文辞。稍长，与同学诸子为诂经榷史之学，奋欲有所撰述，以求闻于后世。既而知章句之学，大儒所不道。复泛览经史百家，以及国朝官书，旁逮欧罗人所著，靡不究其所以然，而求其可以行。盖余亦渐以患难废矣。生平最服膺顾亭林氏之学，以为三代而下罕有其匹。②

陆心源的叙述表明：一则，其经世意识的产生，不仅来自嘉道时期魏源等人开启的经世风潮，也来自其对明末清初大儒（诸如顾炎武）著作的研读；二则，和戴望等人相似，秉持经世理念的陆心源在青年时期亦展现出致力于学的志向。不仅如此，怀揣经世理想的陆心源还养成了豪迈的个性。如陆心源曾这样概括自己的性格，"性颇刚决，好与秦楚人交"，有"用世""躁进"之志。正因如此，咸丰九年（1859）徐

---

① 陆心源：《〈魏刺史文集〉序》，《仪顾堂集辑校》，广陵书社，2015，第71~72页。
② 陆心源：《自序》，《仪顾堂集辑校》，第5页。

有壬为陆心源的《仪顾堂集》作序时,一面赞许陆心源留心时务、洞悉时艰的经世状态;一面又给予谆谆告诫,冀望他能收敛锋芒、谨慎言语:

> 读其所著,指陈凿凿,洞悉时艰,其志不肯作第二流人物。意气之盛,疑若非吾乡人者。……君论学之余,兼及时政。君每以"水懦不如火烈"为言,闻者侧目,余亦未敢谓然。久而思之,君言固救时之药石也。今君将赴计车,属余识数语于卷端,以当赠别行矣。念君敛其锋鋩,谨其语言,毋使忌材者得乘其隙,爱才者畏试其锋。①

概言之,考察1860年前戴望及其周遭湖州士人的状态可知,嘉庆、道光年间涌现的经世思想,在向湖州流布的过程中已深深影响到这批在太平天国战争中成长的青年士人,这使得经世成为他们的普遍之识。为这种经世理念所推动,这些湖州士人无不展现出毕力于学、昂扬阔达的精神状态。就戴望而言,其在1860年前树立的经世理念对其日后有着深远的影响:一方面,1860年后的戴望始终将经世作为其经学研究的根本动力;② 另一方面,戴望这时期在经世理念下做出的多面探索与取得的深厚积淀,为他1860年后的学术转向奠定了重要基础。

三 明清之际历史思想的积淀

受经世理念影响,戴望对诸多学脉展开了多面的探求。在戴望早期

---

① 徐有壬:《徐序》,《仪顾堂集辑校》,第5页。
② 同治七年(1868),戴望在给杨象济的手札中这样写道:"病《皇朝经世文编》太庞杂,欲更删辑,次为一书,同时诸公之文亦宜甄录。尊著洋洋大文,皆经国远猷有裨实用之言,应请录寄,以光拙著,勿吝教也。"这表明,戴望不仅熟读魏源的《皇朝经世文编》,而且试图删辑次为一书,展现出鲜明的经世意识。参见赵一生、王翼奇编《香书轩秘藏名人书翰》,浙江古籍出版社,2005,第386页。

丰富的知识结构中，除了汉学，明末清初的历史思想亦占据重要位置。戴望是在与凌霞、程履正等湖州知友的往还中，奠定其对明清之际历史思想的浓厚兴趣与深厚积累。凌霞，字子与，号尘遗、病鹤，湖州归安人，工书画，通小学金石，现有《天隐堂文录》二卷存世。凌霞自言其在弱冠时便与施补华、戴望相游处，而且交情颇为深厚。① 戴望与凌霞的相契，除了性格脾气的相投，也在于二者有对晚明史的共同喜好。已有学者指出，道光、咸丰以降，在文网逐渐松弛的状况下，浙江湖州成为南明史研究的重要区域，戴望、凌霞皆是活跃于其地的成员。这一点，透过戴望遗存的手札可见一斑：

> 胜国南烬遗事，鄙人二十以前最所留心。丧乱以后，书籍散亡，荒失多矣，辍而不为，已历年岁，筐中所存，亦已无几。然而此志终往，作述之业，尚愿与同志者共之也。昔乌程杨傅九先生熟谙是学，尝欲注温书而未就。傅九殁后，身所见者，吴晓钲、凌子与两人，惜乎晓钲新殁，群从子弟夙未识面，藏书存殁不可必，其粗成者，有《复社姓氏传略》重订本二三十卷，副本在子与处。晓钲为赤溟先生后裔，野史甚多，其家在庙头，去震泽镇十二里。子与作贾沪上，如有沪行，遇吾乡人问之，即知其所在。先生留心此学，犹复孜孜访问，齿及贱名，它日书成，得与校录之次，为荣多矣。望之居停主人将移局江宁，所需《广阳杂记》《李侍郎集》诸种，以单本未敢远寄，当俟舍馆定后，觅人传录，以供撰著之用。温书全本卷帙繁重，客闽之日，周十二曾假钞一通，此天壤间第三本也（又一本杨先生所校者，尚存丁无白外兄处）。先生所藏《忠烈纪实》、《明季遗闻》足本、张尚书《北征录》（全集为谢山所定者，亦有之否），许为录副，则更生感矣。其手校《荆驼逸

---

① 凌霞：《天隐堂诗录序》，《天隐堂文录》，《清代诗文集汇编》第729册，第564页。

史》《小腆纪年》，何日得一睹为快。长编告成之日，删掇成编，若何体例意义，尤愿得备闻之也。①

戴望的这封信札写于同治五年（1866）九月。这一年，经由赵之谦的引荐，② 向来留意南明史的傅以礼（1827~1898）③ 开始与戴望订交，并互相交换各自所需的南明史抄本。在这封信札中，戴望追述了其早年研读南明史的学术历程、湖州南明史的研究谱系等，颇有助于理解戴望早期的知识结构。戴望的手札表明：第一，戴望在二十岁以前（约1857年）曾非常究心于南明史，吴晓钲、凌霞便是与他共习南明史的重要学伴。戴望手札中提及的吴晓钲、凌霞，身份很特殊，皆是清初因私修《明史》而受祸的学人的后裔。凌霞的远祖是"明侍御君"，康熙年间因为牵涉湖州南浔庄廷鑨案而"被逮下狱论死"，结果导致"其子孙至今八世无仕者"。④ 凌霞因为这样的身世，对各朝遗民颇为关注与同情，为此，他曾辑录了"宋明两朝遗民之遗事"，"又采其所作编订为《畸人诗》"。⑤ 吴晓钲的先祖则是清史上著名的吴炎。吴炎，字赤溟，江苏吴江人，少承家学，擅长叙述。明清鼎革之际，吴炎"循迹湖州山中，久之始出"。之后，吴炎与同邑潘柽章相约，依仿太史公叙述体例共纂《明史记》，并在修史期间得到顾炎武、钱谦益等人的协助。可惜的是，当吴、潘"撰述数年，史行成十之六七"时，湖州南浔庄廷鑨案爆发，参阅庄氏书被诛死者有七十余人，吴炎、潘柽章

---

① 戴望手札被收录在陶湘编《昭代名人尺牍小传续集》，《近代中国史料丛刊续编》第75辑，第748册，台北：文海出版社，1980，第1595~1597页。释文参见谢国桢《增订晚明史籍考》，上海古籍出版社，1981，第388~389页。
② 根据《赵之谦年谱》，赵之谦与傅以礼早在咸丰四年（1854）即有密切的互动。参见邹涛《赵之谦年谱》，人民美术出版社，2003，第44页。
③ 徐立望先生对傅以礼的生平、傅以礼对南明史的研究，做了详细的论述。参见徐立望《重现史实：傅以礼与南明史研究》，《浙江学刊》2009年第2期。
④ 戴望：《记明地山人琴》，《谪麟堂遗集》。
⑤ 姚谌：《明地山人遗琴记》，《景詹閤遗文》。

皆名列其中。① 作为吴炎的后裔，吴晓钲大概亦是因为这种特殊的家世颇为关注南明史。而正是为这种共同的志趣所推动，戴望、凌霞与吴晓钲展开了对南明史史料的搜讨、研读与考订工作。比如，吴晓钲不仅悉心收集了晚明的稗官野史，并且重订了吴山嘉的《复社姓氏传略》。② 戴望则写作《书蔡氏二节士》，记述明季湖州人蔡子标"招募水师"、义不降清，蔡孺法拒不"如令剃发"、集兵攻湖州、不忘故国的事迹，欲考订南明乡邦史事，表彰久被埋没的抗清二节士。③

第二，戴望在研习南明史时深入研读了温睿临的《南疆逸史》。有学者详细梳理了温睿临受万斯同影响写作《南疆逸史》的过程，指出《南疆逸史》的成书时间大抵在康熙四十一年（1702）万斯同去世至康熙五十年（1711）《南山集》案发的大约十年间。④《南疆逸史》写于清初政治高压的氛围之中，因此在成书后既没有得到广泛流传，也始终没有被刊刻成集，而只是以抄本形式传世。参合戴望"温书全本卷帙繁重，客闽之日，周十二曾假钞一通，此天壤间第三本也（又一本杨先生所校者，尚存丁无白外兄处）"的记述，可知其获得《南疆逸史》并非易事，很可能是借助湖州地利从杨凤苞处抄得。根据学者研究，戴望对《南疆逸史》下过很深的功夫，其"校勘《逸史》，丹黄殆遍"。⑤ 由于《南疆逸史》并不仅仅牵涉史料汇编与考订，其序言、人物品评等亦折射出温睿临对明代积弊、覆灭原因的检讨与总结，⑥ 这多少会影响到戴望对南明史的认知。以《南疆逸史》为中心，戴望又拓展研读了杨凤苞《南疆逸史跋》等补正性的著述，并十分推许杨凤苞的学术，

---

① 支伟成：《清代朴学大师列传》，岳麓书社，1998，第200~201页。
② 朱希祖：《抄本复社姓氏传略跋》，《明季史料题跋》，辽宁教育出版社，1998，第148页。
③ 戴望：《书蔡氏二节士》，《谪麟堂遗集》。
④ 宋子蘅：《温睿临〈南疆逸史〉新论》，《国学季刊》第3期，山东人民出版社，2016，第197~210页。
⑤ 谢国桢：《增订晚明史籍考》，第391页。
⑥ 温睿临：《南疆逸史序》，《南疆逸史》，中华书局，1959，第1~2页。

以为"湖州杨秋室最高"。① 由于《南疆逸史》的珍贵性以及对《南疆逸史》的倾心，戴望在太平天国战乱期间始终把此书带在身边。② 而且，戴望在战后仍然不断拓展其对南明史的阅读，甚至有意编纂《明余事纪》《明略》等书。戴望的这些构想反映在他寄给凌霞、杨象济等好友的手札中：

> 晓钲处闻明季遗闻极多，能借示一二否？秋室先生《南疆逸史》跋十二篇，吾兄处尚有存否（祈录副畀我），谢丈想亦有之也。弟去年从月河处③得徐非云残书遗稿（一名《闲余岁编》），颇想以此书参之温氏《佚史》及李氏《佚史补》及六合徐鼒《小腆纪年》（书体例不佳），别为《明余事纪》一书，仿袁氏纪事本末之体，顾无同志与之共成其事，惟足下与晓钲可共裁定。但近年方从事《春秋》《论语》之学，未暇及此。或两君子先自为书，发凡起例，或竟如秋室先生将各种佚史为温氏书作注，均奇作也。书不必备，唯多随见随记。裴松之注陈氏寿，亦只三十余种，所不见者必尚多也。④

> 利叔尊兄先生左右：久不通讯，于金陵晤同卿，始知去年曾游楚中，近已归浙，更客太仓。盈盈江水，人事间之，不得通一棹以相从也，伤何如矣。望近有志述《明略》一书，仿周保绪先生《晋略》之例，惜所藏明代史集二部甚少，足下能助我搜访否？又病《皇朝经世文编》太庞杂，欲更删辑，次为一书，同时诸公之

---

① 《谭献日记》，中华书局，2013，第188页。
② 《谭献日记》，第138页。
③ 丁宝书，名兆庆，号月河，为湖州归安人，是道咸时期湖州籍数学家陈杰的弟子，擅长算学，藏书丰富。参见《清代传记丛刊》第34册，第324页。
④ 《戴东原、戴子高手札真迹》，"国立编译馆中华丛书编审委员会"，1956。该手札借鉴了徐立望先生的释读。徐立望：《重现史实：傅以礼与南明史研究》，《浙江学刊》2009年第2期。

文亦为甄录。尊著洋洋大文，皆经国远猷有裨实用之言，应请录寄，以光拙著，勿吝教也。①

在戴望、凌霞的带动下，戴望周遭的湖州士人都多少开始厝意南明史。咸丰七年（1857），发生在戴望与其友朋之间的赠琴图事件，即折射出他们对南明史的共同兴趣。咸丰七年秋，家境贫寒的凌霞为谋生被迫离开湖州，奔赴上海。在凌霞临行前，好友施补华特意将他从苏州胥门市肆购得的明地山人古琴赠给凌霞作为留念。施补华所赠的明地山人古琴非常独特：该古琴的原主是一明末遗民，因为故国故君之思徘徊不去，遂在琴腹刻了"崇祯戊午汉仙为地山人作"字样。但是，"崇祯十七年无戊午，戊午为国朝康熙十七年，上距明之亡卅有四年"，这些题识表明该琴主乃是有意"记故元"，以寄托怀思之情。当时，为了答谢施补华的馈赠，擅长书画的凌霞绘制了《赠琴图》，并邀请施补华、姚谌、戴望、陈长孺、杨岘等人为之作文、题跋。为此，姚谌写作《明地山人遗琴记》，声言此琴需搭配遗世独立、与之性情相合的"高人畸士"，而凌霞"于宋明两朝遗民，皆尝辑其遗事"，其性情嗜好正与该琴般配。②戴望亦写作《记明地山人琴》，强调凌霞因为特殊的身世而与此琴有特别的共鸣，因此凌霞"之宝是琴也，无亦以其先人同类，而有所隐痛故邪"。③陈长孺则分析道，在"胜国末季，兵戈四起，盗贼纵横"的时局中，往往有销声匿迹、不欲为人所知的"海内畸人逸士"，该琴主大概就是戴名世笔下"画网巾""一壶先生"一类的明末遗民。由这些记述可知，在喜好晚明史的戴望、凌霞的带动下，与其交往密切的姚谌、陈长孺等士人对南明史亦有或多或少的关注。而除了湖州的士人，戴望在战后也把南明史推介给其他朋友。如谭

---

① 《戴望致利叔书札》，赵一生、王翼奇编《香书轩秘藏名人书翰》，第385~386页。
② 姚谌：《明地山人遗琴记》，《景詹盫遗文》。
③ 戴望：《记明地山人琴》，《谪麟堂遗集》。

献、周星诒等人皆是通过戴望获知《南疆逸史》，闻说杨凤苞先生的名声。

概言之，明清交替之际，江浙一带是反抗清廷统治最激烈的地方。虽然清廷对江南进行了严厉的打击，但是诸多史料仍然被江南的有识之士保存了下来。乾嘉时期，经过温睿临、杨凤苞等史家的努力，湖州逐渐形成绵长的研习南明史的文脉。咸丰年间，伴随文网的日渐松弛，戴望依托湖州的这一文脉，对南明史展开了资料搜讨与深入研究工作。戴望的这一做法带来了两方面的影响：一方面，就戴望的思想发展而言，通过深入探究南明史，戴望自身的知识结构、历史认知发生了很大变化；另一方面，就清代南明史研究而言，戴望成为继杨凤苞之后研习南明史的重要学人，并带动了其周围士人对南明史的关注。

不过，早年的戴望并不仅仅对南明史感兴趣，而且尝试以南明史为依托广泛涉猎明末清初思想家之学说。在这些明末清初思想家中，黄宗羲是戴望颇为重视的学人。一则，由于对南明史的厝意，戴望对黄宗羲关涉南明史的著述，诸如《赐姓始末》《行朝录》《思旧录》等，皆曾一一过目。二则，戴望对黄宗羲的其他撰述亦做了深入的探求。比如，早在咸丰五年（1855）夏，戴望即在湖州愿学斋抄录了黄宗羲《明夷待访录》最早的刻本——乾隆年间浙江慈溪郑氏二老阁丛书本。同治二年（1863）九月，戴望在战乱中从福州迁转邵武以就周星诒之聘，仍把《明夷待访录》的这一抄本带在身边。这期间，戴望不仅把《明夷待访录》推介给周星诒，而且为周氏校正誊录了《明夷待访录》。[①] 这些历史信息表明，戴望很早即留意搜括黄宗羲的著述，不仅精研过黄宗羲的《明夷待访录》，而且一直对之倍为推崇。进入金陵书局后，戴望又把《明夷待访录》引介给孙锵鸣等晚清学人。如宋恕曾这样回忆

---

① 罗恰：《〈明夷待访录〉两种抄本比较研究》，《古籍保护研究》第1辑，大象出版社，2015，第120页。

道:"初,德清戴子高先生最好黄余姚《待访录》及北方颜李学说,先生(孙锵鸣)亦最慕余姚,曾求《待访录》椠本不可得,则多方转假,手自精写,置于家塾,《待访录》入温自此始。"① 声言孙锵鸣对《明夷待访录》的推崇与戴望存在渊源。

除了黄宗羲,顾炎武亦是戴望很早即接触的明末清初思想家。汤炳正先生记载,其曾在1976年购得清初通行本《顾亭林诗文集》,发现戴望曾藏有顾炎武弟子"潘次耕手抄原本",更接近顾炎武未被删改的顾诗刻本。而且,戴望在其所藏的《顾亭林诗文集》原稿本上加了很多批注。这些批注对顾诗所涉及的不易为人所知的明末人物的经历行状,皆如数家珍,② 颇有助于解读顾诗。汤炳正先生的记载表明,戴望不仅留心搜讨顾炎武的著述,而且对顾炎武的经历、诗文皆极为谙熟。不过,阅读顾炎武的著述不仅是戴望的经历,亦是其周遭同龄士人的兴趣。比如,戴望的好友陆心源不仅广泛研读了顾炎武的《天下郡国利病书》《日知录》等著述;而且对顾炎武倍为钦崇,声称"汉、唐以来,儒者或精训诂,或明性理,或工文章,各得圣人之一端",国初诸儒中唯有顾炎武能够"经行并修,体用兼备"。③

此外,刘献廷也是戴望早就关注的学人。刘献廷(1648~1695),字继庄,一字君贤,别号广阳子,为直隶大兴人,但大部分时间居于吴下。刘献廷的志向是"利济天下后世,造就人才";④ 其学术则以经世为主旨,对"象纬、律历以及边塞、关要、财赋、军器之属,旁而岐黄者流,以及释道之言,无不留心"。刘献廷撰有《广阳杂记》一书,是其随手札记,最初未有定本,"后人传写,或详或略,遂多异同"。⑤ 在咸同年间,《广阳杂记》共有3卷的删本和5卷的足本两种本子传

---

① 宋恕:《外舅孙止庵师学行略述》,《宋恕集》,中华书局,1993,第326页。
② 汤炳正:《旧校本〈顾亭林诗文集〉跋》,《渊研楼杂忆》,上海辞书出版社,2015。
③ 陆心源:《拟顾炎武从祀议》,《仪顾堂集辑校》,第51~53页。
④ 王源:《刘处士墓表》,刘献廷:《广阳杂记》,中华书局,1957,第2页。
⑤ 全祖望:《刘继庄传》,刘献廷:《广阳杂记》,第4页。

世，足本比删本多十之四，节次颇不同。同治二年（1863），谭献在日记中这样写道："《广阳杂记》五卷，顺天刘献廷继庄撰。……子高云世无传本，方谋刻之。予尤喜其说理论事有独见。"① 谭献的记述表明，留心明季思想的戴望很可能早在湖州时已抄录、阅读过足本的《广阳杂记》。同治五年（1866），戴望在访问张文虎时又出示了其所藏的《广阳杂记》，但张文虎批评《广阳杂记》"考证粗浅"，表示无法理解为何"刘在当时与万季野齐名，全谢山极称之"。② 不过，戴望却很欣赏《广阳杂记》的部分考证，并将之化用到《戴氏注论语》中。如戴望阐释"文胜质则史"曰"史，祝史也，唯司威仪，诚敬非其事也"，引用的正是《广阳杂记》的说法。③

颜元、李塨等人亦是戴望早期颇为敬重的思想家。戴望与好友程贞的交往，正出于对颜李学的共同认可。程贞，字履正，为湖州德清人。程履正与戴望相识于咸丰五年（1855），戴望谓其"好读经书，质甚鲁，恳恳款款，每得一解，辄超然出于俗所论说"，遂与之"共习书，数夜恒不寐"，④ 互为知己。当时，戴望取"颜先生书"，程履正"取毗陵恽氏所撰李先生状"，二人共同研读之。之后，戴、程二人又遍访群籍，共读王源《颜先生传》、颜元《存学编》、李塨《论语传注》等书。戴望与程履正对颜李学派的研习，持续至咸丰七年（1857）。⑤ 但是，戴望与程氏虽然皆认可、研览颜李学，但二人内化颜李说的时机却并不相同。据戴望所言，程履正修习颜李学更为专注，不仅在学术上表示认同，以为"周孔之学盖在是矣"，并著文十余篇，"发明颜氏之学之所以得者"；而且在修身行礼上践履之，"仿之为日谱，纠察身心得

---

① 光绪十七年（1891），谭献又这样写道："刘继庄《杂记》，吾亡友戴子高传抄足本，已廿余年不到眼矣。"参见《谭献日记》，第5、176页。
② 《张文虎日记》，上海书店出版社，2009，第72页。
③ 刘献廷：《广阳杂记》卷3，第120页。
④ 戴望：《程履正墓铭》，《谪麟堂遗集》。
⑤ 戴望：《颜氏学记序》，《颜氏学记》，第3页。

失,与人交恂恂有礼,虽僮仆走卒,对之无惰容,内行至孝,于弟尤友爱,烝烝兄岂"。戴望当时虽然亦爱好颜李学,"亟欲闻木末",却未能完全认定颜李学。可惜的是,转至同治元年(1862),太平军攻陷湖州,程履正因"遭父丧",哀毁骨立、郁郁成疾,"卒年仅二十有五"。由此可见,早在1860年前,戴望即已开始系统搜集、研读颜李学派的著述。

概言之,当戴望以经世为旨归对各种学术资源展开探索时,明末清初的历史思想成为其知识结构中颇为重要的一块。而且,戴望在研读明末清初的历史思想时,治学相当勤奋,这使他在1860年前就对明末清初的历史思想有了较深厚的积淀。戴望早年的这些学术积累在其整个思想发展历程中占据着重要位置:一则,通过广泛阅览,戴望在早年即奠定了其学术个性,即不仅对史学考证而且对历史思想深感兴趣;二则,太平天国战后的戴望仍然不断延展他早年的这一兴趣,从而使其对明末清初历史思想的理解与积淀日益深厚;三则,伴随戴望对明末清初历史思想的深入研读,其整个知识结构、对于汉宋学的理解、对于晚清现实的判断等皆会发生潜在变化。

四 被遮没的理学积累

前文追溯了戴望1860年前的经世理念、汉学根基、明清之际历史思想的积淀,展现了戴望多面的知识结构与深厚的学术积累,本节试图继续探讨戴望1860年前的理学积累。之所以要探析戴望早年对理学的积淀,一是因为戴望在太平天国战后对理学日益不满,因此他绝口不提早年推求理学的经历,这使得其早年的理学积累逐步被遮没;二是因为如果我们不仔细辨析戴望早年对理学的探研,不利于我们理解戴望思想转折的轨辙。

首先,与戴望自己的描述恰恰相反,1860年前的戴望曾认真研习宋儒之说。戴望早年的挚友揭示出了戴望的这一知识结构。如在《赠戴子高叙》中，姚谌这样描述戴望早年的求学经历，"（望）幼时即穷力为文章""词章之学"，"学术议论必折衷于桐城姚氏"，"已乃稍变为训诂之学，已又治宋儒者言，已又习为习斋、恕谷之说"，① 指出戴望不仅倾心姚鼐而且探求过宋学。同样的，施补华评价戴望早期学术"凡三变：始为诗、古文辞，已而研求性理，最后至苏州谒陈先生奂，遂专力于考据训诂"，② 也点出戴望爱好古文而且宜究过宋儒之学。将戴望的言论举止与姚、施二人的评述相对照，也可以看出戴望早年不仅究心过宋儒学说，而且未必对宋儒之言如此睥睨不屑。下面列举几个例子加以论证。

第一，不得不面对的科举制度，使戴望无法绕开对于理学的积累。虽然1860年前的戴望与其周遭湖州士人很早即开始自觉调整其治学目标与科举制度之间的关系，即不再把举业作为治学的重心，而是将其纳入更阔远的治学目标之中。比如，姚谌自述其在咸丰四年（1854）后决定放弃举业，"治经史，旁及九流百家之学"，以通经致用为治学方向，但姚谌又多次参加科举考试，并在咸丰九年（1859）的乡试中中举。③ 同样的，虽然戴望在1860年前即"放弃科举业，无用世之志"，开始以经世为旨归研治经史、肆力于学，但他在很长一段时间里并没有完全放弃科举考试。如同治五年（1866）二月，戴望给凌霞去信，哀叹"科举之业大足累人"，"门施行马不如卖卜通衢"；痛惜自己今日不能为"杂技治生之事"，因而为举业所困。④ 同年七月，戴望又向魏稼孙道及，其曾在"四五月间以岁试事返湖州"。⑤ 这些信息表明，此时

---

① 姚谌：《赠戴子高叙》，《景詹闇遗文》。
② 施补华：《戴子高墓表》，《施补华集》，第133~134页。
③ 戴望：《清故举人姚君行状》，姚谌：《景詹闇遗文》。
④ 《戴东原、戴子高手札真迹》。
⑤ 吴长瑛辑《清代名人手札甲集》，《近代中国史料丛刊正编》第15辑，第142册，台北：文海出版社，1989，第561页。

的戴望似乎尚未通过科试、获得乡试的资格，仍然挣扎在参加科举与厌弃科举的苦痛之中。而依据戴望密友张星鉴"一赴秋试，遂弃举业"①的说法，戴望在同治五年（1866）后可能仍在参加科举考试，并最终通过院试的科考获得乡试的资格。② 由此可见，一则，戴望的科举之途并不顺利，他在获得乡试资格时可能已逾三十岁。而且，戴望最终决意彻底放弃举业，因此他一生只获得科举生涯中的最低一级身份——诸生。二则，虽然戴望对科举制度颇为愤懑，但他在很长一段时间里仍然要应对举业的种种压力。由于清代的童试、乡试都把理学家对《四书》《五经》的注释疏证作为重要的参考撰著，因此，当戴望长时间面对科举考试时，其必然要加强对宋儒义理的理解。

除此之外，戴望的其他行迹也表明他曾究心宋儒学说。譬如同治二年（1863），戴望曾在谭献面前激烈批评程颐对《春秋》《周易》的解读、朱子对《论语》的解释。③ 这一方面表明戴望颇不满意宋儒对六经体系的阐释，另一方面也暗示出戴望深谙宋儒的解经路径。同治四年（1865），戴望曾鼓励孙衣言发扬永嘉学派的学问与精神，则暗示出戴望不仅颇为留心宋代思想，而且有其独特的识解。如戴望在给孙衣言的函札中这样写道：

> 前月十二日肃奉寸缄并金氏《求古录》一部，从信局寄上，至今未得复函，岂中有浮沉邪？永嘉诸先哲遗书，在苏遍访，唯有止斋先生文集，又非旧刻。闻阮文达于焦山藏书，兵燹后尚有存者，俟它日访之，冀得一见薛、叶诸公全集也。偶见夏弢甫《读朱质疑》，于陆学尚为持平，于陈学肆其偏诋，彼目不见止斋遗

---

① 张星鉴：《戴子高传》，戴望注，郭晓东校疏《戴氏注论语小疏》，华东师范大学出版社，2014，第295页。
② 本文对清代科举制度的理解，参考了李世愉等先生的说法。参见李世愉、胡平《中国科举制度通史（清代卷）》，上海人民出版社，2015。
③ 《谭献日记》，第193页。

书，而放论如此，可谓轩渠。望意以为南宋儒者，实推永嘉为最，上不淆于心性之空言，下不杂以永康之功利，非建安、金溪所得而盖之也。项先生傅霖云："永嘉之学，超于宋而不为空谈，方之汉而少其附会。"知言哉！敬述所闻，以质长者。①

戴望的来信使孙衣言颇为感动，因此他在给俞樾的手札中这样写道："子高极推重永嘉学人，大可感。某欲略考永嘉学派，苦于俭陋，幸属子高为一搜讨，晚宋、元、明以来，有非永嘉人而私淑郑、陈、蔡、薛者，尤可贵也。"② 指出戴望是少数不因地缘关系而推崇永嘉学派的学人。

第二，戴望早年未必持有尖锐的反理学立场，这一点反映在戴望1860年前后对姚鼐的评价分化上。根据施补华、姚谌的追忆，早年的戴望颇喜好古文辞，因此在1854年左右曾与施、姚二人"共学古文"。而且，在广泛探研古文脉络的过程中，戴望一度倾心于姚鼐的学说。如姚谌曾评述戴望早期的学术，"必折衷于桐城姚氏"，"自后亦稍稍有所出入，而一以姚氏为宗"。当下的姚鼐研究，在乾嘉汉宋学对立的视域下指出，姚鼐的成学经历与乾嘉汉学相激相荡：初登京都学坛的姚鼐为了预流，曾将为学的重心从辞章转向考据，祈望拜汉学权威戴震为师但被婉拒；姚鼐曾在四库全书馆内与汉学家进行往复辩难，终因孤立无援而被迫退出京都学坛；退居故里的姚鼐苦心孤诣创建桐城学派，意在与汉学学派相抗衡；③ 尊崇程朱理学的姚鼐始终不满于颜李、毛奇龄、戴震等人对宋学的攻难。④ 戴望早年对姚鼐的嘉赞，不仅表明他研究过姚鼐的思想，而且并没有形成强烈的反理学态度。但是，1860年之后，

---

① 谢作拳、陈伟欢编注《瑞安孙家往来信札集》，浙江大学出版社，2017，第88页。
② 孙延钊撰，徐和雍、周立人整理《孙衣言孙诒让父子年谱》，上海社会科学院出版社，2003，第64页。
③ 王达敏：《姚鼐与乾嘉学派》，学苑出版社，2007。
④ 姚鼐：《再复简斋书》，《惜抱轩全集·文集》卷6，中国书店出版社，1991，第77页。

戴望开始有意强化乾嘉汉宋对立的学术格局并对姚鼐发起频频的攻击。戴望对姚鼐的驳难大致有两端：一是痛斥姚鼐"师事东原"不成，遂在戴震死后对其加以诋毁，"累累笔诸书"；① 二是认为方苞、姚鼐开启的反汉学风气，导致桐城后学夏炘、方东树等人对乾嘉巨儒采取了不公正的批判态度："今见当涂夏炘、桐城方植之著书，力诋乾嘉诸巨儒，以为咸丰以来粤贼之祸，皆东原、仲子诸先生所酿成，可为轩渠。嗟乎！宗方苞、姚鼐之绪论（惜不及），不谓其流祸猖狂至此极也。较之陈建、吕留良之诋讽王文成，尤不可堪忍。此真所谓其父杀人，其子必且行劫是也。"② 由此可见，戴望在1860年前后对姚鼐的评价存在极大反差，而这种反差恰恰表明1860年前的戴望尚未形成鲜明的反理学立场。

其次，虽然戴望早年曾深入研习程朱理学，而且对理学的驳斥尚不激烈，但这并不意味他对程朱理学没有犹疑。这种犹疑主要来自以下两个方面。一则，与戴望密切往来的湖州汉学家、周遭同龄士人皆对程朱理学持有异议。据戴望回忆，其早年结交的诸多推重汉学的师长，曾对宋儒予以严厉的批判。如戴望颇为推戴的"妻父"凌堃，作为道咸时期的汉学家，即"深惩乡壁虚造之言，而尤恶新说"，批评理学义理往往"以理杀人，如酷吏之舞法，致人骨肉遭变，不得尽其情"。③ 又如与戴望情谊甚笃的周学濬，是个推崇朴学的经学家，当"客有为汉宋之说者"，其"必信汉儒，至面发赪，龈龈不少休"，而且常常攻驳那些诋毁汉学的学人。④ 戴望对凌堃、周学濬的这番描述，虽然存在刻意放大二人反理学态度的嫌疑，但也说明这些汉学家确实曾展现出这种姿态，并给他留下较深的印象。此外，戴望周遭的同龄士人亦流露出对程

---

① 戴望：《周孝廉墓表》，《谪麟堂遗集》。
② 《戴东原、戴子高手札真迹》。
③ 戴望：《凌教谕墓志铭》，《谪麟堂遗集》。
④ 戴望：《周孝廉墓表》，《谪麟堂遗集》。

朱理学的微词。与戴望交谊深厚的姚谌即对宋儒之说持有批评意见。如在《释儒》中，姚谌严格区分了儒、释，声言宋儒以"性命为教"，不仅异于孔子"下学上达之旨"，而且在"流为科举之业"[①]后引发学风空疏、政教衰颓等社会危机。在《杨龟山论》中，姚谌则尝试以理学家杨时为个案指出程朱理学的问题所在。在姚谌看来，杨时面对宋徽宗朝"君有失德、群邪得志、戎狄之祸日升月烈"的危局，却表现出"雍容进退若处太平无事，所论列皆远于事情，不知天下存亡大计"的迂腐状态，很典型地展现出宋儒追求"正心诚意""为我之学"的问题性，即"知独善其身而不能兼善天下"，[②]缺乏强劲的事功能力。可见，在姚谌看来，宋儒性命之说对于学术和政教皆有不良的导向，它不仅造成学风空疏寡学，而且导致士风空疏疲软。与姚谌类似，戴望的密友陆心源对宋儒之说亦抱持警惕态度。如在《拟顾炎武从祀议》中，陆心源冀望引入顾炎武"博学于文，行己有耻"的观点，来弥补程朱理学"空谈心性、不求实学"[③]的弊端。而陆心源写作《上倭艮峰相国书》，同样申言顾炎武的思考可以补充程朱理学，加强士人"上究千古安危之故，近考本朝制度之详"的博学能力与"进贤退佞、安上治民"的治事能力。[④] 由此可见，虽然戴望周遭的湖州士人反对程朱理学的激烈程度不一，但他们显然都认为宋儒之说存在弊端，需要引入其他思想资源作为补充。

二则，戴望早年敬重的明末清初思想家、史家，诸如顾炎武、颜元、李塨、温睿临等人，皆曾谴责性命之学。如顾炎武曾指摘明季之"理学，禅学也，不取之《五经》，而但资之语录，校诸帖括之文而尤

---

① 姚谌：《释儒》，《景詹阁遗文》。
② 姚谌：《杨龟山论》，《景詹阁遗文》。
③ 陆心源：《拟顾炎武从祀议》，《仪顾堂集辑校》，第51~53页。
④ 陆心源：《上倭艮峰相国书》，《仪顾堂集辑校》，第58页。

易也",① 申言当融理学入经学；冀望以"博学于文，行己有耻"的观点来抵制学者空谈"性命之理"的弊病，鼓励为学者"多学而识"，在"出处、辞受"间踏实践履。② 又如温睿临著作《南疆逸史》，在检讨明代社会危机与王朝覆灭时，首先检讨士人的知识与精神状态，批评明代士人"务虚名不采实用，高谈性命，而以农田军旅为粗。研志词华，而以刑法钱谷为俗。致使吏治不修，武备全废，假钺于武夫，待成于胥吏"。③ 括言之，明末清初的史家、思想家曾深刻反省明代士人空言性命的弊病，这多少会影响戴望对于理学的认知。

概言之，1860年前的戴望对待程朱理学的态度是复杂的。第一，戴望早年受经世理念、科举制度影响，确实认真研读过程朱理学。事实上，正是戴望这阶段对理学的深研，为他1860年后深刻反思、叛离理学奠定了基础。第二，戴望早年接触的士人交际圈，内部涌动着一股对于理学的反动思潮，这多少会增强戴望对于程朱理学的省思与反抗。因此，戴望在1860年后确立的反理学立场并非空穴来风，实则承续、发展了他早年对于理学的踌躇态度。第三，总体上看，戴望早期虽然对理学有犹疑，但尚未形成激烈的反理学态度。而戴望日益加剧的排抵理学的情绪是被1860年太平天国、庚申之变这样一系列重大历史事件所逐步激化的。

结　语

戴望于1860年前的学术状态，与晚清学术风潮的转换、湖州地方文脉的涌流、戴望生而奇慧的禀赋等密切相关。因此，细致梳理戴望1860年前的学术状态，不仅可以深化学界对戴望早期生平、交友与学

---

① 顾炎武：《与施愚山书》，《顾亭林诗文集·亭林文集》卷3，上海古籍出版社，2012，第109页。
② 顾炎武：《与友人论学书》，《顾亭林诗文集·亭林文集》卷3，第92页。
③ 温睿临：《南疆逸史序》，《南疆逸史》，第2页。

术的认知，而且可以增进学界对道咸时期经世思潮、湖州学术生态的理解。

就晚清经世思潮而言，戴望是被这一思潮所浸润的典型个案。戴望成长的咸丰、同治朝，正是嘉庆、道光年间涌现的经世思潮流播的重要时期。戴望及周遭同龄士人，在其生活的人文渊薮江南地域，很早即受到这股思潮的影响。正是被这股经世思潮所推动，戴望早年对汉学、明末清初历史思想、宋学、公羊学等诸多学脉进行了不懈的研索。这使得戴望在1860年前即已奠定了丰富的知识结构，在学术上有了颇为深厚的积累。由此可见，戴望早期的学术状态，具象化了晚清经世思潮对青年士人的塑造：戴望对经世思潮的接受，折射出经世思潮在咸同时期的衍溢、向地方的渗透；戴望通过积极主动探索各种学术资源以回应经世思潮，映照了青年士人对经世思潮的迎合；戴望及周遭士人展现出心性早熟、志向阔达的精神状态，展现了经世思潮对士人的调适效果。

就湖州地域而言，以戴望为中心的士人交际圈，反映了1840~1860年代的湖州学术生态。湖州作为江南的一隅，其文化氛围在清代始终绵延繁荣。道咸时期，由于太平天国战乱尚未深度波及江南，湖州的文化仍然颇为兴盛。在这一时期，一方面，乾嘉汉学、程朱理学等相对传统的学术仍在湖州占据主导地位。尤其是，湖州曾是乾嘉汉学的重镇，这使得汉学不仅在道咸时期的湖州依旧兴盛，而且始终是湖州籍士人重要的学术遗产。另一方面，由于晚清学术风潮的转换，经世思潮、公羊学、明末清初历史思想等不同思潮学说开始涌入湖州。这些新的思潮学说被湖州青年士人们所接纳，使得汉学、宋学已不能成为他们学术的全部，由此改变了他们的知识结构。

就戴望的思想历程而言，勾勒戴望1860年前的学术状态，可以深化学界对其思想演变轨迹的理解。1860年前的戴望主动承接嘉道经世思潮，对汉学、宋学、明末清初历史思想等不同学脉展开了多面的探索。戴望早期的这种学术状态，对其日后具有重要的影响。一则，戴望在此时形成的学术观念、学术兴趣，奠定了其未来的学术观念、学术兴趣。在学术观念上，戴望形成了"以考据训诂为通经方法、以致用为根本目标"的意识；在学术兴趣上，戴望展现出对汉学、颜李学、南明史等的高度兴趣。1860年之后，戴望发展了他早年形成的这些学术观念与学术兴趣。二则，戴望在这一阶段的探索与积累，为他1860年后的学术选择奠定了重要基础。1860年后，目睹太平天国、庚申之变的戴望，发生了巨大的学术转向，即不仅开始认同公羊学、颜李学，而且着手运用这些学说撰著《戴氏注论语》。戴望之所以能在这时期（1860年的戴望约24岁）发生学术转向，并选择公羊学、颜李学等相对先锋、边缘的学术，即奠基在他这一阶段孜孜矻矻的研索与积累之上。

民国游记所见时人对新疆地理空间与资源开发的认知(1916~1945)*

宋其然　黄达远**

摘　要　地理景观、族群生业和地下资源是民国旅行者对新疆地理空间与资源开发之认知的重要来源。在民国知识分子关于新疆的旅行书写中,既有旅行者对人地关系的思考,又有在民族主义影响下对"领域性策略"的操演与实践,进而突出了新疆在国家交通与经济版图中的重要性,展现了通过知识和权力把边疆转化为"有效的国族疆域"之意图。在国家危亡、边疆门户洞开的时代背景下,旅行者的地理空间认知和基于此生成的新疆开发观不仅是传统空间观的延续,而且呈现出科学化、精确化、在地化等特点,从而为游记增添了宣传边疆开发、传递"正确知识"和激发民族救亡意识等一系列功能。

关键词　游记　新疆　地理空间认知　民族主义

新疆东起星星峡,西抵帕米尔,南达阿克赛钦,北及阿尔泰山,吴蔼宸称其"东西广三千七百里,南北长三千里,面积五百五十万方里,

---

* 本文系国家社科基金重大项目"河西走廊与中亚文明"(LSYZD210008)阶段性成果。
** 宋其然,陕西师范大学"一带一路"建设与中亚研究协同创新中心硕士研究生;黄达远,西安外国语大学丝绸之路与欧亚文明研究中心主任,俄语学院教授。

当中国本部三分之一"。① 面对如此广袤之地域，民国时期的知识分子对新疆的地理空间形成了多层次的认知，而游记作为时人对新疆地理认知的表达媒介，体现了空间、时间和人群这三要素的交集，承担了传播"正确知识"、宣传边疆开发和动员民族救亡等功能。民国时期的新疆游记大抵可分为四类：其一是学者根据科学考察写作的游记；其二是媒体记者根据新闻采访或旅行见闻所写的游记；其三是企业人士基于实业考察所著的游记；其四是官员、政客基于工作访问撰写的游记。以上四类游记多通过对地理景观、居民生活或自然资源等的观察形成关于新疆的空间认知，并借此提出开发新疆富源的观点。

在民国新疆游记中，知识分子群体的地理空间认知不仅服务于资源开发这一目标，还在一定程度上表现为"领域性策略"的操演和实践，即将有关国族建构的神话、记忆或历史渗透进对空间和景观的描述中，用时间维度上的"系谱"建立空间上的"国族气质"；抑或是通过对自然景观的颂扬，展现自然对国族的缔造与凝合作用。② 在民族主义的情绪之外，部分游记还通过实地考察和科学认知探讨了新疆地理环境的多元性，突出了新疆在欧亚陆地通道上的特殊意义，刷新了人们对边疆空间角色的定位。本文拟通过分析民国新疆游记中知识分子的地理空间认知，展现时人地理认知的不同面相，并试图揭示这些认知产生的原因。

---

① 吴蔼宸：《新疆纪游》，商务印书馆，1936，第249页。吴蔼宸所言之"中国本部"是一值得商榷的名词，该词在20世纪前三十余年间一度流行于我国。中文"中国本部"一词转译自日文"支那本部"，而"支那本部"实则暗含日本殖民者把边疆地区剥离出中国的意图，但当时使用"中国本部"一词的国人或只是将其用作一个地理概念。参见黄克武《词汇、战争于东亚的国族边界："中国本部"概念的起源与变迁》，《复旦学报》2020年第6期，第39、42页。
② 沈松侨：《江山如此多娇——1930年代的西北旅行书写与国族想象》，《台大历史学报》第37期，2006年，第160页。

一 时人对新疆地理景观与居民生业的认知

民国时期的新疆游记在出版年代的分布上存在密度不均的现象，其中1926年以前发行的游记合计两种，① 出版于1926~1933年的游记仅一种，1934~1945年则有至少七种关于新疆的游记问世。② 尽管上述游记写作、出版的时间存在一定差异，但其对新疆地理景观的描摹、对新疆各族人民生业情况的叙述却存在较强的连续性和相似性，构成了时代的群像。

地理景观既是自然界诸种运动所造就的产物，又是一种可被"文本化"的象征系统，③ 因此游记对地理景观之描写体现了客观性与主观性认识的交融，凸显了特定的时代背景和价值观念对景观的塑造作用。在民国新疆游记中，对地理景观的书写占据了相当重要的位置，我们可以将时人对新疆地理景观的描述析为两类：前者是较宏阔的整体性认知，反映了外部视角下新疆与内地的差异，具有初见"他者"时的猎奇感；后者则是对新疆各地具体而细节的认知，其中多见对地景的比附性描述，体现了"他者"与"我者"界限的消融与文化一体性的建构，并且更强调游记书写中的真实性、在地性与科学性。

第一类认知，其基本单位是作为民国边疆省级行政区的新疆。在交通尚不便利的民国，由内地陆路前往新疆多需数月之久，即便搭乘汽车亦耗时不少，因此宏观层面的地理景观书写往往以漫长甚至有些枯燥单一的进疆沿途风光开始。在1916年自肃州行955里抵达星星峡后，谢彬如是写道："两山皆沙石无土，实新疆之东门"；"西北行，细沙满

---

① 在量化统计中，本文剔除了出版于民国年间而实际内容反映民国之前游历情况的书籍。
② 具体统计结果参见文末附录表1。
③ 〔英〕迈克·克朗：《文化地理学》，杨淑华、宋慧敏译，南京大学出版社，2003，第25页。

途，如行河滩"；"飞尘迷目，车帘恒垂"。① 冯有真则在飞赴哈密的欧亚航空班机上感叹："自兰州至哈密，一路尽是沙漠。"飞临哈密上空时，冯氏犹道："哈密城即建筑于沙漠中也。"如是描述构成了民国旅者对新疆当地景观的第一印象，即沙漠广袤、荒无人烟。在这种具有强烈陌生感的第一印象影响下，旅行者很容易产生比较的心理，其中多见的是将新疆与内地，尤其是与邻近省份和东部沿海地区进行比较，由此加深了诸如 "新疆孤悬西北"②、"戈壁寸草不生，满目荒凉"③ 之类的认知。徐弋吾亦曾作如是述说："（新疆）环境是这样冷凄，把一个现代的人硬生生地送回原始时代去……"④ 从中不难发现，使旅者产生新疆异于内地之认知的主要景观是戈壁、沙漠和为之所环绕的城镇与村落。不同的交通工具也会影响旅者对新疆地理景观的认知，譬如乘马车游历全疆的谢彬多通过平行视角观察周边环境，因此对新疆地理景观的宏观描述不似三四十年代通过航空进疆者那般鲜明、突出。宏观或整体上的地理景观认知对游记书写者的新疆开发观有较大的影响，且这类影响多体现在对新疆特殊地缘环境和交通区位的思考上。

在此类认知中，新疆与内地之间俨然构成了一种现代化意义上的时空差序，一方是落后的 "他者"，而另一方是进步开化的 "我者"。显然，这一认知在客观性上有其先天的不足，缺少了对中原农耕区与新疆绿洲、游牧区之间地缘关联性的把握。⑤

第二类认知，源于对草原、绿洲、山地和沙漠等异质性内部单元的观察。草原、绿洲和山地等景观与沙漠、戈壁存在视角上的显著差异，旅行者唯有在深入新疆各地后方可对这些多样的景观形成具体认知，而

---

① 谢彬：《新疆游记》，杨镰、张颐青整理，新疆人民出版社，1990，第13~15页。
② 吴蔼宸：《新疆纪游》，第113页。
③ 吴蔼宸：《新疆纪游》，第253页。
④ 徐弋吾：《新疆印象记》，西京日报社，1934，第81页。
⑤ 黄达远：《欧亚时空视野中的 "西北" ——论 "一带一路" 战略背景下的地缘区位观》，《陕西师范大学学报》2017年第3期，第95页。

这类认知与初来乍到时形成的整体性知觉相互联系亦相互矛盾。谢彬在由迪化循伊犁前往南疆的旅途中相继见到了"流沙积与墙齐"、"平原广衍，山环水束，地味膏腴，草场丰美"、"岚气濛濛，午日无光"、"松杨益茂，苍翠宜人"和"村舍稠密，树木葱郁"的景象。[1] 如是描述不仅丰富了新疆地理景观的层次性，还为因地制宜制定开发新疆富源的具体策略提供了地理学意义上的依据。同时，地理景观上的多元性还为游记书写中的比附性描述创造了可能，山水相间且有良田桑树美池之属的景观往往被建立起与江南的联系，而新疆的平旷宜耕之地则常被旅者们视如内地和东北农耕区的对照组。在比附性描述的背后，蕴藏着时人对新疆地理景观的民族主义认知。在旅者的视角下，新疆的草场和耕地资源多未得到充分利用，加之当地人口稀少，宜应采行大举移民之策，以免浪费这片富源遍野的大好山河。因此，将地理景观进行比附是为某种"内部殖民式"的话语，体现了旅行者对这片远离京畿且存在边患之地的想象与建构。除此之外，地理景观的比附还建立起新疆与内地特定景观的联系，将新疆纳入了一套具有共同符号的全国性景观文化体系，消融了整体性景观认知中"他者"形象的陌生感，进而实践了"领域性策略"，创生了一个读者可借已有经验熟悉和识别的空间有机体。

基于第二种认知，时人还对新疆的地理景观进行了分区描述。尽管谢彬、吴蔼宸、冯有真、徐弋吾、李烛尘和黄汲清等人游历的年份与范围不尽相同，但综合各家游记，我们仍可大致勾勒出时人对新疆地理景观的区域划分。时人对新疆的分区景观描述基本以天山山脉为界线，划出南北两路，其中南路景观以沙漠和宜农宜耕的山前绿洲为主，北路则以戈壁、森林和宜牧的草原为主，北路的自然景观总体上较南路更丰富。在天山一分南北的基础之上，我们还可以发现民国新疆游记对伊犁

---

[1] 谢彬：《新疆游记》，第73、93、95、100、106页。

地区与罗布泊地区的景观描写同他处存在较大的差异性。其中，谢彬在1917年所见之罗布泊尚是一片泽国，有"风起水涨，汗漫无边"①之景。而在李烛尘、吴蔼宸、冯有真和谢彬等人的记述中，耕地、草场和森林共同构成了他们笔下的伊犁风光，可知当时的伊犁有农牧景观并存之状。譬如李烛尘曾这样描述当地的农田景观：

> 由清水沟前去霍尔果斯中苏交界处，中间为广大平原，时见有用土墙围圈之地亩者，闻为回族耕地，以墙范围之，可见其重视地亩之意。……可耕地为七万五千亩，大、小麦均产，米亦足食有余……②

李烛尘亦为伊犁的畜牧业和森林景观留下了不少笔墨，并认为伊犁的牧业和林木资源对当地的工业生产大有裨益。③

谢彬的《新疆游记》同样留下了对伊犁农牧景观的刻画：

> （塔儿特）此地哈萨多进化，有上等住户八家，水磨五盘，缠商六家，附近种地者亦百余家。尖后折正东行。三十三里，恰克䱱。住。是日行一百七十里。千户长曰马克苏脱，领百户长十四，有牲三万三四千头。……平原广衍，山环水束，地味膏腴，草场丰美，为伊犁东南最要地方。④

> 又哈民穷无牲畜者，亦知种地。……旱田一犁之后，任其自长。水田犁行一周，布子泥淖中，用耙覆之，不知分秧之法。⑤

---

① 谢彬：《新疆游记》，第197页。
② 李烛尘：《西北历程》，杨晓斌点校，甘肃人民出版社，2003，第90页。
③ 参见李烛尘《西北历程》，第84、94页。
④ 谢彬：《新疆游记》，第92~93页。
⑤ 谢彬：《新疆游记》，第93页。

谢彬见此景后，便称当地宜"按耕四牧六"①之法开发地利，可见时人对新疆地理景观的认知亦影响了他们对当地人民生业的看法。在建构此类认知的方式上，民国游记呈现出对于实证方法和科学知识的观照。如黄文弼先生曾深入大漠考证《水经注》与《汉书·西域传》中记载的"南河"，又结合科学知识将《魏书·西域传》中"服之，发齿已落者能令更生"之物判定为硫黄；②吴蔼宸则借用"黄土风成说"来解释新疆戈壁与北方黄土带之间的联系。③尽管时人的一些理解和推论未必准确，但部分旅行者因其本身已接受了系统的近代科学教育，他们一方面能借鉴西方的地理学和地质学成果，另一方面又有能力在田野考察的基础上对西人观点进行辩证的取舍，并提出自己的见解。同时，由于中国的地理学和地质学在民国时期方得到较快发展，故民国游记作者所处的学术环境与晚清人士之间存在代际差异，在描述和解释地理景观的特征及其成因时调用的知识储备也存在差异。加之受到沿海地区工业化的影响，民国旅行者在认识地理景观时往往具有更高的商业敏锐度，即留心特定景观对矿产资源勘探的标识作用。在斯文·赫定、斯坦因、大谷光瑞等国外探险者深入沙雅、罗布泊等沙漠腹地之后，谢彬、黄文弼等民国旅行者以各自的方式进入这片鲜为内地文人所知的区域，使得民国游记对南疆沙漠地区景观的描述较前代更为丰富。

此外，地理景观反映了气候、地形等自然因素对地表空间形态的塑造作用，因此同样受这些自然力影响的"人"与地理景观间存在天然而不可分割的联系。人类参与了地理景观的改造活动，通过自发或被动的生业方式创造出与特定地理景观相对应的人文景观。

---

① 谢彬：《新疆游记》，第93页。
② 参见黄文弼遗著，黄烈整理《黄文弼蒙新考察日记（1927～1930）》，文物出版社，1990，第449、334页。
③ 参见吴蔼宸《新疆纪游》，第219页。

新疆作为一处多民族聚居的区域，各族的文化元素和生产习惯也影响了旅行者对景观与生业的认知。而初次进疆的旅者对各族情况未必甚为熟悉，旅者常会在游记书写中将特定景观与生业方式同特定民族匹配，从而认为人群会因所处空间之差异而做出不同的行为选择，即人的生业方式是与环境相捆绑的。由此，可以发现地理环境决定论是民国游记中的地理景观认知和居民生业认知得以形成的重要变量。譬如谢氏在对南疆和田之描述中，先言当地"渠水溢流，稻田弥望"，[①] 指出当地宜农宜耕，再言当地居民的生业：

桑株几遍野，机声时闻比户，蚕业发达，称极盛也。[②]

黄汲清在《天山之麓》中亦有如是表述，他先道"库尔勒沃野农田肥美，渠沟纵横，杨树参天，杏花夹道"，而后述说当地的农业生产概况：

库尔勒盛产小麦，并产米，西瓜、桃子亦有名……[③]

同时，旅者还反过来将所谓"族性"与景观和生业相联系。例如谢彬在访问吐鲁番后，对当地的景观和居民生业得出了如下认识：

吐鲁番缠民，其祖先多由汉族、吐蕃、回鹘、蒙古诸种人混血同化而来，故性质较他处缠民特异。此则开通，颇能模仿新式工艺。……权全县人口二十三万余丁，坎井八百余道（官井七道）。

[①] 谢彬：《新疆游记》，第 159 页。
[②] 谢彬：《新疆游记》，第 162 页。
[③] 黄汲清：《天山之麓》，新疆人民出版社，2013，第 52 页。

熟地二十四万亩。①

此外，游记还对新疆的族群进行了分类，将时人对当地居民生业的认知进一步具体化。谢彬在其游记中提及了汉、缠、哈、回、满、布鲁特、塔奇克和蒙古等族，吴蔼宸区分出汉、满、蒙、甘回、缠回、哈萨克、布鲁特、塔奇克与老尕夷九族，而冯有真则在"新疆之人种"一目下分别介绍了缠回、蒙古、回回、汉、哈萨克、布鲁特与老尕夷，并将满、索伦、塔奇克和归化等纳入"其他民族"加以述说。吴、冯两君还以类似科普的口吻略论各族的起源、分布、生活习俗和宗教，在一定程度上反映了时人对各族群生业模式的认知，且此种认知揭示了民国时期新疆本地居民在生计方式选择上的多样性，记录了这些族群的简史与迁徙轨迹，反映了不同族群、不同空间的交往互动。同时，民国旅者的记述在时间上构成了一定的逻辑联系，为我们呈现了当地一些族群在历史时序上的生业模式演变。如冯有真在30年代的旅行中发现哈萨克人中间不仅盛行传统的游牧活动，亦存在农耕这一汉、回习于从事的生产活动：

> 哈萨人游牧为生，逐水草以居……夏窝在山阴，冬窝择山阳，随季候而迁移。……男子除牧畜外，无他事。近年来，亦兼有习耕种者，但为数极少。②

相较而言，先于冯氏17年到访新疆的谢彬则如此描述哈萨克人的生业：

---

① 谢彬：《新疆游记》，第35页。
② 冯有真：《新疆视察记》，世界书局，1934，第19~20页。

（布鲁勒河畔）地固肥且多，水则微苦不足。将来设县之后，若照吐鲁番掘坎办法，耕地或能再加。自来蒙、哈各族，率以游牧营生。迄今生计日艰，贫者亦甘心耕种。①

与冯有真赴新旅行时间相近的徐弋吾，描述哈密一带哈萨克人的生业时仅言"哈密现有哈萨五千余户，沿天山北麓搭帐，放牧牛羊"，②并未提及哈萨克人有从事农耕之情况。

由此观之，在谢氏与冯氏、徐氏分别游历新疆的十余年间，哈萨克人的生业方式总体似未有甚大改变，但显然谢、冯两君都认为哈萨克人本不习稼穑之艺，而是因经济或其他原因逐渐操习农耕技术的。这一认识有助于我们更正所谓"民族特性"引导生业方式的观点，也刷新了我们对草原牧区景观可塑性的认知。徐弋吾的观察则提示我们，在新疆各地，同族之人未必同时调整其生业方式，这一方面由于他们所面对之自然环境的差异较大，另一方面也可能是受到了当地生产习惯、市场需求或农业政策的影响。同时，旅行者在书写新疆不同族群的生业时，已开始注意对人地关系的写实和分析，反映了地理空间认知对游记写作者传播"正确知识"这一取向的助推作用。此外，旅行者在实地观察新疆居民的生业方式时，虽时有对农耕、游牧等生产活动的阶序化区分，尚未摆脱"时间优于空间"的认识，但他们也开始关注地理环境对生业方式选择的诱导作用，流露出"在空间中理解时间"的意识。③

在认知地理景观和族群生业的过程中，民国时期国人所撰的新疆游记呈现出与清代游记和同时期国外作品的显著差异。就横向的国别维度而论，国人的新疆游记不仅重视用科学和实证的方法来描述地理景观，

---

① 谢彬：《新疆游记》，第276页。
② 徐弋吾：《新疆印象记》，第106页。
③ 参见赵世瑜《在空间中理解时间：从区域社会史到历史人类学》，北京大学出版社，2017，第10页。

而且关注边疆地理景观与内地景观的共通性或相似性，从而便于应用"再熟悉化"的笔法，建立起内地和边疆的心理联系。同时，一些游记作者十分重视对族群关系的把握，而这恰恰是外国旅行者较少关注的内容。就纵向的时间维度而言，民国新疆游记对地理景观等的描述趋于科学化、精细化、"国族化"，游记撰写群体在职业身份和旅行目的上也更加多元，这都为传播有关新疆的"正确知识"、增进国民对新疆的了解创造了可能。由此，笼统的"他者"属性在游记的"媒体化"宣传中缓慢褪去，中心向边缘的"涟漪式"认知逐渐为在地的、以边疆为中心的认知所取代，人的作用在边疆叙事中亦得到彰显。

二 时人对新疆地下资源的认知

有关新疆地理空间的认知不仅限于地表层面，地下资源同样是地理空间认知得以形成的要素，因而这种认知实际上存在很强的立体性。对于民国到访新疆的人士而言，地表的各种自然或人文景观更多地代表着他们眼中现实的新疆，而地下资源则寄托了他们对新疆之未来的展望，折射出旅行者"有意识的介入与占有欲"，以及"内部殖民"语境下的国族想象。[①] 同时，地下资源的分布与地表的诸种地理或人文要素难以脱离关系，地形、人口和交通情况等都会影响人们对地下资源的认识、开发和利用，人类对地下资源的认识与开发又能够反向作用于地表空间景观。

从宏观层面而论，到访新疆的旅行者大多存在这样的认知，即新疆虽看似多不毛之地，但地下资源十分丰富，有胜于东北之潜力。但是，前代人士对新疆地下资源的具体空间分布、可探明储量、矿石品位和适宜应用的采掘技术等长期缺乏专业化的认识。自民国初年谢彬环游天山南北到30年代吴蔼宸、冯有真和徐弋吾探访新疆大地，再到40年代李

---

① 沈松侨：《江山如此多娇——1930年代的西北旅行书写与国族想象》，《台大历史学报》第37期，2006年，第158~159页。

烛尘、黄汲清分别以企业家和地质学家之身份考察新疆，人们对新疆地下资源的空间分布、种类、储量和品位等情况的了解日益深入，并形成了将新疆地下资源纳入国家资源版图的意识。

谢彬在游记中记录了煤、铁、金、银、铜、铅、硫黄和石油等资源的分布、品质和开采情况。通过对全疆的访察，谢彬将迪化、乌苏、伊犁、库车、拜城、伽师、疏附、于阗、英吉沙尔和孚远等地视为产矿之区。谢彬在对上述产矿之地的记述中，仍沿用了天山一分南北的地理观念：

> 新省矿产，如南路之且末、于阗、焉耆，北路之迪化、乌苏，皆产金，而以于阗为最旺。南路之疏附、拜城、库车，北路之迪化、伊犁，皆产铜，而以拜城为最旺。南路之英吉沙尔、拜城，北路之孚远皆产铁，而以孚远为最旺。①

吴蔼宸、冯有真和徐弋吾对新疆地下矿藏的认知亦各具特色。吴蔼宸认为新疆出产金、玉、石油等物，其中于阗、阿尔泰产金，和阗、莎车产玉。② 在叙述金、玉资源分布时，吴氏不忘追溯中国史籍中对西域金玉矿藏的记载。这一类似考证的笔法，实际上暗含了新疆与中原的历史连续性和共时性，颇有将特定地理空间"再熟悉化"的意识。

至于石油，吴氏依旧以天山为界，分南北两路阐述其分布：

> 天山南路则有莎车、喀什、阿克苏、温宿、库车等处，天山北路则有迪化、绥来、沙湾、乌苏、塔城等处。③

---

① 谢彬：《新疆游记》，第 224~225 页。
② 吴蔼宸：《新疆纪游》，第 219 页。
③ 吴蔼宸：《新疆纪游》，第 220 页。

吴蔼宸亦把新疆的石油纳入全国石油资源的版图之中，进行了地下资源的"领域化"描述，其间更是将天山比作石油矿脉之源首，赋予了其某种神圣性、中心性和不可分割性：

> 似我国石油之分布，乃起自新疆天山而至甘肃西部之敦煌玉门，复自甘肃东部入陕西北部，再越秦岭山脉而至四川盆地。①

在民国之前的一些游记中，新疆与中原之间常存在一种星链式的关系，而新疆又往往是这一关系中所处位置偏外的一方，扮演了"他者"的角色。但吴蔼宸将新疆视为中国西部石油矿脉的起点，以战时陪都重庆所在的四川②为终点，似为一种将自然物国族化的"领域性策略"，这种手法强化了国族疆域中不同地理空间的连续性，以及投注于地理空间上的心理认同或文化一体性。同时，此处对地下资源的"神话式"叙述是"神话地景"③和"诗意空间"④从地表向底土纵深延长的结果，具有动员民众重新发现边疆并积极参与边疆开发的隐喻。

冯有真对新疆地下资源的认知与其对山脉分布的认知存在一定的逻辑联系。冯氏将新疆诸山编列为三支山脉，即南山、天山和北山，而后依次罗列各山系所出矿产品种：

> 南山一支，起于乌孜别里山之山缘，蔓于英吉沙尔、沙车、叶城、和阗、洛浦、于阗一带。此支中之各山，富铁银金玉之属，尤以和阗一带之玉，最为著名。⑤

---

① 吴蔼宸：《新疆纪游》，第220页。
② 四川盆地的油气资源以包含重庆在内的川东一带为盛。
③ 沈松侨：《江山如此多娇——1930年代的西北旅行书写与国族想象》，《台大历史学报》第37期，2006年，第145页。
④ 〔英〕安东尼·史密斯：《民族认同》，王娟译，译林出版社，2018，第81页。
⑤ 冯有真：《新疆视察记》，第26页。

天山一支，起于喀喇租库之山，延袤而趋喀什、乌什、柯坪、温宿、拜城、库车、屈茨、焉耆、库尔喀喇、乌苏、绥来、昌吉、呼图壁、轮台、吐鲁番、鄯善、迪化、阜康、孚远等地。此支山中之各山，所产铜石煤岚炭石油白铅水银硝铁硫磺金刚砂黄金玉银石蜡锡水晶等类，其蕴藏之富，不可胜述。①

　　北山一支，自天山之额布图岭折北而西，经伊犁、绥定、宁远、塔城，横绝科布多境，而为阿尔泰山。支中各山，产煤铁铜铅金银石油等属。②

　　冯氏还进一步说明了各产区的生产潜力，如喀什一带的产油区绵延数百里，库车与拜城之间则有十余座可供开发的铜矿，塔城至绥来一线石油储量可观，等等。

　　徐弋吾对新疆的地下矿产资源也有不少记录，并且提供了民国时期的部分生产数据，对各类矿区的兴衰历程亦多有描述，具有传递"正确知识"的书写特点。徐氏认为，金、银、铜、铁、煤炭和石油系属新疆的主要矿藏。其中，金矿分布于且末、和阗，以及阿尔泰山和塔城等处，地方政府自1918年起准予民众自行采金，初有五万余人从事金矿开采的相关工作，但1930年后劳工大量流失，上缴税收也由一千五百余两金跌至七百有奇。③ 石油则以乌苏的安集海、独山子等处为盛，油井构造系属直井，产量会随季节而波动，一般夏季日出油五六百斤，冬季则降为七十余斤。铁矿则有孚远所出之铁，硬度较高。1920年当地曾建起矿厂，但产铁较少，终在1927年停业。徐氏还指出，拜城的铜矿亦属停办状态，而迪化、阜康一带的煤炭大多为民众自发捡取以解

---

① 冯有真：《新疆视察记》，第26~27页。
② 冯有真：《新疆视察记》，第27页。
③ 徐弋吾：《新疆印象记》，第172页。

薪柴之缺。①

　　由徐弋吾之游记可见，民国时期的新疆曾出现一批围绕产地设立的采矿企业，这反映了时人对新疆地下资源的认知确实产生了一些实际的社会经济效应。但是，这些采矿企业的生命周期普遍较短，它们多在二三十年代濒临倒闭。吴蔼宸和冯有真等人在游记中对这一现象做了一番解释，原因之一即新疆交通不便，矿产外运多有局限，且贩往内地竟比西运苏联更为困难。其二，金树仁执政时期新疆内乱不休，且盛世才主政初期情形犹未迅速好转，迪化也一度因马仲英部与省军的战争而成为孤岛，② 采矿业维系甚艰。其三，新疆同样受不平等条约所害，唯有同苏联贸易不受此约束，但苏联亦能恃此在贸易中频频要挟。因此，民族采矿业在新疆的发展先天受到外方制约，技术和价格上皆少有竞争优势。其四，新疆的地下资源在30年代虽已开始得到国民政府和知识分子的关注，但各方努力受制于国内外因素，特别是抗日战争的局势，显得力不从心。如是分析，回答了地理空间认知为何难以快速转化为资源开发和实业振兴的知识力量这一问题。同时，30年代到访新疆的人士也因当地局势，难以前往南疆和一些偏远县份从事田野考察，直到40年代后，以黄汲清等人为代表的科学家和国民政府官员才得以深入新疆考察当地的矿产资源。

　　黄汲清受天山一分南北之概念的影响似乎较深，但他是以地质学家身份游历新疆的，其对新疆地下资源有着更为客观、理性的认知。同时，黄氏亦将独山子、库车和温宿的石油、煤炭等矿产，变作游记写作中"景观化"了的客体对象，使之承托起特定时代背景下人们对国家富强和民族振兴的理想，颇有几分以自然物激励国族奋发的兴味。

　　在1942年与1943年，黄汲清分别到访了天山北麓的独山子和南麓

---

①　徐弋吾：《新疆印象记》，第174页。
②　吴蔼宸：《新疆纪游》，第59~60页。

的库车、温宿等地，其中独山子早在清末已有石油采掘事业，库车的铜矿、明矾、石油与煤炭亦曾为早年经行此地的谢彬所录。在独山子期间，黄汲清记录了当地甚为常见的煤层自燃现象，并言当地无人开采煤矿。① 这与徐弋吾的观察颇有接近之处，而谢彬亦曾评价新疆的煤炭资源"今皆弃利于地，甚为可惜"。② 在库车城以北的铜厂村，黄汲清在从当地人口中了解到山中有一处名为"阿黑"的地方能产生铁矿石且伴有卤沙（疑指氯化铵）、煤炭和硫黄等矿种后，③ 对这种煤铁共生的现象产生了兴趣。在实地考察中，黄汲清再次见到了煤层自燃的景象，找到了经过煤炭焚烧的块状生铁，并由此推论当地出产天然生铁的原因系菱铁矿石因煤层自燃而在高温环境下发生了性状改变，遂成生铁。④ 但是在黄汲清的《天山之麓》中，诸如上述文字的科学性描述并未占据大量篇幅，反而是关于考察途中的风土人情更为多见。因此在他的游记中，科学性的描述更类似于对通约性、叙事性和抒情式文学表达的补充，呈现出科学观察和美学理解的互补。这恰恰是30年代起时人所追求的知识化旅行之产物。

事实上，专业化的新疆地下矿产资源研究可见诸黄氏的《乌苏独山子石油及煤气矿床说明书》《新疆油田地质调查报告》等文，而闻名遐迩的"陆相生油"和"多期生油"观点也正是在《新疆油田地质调查报告》中得到充分论述。此外，黄汲清虽未有关于全疆矿产的描述，但他对新疆地矿资源的考察之旅与在甘肃的经历是前后相承的。通观黄氏的行程路线，其足迹大抵沿天山—长城一线展开，与甘新间的传统通道高度重合。这不仅从侧面说明时人对地下资源的认知与地面交通的可达性之间存在难以分割的联系，还反映出新疆地下资源的勘探实际上是

---

① 黄汲清：《天山之麓》，第28~29页。
② 谢彬：《新疆游记》，第60页。
③ 黄汲清：《天山之麓》，第83页。
④ 黄汲清：《天山之麓》，第86页。

抗战期间国民政府对全国地下资源勘探工作的有机组成部分。在全国资源版图的框架内,地理景观和生计方式的异质性依旧是空间认知的形成要素,矿产的分布、种类、储量和品位同样进入了旅行者的视野。而在抗日战争的时代背景下,旅新的官方人士和科学家是将新疆的地下资源作为民族共同体的一个组成部分进行理解的,远不同于早期游记中对新疆矿物资源及其关联现象的猎奇性描述和碎片化认知。因此,从陕甘到新疆的地矿考察之旅不仅意味着矿产资源分布上的点线连续性,更是象征着历史传统和民族共同体的广泛延续性。

其实,黄汲清的游记还体现了其与南京国民政府地质考察的一脉相承的关系。早在1932年,就有实业部地质调查所的《中国矿业纪要(第四次)》问世,其中关于新疆石油资源的情况有如下表述:

> 新疆石油发现于天山两麓。
> 莎车,城西南百余里之上窝铺,有居民掘取。
> 喀什,赫子尔波于南山区,长六公里,前采甚盛,现停。
> 温宿,东北约百里之塔那克,月产可百余斤。
> 库车,北九十里喀拉亚伦,土人掘井取油。
> 迪化……西四十里之四岔沟,近有二井出油,日可十余斤,并产自然气。
> 乌苏,东南之南山及独山子油井十余处。[1]

这份纪要亦对塔城和绥来等地的石油资源概况做了介绍,较全面地展现了30年代时人对新疆石油空间分布情况的认知。这些高度系统化、知识化的认知既吸收了早年旅新人士的观点,又深刻影响了40年代黄汲清在新疆的考察之旅,揭示了地质学知识与空间认知间的互动性。而

---

[1] 侯德封:《地质专报》,1932年丙种,第415页,转引自王连芳《翁文灏与新疆石油工业》,《新疆地方志》2009年第4期,第50~51页。

黄汲清在1942年至1943年的旅行既是对30年代勘探结果的一次验证性科学考察，又将时人对新疆地下资源，特别是对石油资源的认知进一步具体化、实用化，使之更好地服务于民族国家概念下边疆的未来开发计划。

但由民国游记可见，时人对南疆地下资源的认知多限于"焉耆—库尔勒—库车—温宿"一线，对南疆南部的和阗、于阗与婼羌一带的地下资源认知相对不足，仅有谢彬对这些地区的矿产资源做过细致记录。譬如谢彬认为于阗虽然以产金闻名，但其开采情况并不乐观，此中既有课税制度的流弊，亦有地形、气候和交通条件的限制。谢彬列举了苏拉瓦克山（大金厂）、宰列克山、努拉山、普罗山等采金地点，认为努拉山与普罗山矿苗不旺，并非金矿的主产地。而主产区之一的大金厂八栅位于山区深谷内，水草皆属缺乏，不宜人居。金矿矿坑距离八栅的定居点多则有十余里路程，矿洞极深，采掘难度较大。宰列克山矿区的开采难度较低，矿坑颇浅，且金砂可自洞中顺水流出，但该处位居山地阴坡，风雪时来，气候条件不佳，一年中仅四至八月可采掘。[①] 以上描述反映了谢彬对矿产资源、地理环境和人力因素的综合考量，并一定程度上体现了他对人地关系的把握。

综上所述，时人对新疆地下资源的认知既受到传统地理空间观念的影响，如通过天山等标志性地理事物来界定地下资源的分布；同时又受到了新兴的科学考察之影响，呈现出对地下资源的学理性认知和精确性认知。时人在游记中亦把新疆的矿产资源视为不可分割的国家资产和民族国家主权在地下的延伸，赋予了其政治、经济和文化等方面的多重意义，体现了"领域性策略"在地理认知及游记撰写中的应用。此外，由于深入南疆的旅行者较少，所以民国游记中有关南疆，特别是关于南疆南部地区矿产资源的记载比较罕见，这反映了地面交通可达性对时人

---

① 谢彬：《新疆游记》，第172~173页。

认知新疆地下资源的影响。在时人认知新疆地下资源的背后，以国家权力和意志为后盾的地理、地质调查扩大了国民政府在新疆经济开发领域的知识权力，并且这些调查还将地下资源纳入了"可以被无限弹性地运用到任何可以在国家的真正控制下，或者国家想要真正控制的事物的分类框架"①之中。正是由于调查性质与取向的差异，国人的游记在将空间认知拓展至地下资源的同时还伴随着国族知识权力的延伸，这远不同于外国游记中基于殖民心态或科学目的衍生形成的边疆去国家化叙事，而是彰显了"底土边疆"层面上国家角色的在场。

三 时人对开发新疆的认知

1934年，在新疆的吴蔼宸在家信中引用了袁大化《抚新纪程》中的一段文字：

> 新疆开省三十余年，生聚未谋，教化未兴，地利未辟，军政未修，岁入不敷岁出，赖协饷接济，天下有变，将何以继其后耶？②

这番评价反映的虽是辛亥革命前夕新疆的社会发展状况，但在多年之后诸多赴新旅者的眼中，"生聚未谋，教化未兴，地利未辟"的局面并无显著改观。在此背景下，新疆的开发问题成为旅行者们写作游记时普遍关注的对象。综合民国时期的新疆游记，不难发现时人对开发新疆问题的共同性认识，即首先应发展现代交通，缩短新疆与内地消费市场间的时空距离，再者因地制宜发展工业和农牧业，实现对自然资源的充分利用。同时，时人对开发新疆问题的认知与其对新疆地理景观、居民

---

① 〔美〕本尼迪克特·安德森：《想象的共同体——民族主义的起源与散布》，吴叡人译，上海人民出版社，2011，第177~178页。
② 吴蔼宸：《新疆纪游》，第39页。

·105·

生业和地下资源的认知是一体的，呈现出区域地理空间认知与民族国家叙事、人地关系原理和实地考察之间的联系。

交通问题往往被视为开发新疆的首要议题，一方面是由于民国旅新人士在甘新路、绥新路和疆内旅途中留下了有关交通条件的深刻印象，另一方面则源自辗转苏联来往新疆途中对边疆危机的所感所知。

谢彬在民国初期抵访新疆时由海兰铁道（即陇海铁路）最西端的观音堂车站换乘马车，循官道经西安、兰州西行，穿越河西走廊，从星星峡进疆，耗时数月。回程时，谢彬自塔城出境，取道土西铁路和西伯利亚铁路，复由满洲里入境返京，用时约二十七日。[1] 途中，谢彬深感新疆内外交通之不便，譬如哈密与疆内及疆外各地之间并无定期班线，市内亦无车可用。[2] 谢彬亦计算了新疆与内地及疆内主要城市之间的车程，如京新沿途无论走绥新路抑或甘新路皆耗时三个月左右，较之中转西伯利亚的返程路线多了三倍有余。迪化与南疆的喀什、和阗诸城间的旅程则需时两个月，即便是由迪化去往伊犁、哈密、塔城等地，耗时十余日亦属正常。[3] 还有不少交通要道路况不佳、通行不畅，如绥来至乌兰乌苏之路泥淖难行，车马不得不迂回前行。[4] 甚至迪化城内，道路交通犹多不便，每逢仲季二春，街巷"泥泞恒深数寸，行必车骑，否则亦须革靴"。[5] 作为一名财税官员，谢彬深知大办交通事业所需资金甚巨，超出了新疆地方财政所能承受的极限。因此他建议先修筑造价比较低廉的"沙土马路"，[6] 分别循绥新路和甘新路连接归绥和兰州这两座

---

[1] 谢彬的具体旅行轨迹参见附录图1中的短虚线。
[2] 谢彬：《新疆游记》，第22页。
[3] 谢彬：《新疆游记》，第56页。
[4] 谢彬：《新疆游记》，第69页。
[5] 谢彬：《新疆游记》，第46页。
[6] 谢彬与后来到访新疆的记者陈赓雅均认为新疆普遍存在的戈壁利于简易公路修造，筑路成本不高。陈氏还表示新疆公路建设的主要难处在于桥梁。参见陈赓雅《西北视察记》，甘肃人民出版社，2001，第255页。李烛尘则写道，只需扫去戈壁表面不厚的碎石层，便是公路的地基。此处亦有筑路成本不高之意。参见李烛尘《西北历程》，第75~76页。

位于拟建铁路尽头的城市，实现公铁联运。为保障公路日常运输，谢彬还提出建立驿站、购置汽车和台车等意见，并认为可将邮政所得运费收入充作养路资金。① 在疆内公路的选线方面，谢彬的建议大致可总结为规划一条环线、三条干线和四条支线。环线由迪化起，经库车延伸至喀什、和阗等地，自于阗越沙漠复至库车，形成闭环。干线由迪化至伊犁、迪化至阿尔泰和迪化至托克逊的三条放射状公路组成。支线则包含库尔勒至婼羌、乌苏至塔城，以及伊犁经冰达坂至阿克苏的公路。② 这一观点考虑了新疆的地理空间特征，串联了山前绿洲地带的城镇，强调了省城与南北疆各县之间的联系，并依据传统的跨天山通道设计了直通南北疆的线路，意在降低天山这一自然障碍对疆内各经济区的阻隔作用，强化当局对南疆和阿尔泰地区的影响力。此外，谢彬还大胆地设想了婼羌的交通规划，认为该地东连敦煌，可直通关内，西则可达莎车、喀什，西北可及库车，东南还可连接青藏。③ 因之，谢彬深觉时人不应视婼羌表面之荒凉而忽视其交通优势。考虑到当今若羌已是格库铁路和若和铁路的枢纽，可见谢彬在1910年代的见解不仅仅建立在对新疆的地理认知基础上，更体现了他对于传统廊道路网和区域地理整体性的深度认识。

吴蔼宸进疆时则由天津乘轮船到达神户，转赴日本海沿岸港口敦贺后，再渡海前往海参崴，经西伯利亚铁路和土西铁路抵达塞米巴拉金斯克后转乘汽车自塔城入境，过老风口到迪化。返程时，吴氏先访问莫斯科、列宁格勒、巴库和塔什干等地，后经土西铁路和西伯利亚铁路，再过海参崴、清津、敦贺、神户等地，泛海回津。④ 相较于经甘新路或绥新路进出新疆，辗转苏联的方案可将旅程的单趟耗时降至23日（天津

---

① 谢彬：《新疆游记》，第57页。
② 谢彬：《新疆游记》，第57页。
③ 谢彬：《新疆游记》，第199页。
④ 吴蔼宸的具体旅行轨迹参见附录图1中的圆点虚线。

至塔城）。① 吴蔼宸对于辗转两个邻国往返新疆与内地的出行方式深感忧虑，认为这一现象举世罕见，从中可知西北边疆危机之深重。② 此外，吴蔼宸对新疆与内地间邮电通信的迟滞缓慢也有所描写。吴氏建议，首先需恢复1931年试航成功的欧亚航空公司定期班线，他颇有前瞻性地表示该线路因较之地中海或西伯利亚航线更短，对欧洲来往东亚之旅客更具吸引力，并且该航线还有望使迪化成为向西开放的陆上口岸和交通枢纽，不失为边疆开发的一大利好。③ 其次，他提议完成绥新公路的建设，筹设汽车公司，同时举全国之力将陇海铁路展筑至迪化、伊犁，以避免新疆沦为他国的殖民地。④ 吴蔼宸的新疆交通发展观具有比较鲜明的国际视野，又包含着强烈的民族主义情绪。他受边疆危机和"救亡图存"意识的影响，疾呼当局应把新疆纳入全国交通网的体系之中，强调了对民族国家内边疆区域的整合。吴蔼宸还在游记里收录了新疆实业厅长阎庆皆的《新疆计划书八条》⑤ 和外交署秘书王著成的建议⑥，两者同样倡议建筑汽车路，并认为筑路有利于新疆自然资源的开发。

与谢彬、吴蔼宸等人相比，冯有真的进疆方式有了明显的改变。由于欧亚航空公司班机复航，冯氏得以与时任外交部长罗文干一同乘坐飞机进疆。冯氏等人从兰州经凉州、肃州、哈密飞往迪化，用时仅两日。较之陆路，空运大大缩短了新疆与内地的时空距离，但受当时技术条件和政治环境的影响，航空的运量、运距和稳定性皆存在问题。加之空运价格昂贵，非普罗大众所能承受，对于新疆交通状况之改善亦难起根本性作用，故在冯氏的建议中，公路交通依旧是主要议题，而修筑铁路则

---

① 吴蔼宸：《新疆纪游》，第1~21页。
② 吴蔼宸：《新疆纪游》，第1页。
③ 吴蔼宸：《新疆纪游》，第251页。
④ 吴蔼宸：《新疆纪游》，第251页。
⑤ 参见吴蔼宸《新疆纪游》，第27~28页。
⑥ 参见吴蔼宸《新疆纪游》，第33页。

被他视为破解新疆交通困局的根本之策。① 与谢彬、吴蔼宸等人相似的是，冯有真同样从省际交通和省内交通两方面来规划新疆的交通蓝图。在省际交通问题上，冯氏认为需修筑绥新、甘新两线公路，开办汽车公司。冯氏到访新疆之时，虽适逢绥新汽车公司营业之初，但冯对此事并未着墨，而后续前往新疆之旅行者亦罕有经过绥新汽车路的。这一现象说明民国新疆游记的写作群体对绥新路沿途地理环境的认知仍存有局限之处。而绥新路因大段区间属天然公路，积沙问题较严重，加之沿途城镇稀少，班线极为稀疏，② 对以官员、科学家和记者为主的旅行者而言或缺乏足够的吸引力。在省内交通方面，冯有真表示应改变依赖天然公路的情形，并列举了亟须改善通行条件的几段省内公路（见表1）。

表1 冯有真建议修筑的新疆省内公路情况一览

路段	里程	性质或形态
迪化—塔城	1500里以上	放射线
迪化—伊犁	1770里	放射线
迪化—吐鲁番—哈密	1730里	放射线，甘新路西段
迪化—镇西—哈密	1660里	放射线，绥新路西段
伊犁—塔城	1950里	联络线
伊犁—阿克苏	1220里	南北疆联络线
阿克苏—叶尔羌（莎车）	1400里	联络线
阿克苏—库车	800里	联络线
阿克苏—乌什	240里	边境支线
叶尔羌（莎车）—喀什	570里	联络线
叶尔羌（莎车）—和阗	800里	联络线
库车—焉耆	1068里	联络线
焉耆—吐鲁番	1002里	南北疆联络线

资料来源：冯有真《新疆视察记》，第75~76页。

---

① 冯有真：《新疆视察记》，第75页。
② 李晓幸、黄达远：《近代丝路与中亚地缘：民国时期的新绥线》，《青海民族研究》2020年第3期，第131~132页。

在冯有真的提议中，新疆的省内公路仍由以迪化为中心的放射状公路和各城市间的联络线组成，其中南北疆的联络线分别位于伊犁与阿克苏以及吐鲁番和焉耆之间。相对独特的是冯氏对南疆公路的设想，即以叶尔羌为南疆西部的枢纽，连接喀什、和阗。该设想与谢彬提出的"库车—喀什—于阗—库车"环状线路相比造价更低，突出了叶尔羌河、克孜勒苏河及喀拉喀什河形成的三片绿洲在南疆的重要性，有利于南疆产粮区谷物的北运，也可以加强位于北疆的省政府对南疆的治理。但是，因为冯有真旅行期间正值中央调停省军与马仲英部矛盾失败之际，他和罗文干均未能前往南疆实地考察，因此冯氏对南疆的地理空间认知相对有限。

陈赓雅的交通建设思路与上述几位旅新人士的观点不乏相近之处。但是，陈氏认为新疆的交通建设应以铁路为主，原因是新疆运往内地的产品多系棉花等大宗货物，自重较大而附加值不高，不适合汽车运输。另一理由是汽车及所需汽油皆需要进口，运输成本过高。但是也有人认为新疆本地可出产品质上乘之原油，经初步提炼后亦可供汽车所需，[1]如冯有真就认为修建汽车路有助于刺激新疆的石油资源开发。[2] 陈赓雅还提议修筑兰州与伊犁间的铁路，认为行车所需之木材、煤炭可以取诸天山。[3] 陈氏也对新疆公路的建设情况做了一番评述，如新绥路和迪化至塔城、喀什的汽车路均已投运。他还表示公路通车具有战备上的意义，如阿克苏的粮食可以通过汽车调往迪化救急。[4] 此认识反映了时人对新疆农业禀赋空间分布的认知，即南疆产粮区较多，北疆则多牧区，因此公路有助于实现南北疆农牧业资源的互补。

关于新疆道路交通的细节，我们可以从李烛尘的游记中寻得一二描

---

[1] 参见吴蔼宸《新疆纪游》，第258页。
[2] 冯有真：《新疆视察记》，第116、178页。
[3] 陈赓雅：《西北视察记》，第255页。
[4] 陈赓雅：《西北视察记》，第255页。

述。李烛尘途经精河时，观察到当地有不少苏联的运输车辆，而这些车辆携汽油和军需物资入境，并运出羊毛等原料。① 事实上，该现象可溯及抗日战争全面爆发之前。冯有真在他的游记中便曾提及：

>自苏联于其第一五年计划中完成其与新疆成平行线之土西铁路②后，自爱古斯至塔城，自萨尔乌什克至伊犁，均已修筑公路，汽车一日即可通达。新疆与内地之交通，既如此之不便，今且已完全断绝，③则新疆所需之进口货，除向苏联购买，出口货物除运销苏联外，别无他法，于是苏联货物向新疆源源而来，新疆物产亦向苏联滚滚而去。④

冯有真认为这是因为新疆与内地交通不畅，新疆的农牧生产能力无法与内地的工业生产能力有效结合并刺激市场需求。因此，新疆与邻近且交通更为便捷的苏联之间形成了密切的经济联系，同时又因彼强我弱和省票贬值而出现了如下局面：

>新疆与苏联贸易，只可以货换货之方法。然苏联居于供给方面，新疆则居消费方面，故交换货物，亦权操苏联。苏联之货固由彼等自定价格，即新疆之货，亦由彼任意贬格作价，否则即以拒绝交换相要挟。余等在迪化时，亲见督署因急需汽油，乃签约以羊二万头换苏联汽油五百桶，损失浩大，实堪叹息。⑤

对此，冯氏评价道：

---

① 李烛尘：《西北历程》，第 82 页。
② 土西铁路于 1931 年竣工。
③ 是年为 1933 年。
④ 冯有真：《新疆视察记》，第 177~178 页。
⑤ 冯有真：《新疆视察记》，第 178 页。

此不能责他人故图经济侵略，只自责我方不能开发交通，不能开辟富源耳。是以新疆如长此混乱，任令交通闭塞，利弃于地，则一面精华膏血，悉流入他人之手，一面商业经济，亦全被他人操纵，何待他人作进一步之侵略，行见其自趋灭亡耳。①

不唯冯有真一人有此观点，多数旅新人士在对新疆当地市场的观察中都发现来自苏联的商品居多，而内地的工业生产力却不能有效辐射新疆市场；同时，新疆出产的原料、商品难以贩往内地，却能便捷地向苏联出口。因此，开拓交通的重要动因即加强新疆与内地的经济联系，使公路服务于国家对边疆经济的整合与建设，而这也说明了现代交通方式对民族国家"内部殖民"的意志可以发挥推动作用。兴修公路、兴办航空、展筑铁路的计划反映了时人对新疆"内轻外重"之危机的认识，而这一认识又与人们的地理认知相结合，形成了开发新疆的具体观点和迫切呼声。

在时人对开发新疆问题的认知上，交通建设被视为工农业发展的先行任务，而农业开发则被视为实行移民垦荒的前置条件。② 在提供农业开发建议时，旅行者的主要参考依据是对新疆的地理空间认知。这一认知来自对草原、绿洲、山地和沙漠等异质性单元的观察，并伴随着向新疆移民的呼吁，所以该认知超越了简单的"南耕北牧"二分法。同时，他们在游记中所考虑的重点并非当地人群的生产习惯，而是如何"尽地力之教"、发挥新疆的农业禀赋，以及如何通过发展生产解决新疆的守土危机。因此，在农业开发问题上，旅新人士虽因生长于内地而普遍较重视农耕，但亦未忽略牧业生产的意义，正如谢彬所言"能耕者耕，能牧者牧"，③ 合理安排农牧两者方能充分利用新疆的自然地理环境，

---

① 冯有真：《新疆视察记》，第178页。
② 吴蔼宸：《新疆纪游》，第134页。
③ 谢彬：《新疆游记》，第303页。

实现"尽地力之教"。此外，时人多意识到农业与工业之间相辅相成的关系，因此谷物、经济作物和皮革等畜产品的深加工也是各家游记中常常谈及的话题。

在民国时期的新疆游记中，旅行者多能基于新疆的地理景观获知水资源对新疆农业开发的先决性影响，因此营建水利设施往往被认为是新疆农业开发的前置条件。如吴蔼宸就认为若向新疆移民开垦则务须首先开凿沟渠；[1] 塔里木河两岸和奇台、哈密、阿尔泰等地宜引进机器开渠抽水，并购置农机发展生产。[2] 又如黄文弼先生表示于阗当地的水资源时间分布不均，灌溉不能仅依靠来去无定的"山水"，而应"沿旧河掘坎井"。[3] 谢彬则认为塔城的额敏河一带宜耕土地较多，但水资源略有不足，应仿照吐鲁番开掘坎儿井以增加耕地面积。[4] 此外，谢彬虽在游历过程中对南北疆多地提出了开垦农田的建议，但他并非一味强调移民垦荒，而是意识到了资源禀赋和人地关系等因素对农业开发的影响，如他倡议"按水计田，按户授地"，[5] 对于心向游牧者，则应"仍旧指定山场，便彼游牧"。[6] 在博尔塔拉时，谢彬也是在建立起当地土壤肥力较高且地下水资源丰富的认知后，方才认为该地可被辟为稻田。[7] 此外，他还对"惟未讲求耕法，渠水任意流溢，地力实多未尽"[8] 的情形大为惋惜，表示宜在农业开发中推行先进、合理的耕作方法。

李烛尘认为，在新疆开发农业"一切受地理环境之限制，殊难尽量发挥。无他，水利不敷灌溉故也"。[9] 因此他认为当时尚处于施工中

---

[1] 吴蔼宸：《新疆纪游》，第256页。
[2] 吴蔼宸：《新疆纪游》，第253~254页。
[3] 黄文弼遗著，黄烈整理《黄文弼蒙新考察日记（1927~1930）》，第444页。
[4] 谢彬：《新疆游记》，第276页。
[5] 谢彬：《新疆游记》，第277页。
[6] 谢彬：《新疆游记》，第277页。
[7] 谢彬：《新疆游记》，第76页。
[8] 谢彬：《新疆游记》，第276页。
[9] 李烛尘：《西北历程》，第75页。

的红盐池引水工程对取水灌溉有较大改善作用,而于此之外还应修筑博格达峰大池的引水渠道。除常规的引水明渠外,李烛尘还根据他对新疆戈壁的成因之见,指出其特点为地表的风化壳较薄,与河西走廊多卵石堆碛物的情况有较大差异,因此适合改良后以地下暗渠输水灌溉。① 但李烛尘仍觉传统的取水方式效率太低,故提议使用抽水机在天山山前地下水水位较高处打井提水,使灌渠"不必引水潜行",② 从而尽可能扩大耕地面积。由于这一观点对工业生产和技术应用有一定的要求,李烛尘遂认为开发生产的同时有必要向内地征求志愿从事边疆事业的青年人才,大力举办学校教育,尤其重视理工科教育,以调和生产建设与技术落后之间的矛盾。③ 相较于谢彬、吴蔼宸等人的移民垦荒建议,李烛尘的移民主张不同于先前以招募内地农民为主的策略,而是注意引进技术人才进疆,为农业生产等提供知识支撑与技术指导。在李氏看来,招募技术人才进疆后宜筹建"工业试验所",改变外国专家或技术员垄断新疆知识话语权的局面,以达到"一切宝藏富有,均由此处(工业试验所)鉴定。不必仰给外人,徒为之作一窥探之便道"。④ 这类关注农业科学的倡议也反映了时人在开发新疆的认知上存在历史连续性。如在此二十余年前谢彬便提出应"授以焙茧缲丝之法,教以染采纺织之方",避免因进口外国优良种质资源而造成漏卮;⑤ 吴蔼宸也曾论及科学知识对于牧业生产的积极效益:

> 如能改良畜种,预防兽疫,提倡畜产工业,统制畜产贸易,则边疆实得之利益,将若干倍于今日。⑥

---

① 李烛尘:《西北历程》,第75页。
② 李烛尘:《西北历程》,第76页。
③ 李烛尘:《西北历程》,第76页。
④ 李烛尘:《西北历程》,第77页。
⑤ 谢彬:《新疆游记》,第297页。
⑥ 吴蔼宸:《新疆纪游》,第254页。

在倡言农牧业开发科学化的过程中，旅新人士的意见一方面来自对新疆地理环境的在地认知，另一方面则受边疆危亡意识和民族主义情绪的导向，因此他们的观点往往能够说明国家角色的在场。同时，知识与技术入疆实际上是对徙民入疆观点的深化，技术、知识的引进不仅需要内地过剩劳动力的顺向流出，还需要国家对全国人才资源的反向动员，因此鼓励技术与知识向边疆流动等观点的产生映射出民国知识分子对"领域性策略"的操演和实践，其实质是在现代化和科学知识传播的过程中，利用知识和权力把边疆转化为"有效的国族疆域"，[1] 以便"永保新疆为中华民国领土"。[2]

在开发新疆农业潜力的观点中，发展工业的要求往往与之相伴而行，其中既有出于提高农牧产品附加值的意识，又有实现工业造血能力和扭转中（新）苏贸易"剪刀差"局面的愿望。在谢彬、吴蔼宸、冯有真、陈赓雅和李烛尘等人的游记中，洋货（以苏联所产尤甚）充盈市场的描述屡见不鲜，而国货相形寥寥；新疆输出的廉美货物，亦大部分向西流往苏联；至于新疆的工业技术人员，也多见苏联籍人士。在进疆路上途经鄯善时，谢彬正是借俄国人的调查才获悉当地所栽棉花系美国品种而非本土种，并称当地人"多将生货西贾于俄罗斯，棉花岁有百六十万斤（百斤值银二十余两）"。对此谢彬不禁感叹当地没有纺织企业，无法将优质棉花纺丝织布，分销赢利。[3] 徐弋吾亦称苏联在新疆的经济影响力与工业品换取原料所形成的"剪刀差"不无关系。徐氏还引述时人的观点，称若要应对苏联的经济侵略，非要以"另一种经济势力"与之抗衡才可。[4] 在开发新疆的语境之下，所谓"另一种经济势力"指的便是本国政府和实业界。

---

[1] 沈松侨：《江山如此多娇——1930年代的西北旅行书写与国族想象》，《台大历史学报》第37期，2006年，第159页。
[2] 李烛尘：《西北历程》，第77页。
[3] 谢彬：《新疆游记》，第29页。
[4] 徐弋吾：《新疆印象记》，第208页。

虽然开发新疆利源、振兴新疆工业的表述在时人的游记中频频出现，新疆的工业建设较谢彬游历之时亦有所进步，但工业不振的局面在三四十年代实无根本改观。在此背景下，以吴蔼宸、冯有真为代表的官员和企业家李烛尘分别在游记中谈到了他们对新疆工业发展的看法，而这些观点又受其对新疆地下资源认知的影响。

新疆的地下资源可分为金属矿产和化石能源，两者皆被时人视为新疆工业发展的关键基础。正如前文所述，修建公路是开发新疆的先行之举，而放眼全国，筑路同样是社会经济发展的基础性工程。但由于当时中国汽车工业近乎空白，亦缺乏炼油能力，故吴蔼宸不禁感叹：

> 我国今日无汽车工厂，无涓滴汽油，而大修公路，专备汽车开驶，吾恐全国公路修成之日，亦即我国宣告破产之时。①

加之国内所需汽油需大量进口，不啻为国民财富的外流，因此吴蔼宸认为应根据新疆地形之便开凿油井，并特别关注具有自流特性的油井。除发展采油业外，吴氏还强调应发展炼油业，生产汽油、煤油和机油。② 新疆所产煤油，不仅可供汽车使用，还可促进其他工业部门的发展，如电力工业可用煤油发电，冶金业则可将此作为燃料。③ 李烛尘和黄汲清等人则考察过独山子的油田，其中李氏认为独山子油田之前虽系中苏合营，实权却操于提供采油技术的苏方，然因苏联凿井设备采掘深度有限，出油情况并不乐观。④ 对此，李烛尘深感在新疆发展工业应参考苏联的经验，以国家资本为主进行重工业投资，既要防止少数资本家

---

① 吴蔼宸：《新疆纪游》，第259页。
② 吴蔼宸：《新疆纪游》，第259页。
③ 吴蔼宸：《新疆纪游》，第260页。
④ 李烛尘：《西北历程》，第80~81页。

垄断产业，又需节制资本利润，力求通过工业发展改善民生。① 除石油外，由煤炭资源亦可衍生出多个工业部门。李烛尘在参观迪化郊县的工矿设施后，就表示头屯河的煤铁资源可以形成互补。② 他还通过实地考察发现迪化近郊六道沟、八道湾等处煤田广袤，具备开展机械化露天采煤的良好条件。③ 但是，李烛尘对煤炭开发中技术人员以外方为主、机械化程度低等现象抱有极大的担忧，认为苏联人士捷足先登而内地人才因交通不便难来新疆工作实属一大遗憾。④

总而言之，有关工矿农牧开发的观点体现出地理认知、民族主义和边疆危机对旅新人士游记书写的交叉影响。同时，一些旅行者还表达了工农业互补、"煤铁油电"联营，以及注重职业技能训练、移民与引智相结合等想法，对新疆的产业振兴具有较为实际的意义。民国时期国人的新疆游记大多拥有一条从官方访问、实业考察、实地采风或地理调查出发，到建立区域空间认知、形成边疆开发观点并进而衍生出国族想象和民族主义动员的线索。在这条线索中，地理空间认知与边疆开发观充当了旅行考察与精神活动之间的中介，折射出从物理上的守备边疆到通过经济和知识等方面的途径融合内地与边疆、寻求民族国家现代化的转变。因此，在游记中所见的地理空间认知和开发建设蓝图并不仅仅是个体对客观事物的主观表达，还是中国知识分子在英苏等竞逐新疆之际的集体回应。

结　语

正如我们在游记中所见，地理景观、族群生业和地下资源构成了时

---

① 李烛尘：《西北历程》，第 77~78 页。利用工业发展改善民生，以便在边疆践行三民主义，也是民国旅行者区别于清代及境外人士的一条创见。
② 李烛尘：《西北历程》，第 69 页。
③ 李烛尘：《西北历程》，第 71~72 页。
④ 李烛尘：《西北历程》，第 71~72 页。

人对新疆地理空间的立体性认知,体现了旅行者对人地关系的思考,纯粹文学化的游记书写由是呈现出向科学化、实用化、媒体化转型的趋势,凸显了游记在宣传边疆开发、传递"正确知识"、唤醒大众的边疆危机意识方面的功能。[①] 此外,地理认知不仅能够转化为边政学的养料,它亦可成为实业开发思想的渊薮。旅行者通过对新疆地理景观和地下资源分布的实地探察,将前代抽象的新疆地理认知通过写实和摄像等手段具体化、准确化,不啻一次对新疆的"再熟悉化"过程。在此过程中,新疆不再是刻板印象中远离文明的荒芜之地,而是在矿脉上与内地连为一气的丝路遗珠。同时,新疆还被描述为矿藏丰富、宜耕宜牧的"世外桃源",是内地流民的新天地,是发展民族工业的资源宝库,是亚欧大陆交通线上的"香港"。[②] 旅行者的地理认知突出了新疆在国家经济版图中的重要性,意图通过知识和权力把边疆转化为"有效的国族疆域",实现新疆与内地的经济合体。在旅行者的眼里,新疆还是一片同时受周边多个空间影响的区域,既有来自内地的影响,又有苏联和英国的渗透,因此时人游记中对新疆地理空间的描述有着国家危亡的时代烙印。在20世纪上半叶的新疆,自天山南北前往苏联的交通阻碍都远较奔赴内地小,因此时人对新疆的地理认知显现出人文地理学的致用特点,强调对交通建设事业的关怀,重视交通对民族国家"内部殖民"的作用。民国旅行者在更新新疆地理认知的同时,也继承了以天山为轴一分南北的认知习惯,呼应了18、19世纪时文武官员和知识分子关于新疆的空间观念,可见地理空间认知虽然是时代的产儿,但它亦身披历史的霞光。

[①] 沈松侨:《江山如此多娇——1930年代的西北旅行书写与国族想象》,《台大历史学报》第37期,2006年,第156页。
[②] 吴蔼宸:《新疆纪游》,第251页。

民国游记所见时人对新疆地理空间与资源开发的认知（1916~1945） Regional Studies

附录

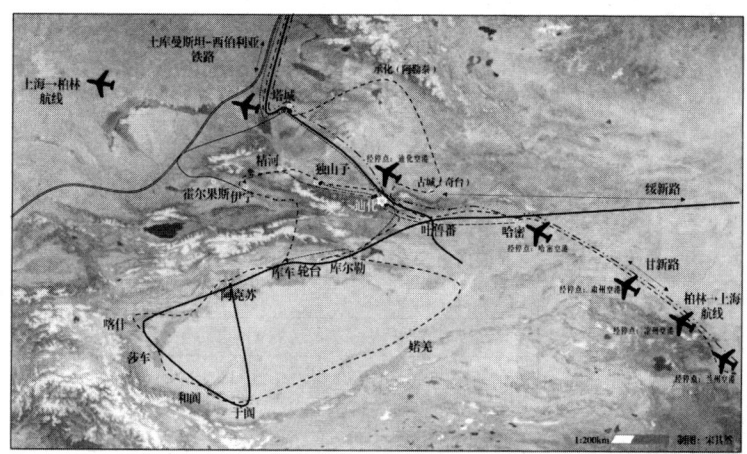

图1　若干民国游历新疆人士的旅行线路

说明：短虚线系谢彬的旅行轨迹，遍及天山南北两路；圆点虚线是吴蔼宸的旅行轨迹，吴氏由天津泛海经神户、敦贺至海参崴，转乘西伯利亚铁路、土西铁路班列抵塞米巴拉金斯克，由此往塔城，再往迪化；长双点虚线是冯有真的足迹，他搭乘航班经肃州、哈密等地抵迪化，主要集中于北疆，曾搭乘汽车到达迪化以外的吐鲁番、塔城等地，并且记录了时任外交部长罗文干视察伊犁的情况（见细实线）；带燕尾箭头的细长虚线为李烛尘的足迹，他亦曾到访伊犁，但未游历南疆；带菱形箭头的方点虚线系黄汲清的行程路线，他经独山子、伊犁赴南疆考察了库车等地；细长虚线是徐弋吾的路线，即哈密、迪化一线；1927~1930年，黄文弼先生由绥远进入新疆，自阿克苏起以顺时针方向环塔里木盆地西部考察，后由吐鲁番返迪化，再赴塔城出关，转西伯利亚和我国东北返回（参见粗实线）。

· 119 ·

表1 民国新疆游记基本情况

作者	身份	书名	旅行时间	发行时间
谢彬	财政部特派员	《新疆游记》	1916~1917年	1925年
林竞	留学生	《西北丛编》	1918~1919年	1931年
邓缵先	知县	《叶迪纪程》	1920年10~12月	1921年
黄文弼	考古学家	《黄文弼蒙新考察日记(1927~1930)》	1927~1930年	1990年
吴蔼宸	外交部特派员	《新疆纪游》	1932~1934年	1935年
冯有真	官员	《新疆视察记》	1933年8~10月	1934年
徐弋吾	记者或其他	《新疆印象记》	1934~1935年	1935年
陈赓雅	记者	《西北视察记》	1934~1935年	1936年
萨空了	报刊编辑	《由香港到新疆》	1939年3~9月	1942年
陈纪滢	作家	《新疆鸟瞰》	1938、1940、1942年	1943年
李烛尘	实业家	《西北历程》	1942~1943年	1945年
黄汲清	地质学家	《天山之麓》	1942~1943年	1945年

村落水利联盟对抗背景下的民国晋江尚书埭水利纠纷[*]

杨园章　马文忠[**]

摘　要　民国晋江尚书埭水利纠纷案，指1942～1943年侨眷集资所办西林垦植公司与周边村落围绕前者在当地开筑水涵、引水入尚书埭而引发的系列纠纷。该案不能简单地以侨资企业与地方势力间的矛盾来理解，而应注意到它是该地自明清以来形成的大、小沙塘水利联盟间对抗的延续。涉案双方采取了不同的应对策略，垦植公司通过熟练"使用"国民政府的各项对侨政策，最终取得胜利。时人将"华侨"及其延伸概念融入地方传统，不是一个简单的从传统向现代转变的过程。如果在地方长时段的历史脉络里观察近代的华侨和侨乡，可以看到其拥有更丰富的层次和更复杂的内容，这是当地社会编织意义之网的历史过程。

关键词　晋江　华侨　水利纠纷　村落联盟

华侨对侨乡的近现代化影响深远，就二者关系的探讨，已有相当丰

---

[*] 本文系国家社会科学基金项目"清代海洋渔政与海疆社会治理研究"（20BZS061）阶段性成果。

[**] 杨园章，中国社会科学院民族学与人类学研究所助理研究员；马文忠，北京大学历史学系博士研究生。

富的研究成果。① 但如果就华侨而论华侨，将侨乡从原有地方社会中剥离出来，华侨与侨乡的研究便容易陷入二元对立的困境，失之偏颇。另外，无论是王赓武对"华侨"概念的辨析，还是庄国土、孔飞力（Philip A. Kuhn）对近代华侨历史的梳理，皆可看出"华侨"及其延伸概念（如侨乡、侨眷等）的生成是一个动态的文化塑造过程。② 时人对这些概念的使用，及其对地方社会的影响值得被进一步发掘。晋江市档案馆藏有民国晋江西林垦植公司与南下尾等村的尚书埭水利纠纷卷宗，这批材料不仅有助于我们把侨乡的历史置于原有地方社会脉络中加以考察，还提供了时人使用"华侨"及其延伸概念的信息，因此本文选择该案来回应上述思考。研究发现，该案并不能简单地以侨资企业与地方势力间的矛盾来理解，而应置于明清以降晋东平原村落水利联盟对抗的历史脉络中加以分析。在竞争策略上，垦植公司通过熟练"使用"国民政府的各项对侨政策，最终取得胜利。在此过程中，可以看到时人如何把"华侨"及其延伸概念、政府政策等与地方传统结合，编织成新的意义之网，借此表达其诉求。

一 民国晋江尚书埭水利纠纷案概说

民国晋江尚书埭水利纠纷案，指1942年至1943年侨眷集资所办西林垦植公司（档案中也称为"西林垦植场"）与周边村落围绕前者在当地开筑水涵、引水入尚书埭而引发的系列纠纷。

---

① 参见戴一峰、宋平《福建侨乡研究的回顾与前瞻》，《华侨华人历史研究》1998年第1期；蔡苏龙《侨乡社会转型与华侨华人的推动：以泉州为中心的历史考察》，天津古籍出版社，2006，第3~12页。
② 王赓武：《"华侨"一词起源诠释》，姚楠编《东南亚与华人——王赓武教授论文选集》，中国友谊出版公司，1987，第120~131页；庄国土：《华侨华人与中国的关系》，广东教育出版社，2001，第189~243页；〔美〕孔飞力：《他者中的华人：中国近现代移民史》，李明欢译，江苏人民出版社，2016，第244~288页。

尚书埭水利纠纷案发生在晋江县南门外塘市乡、三民乡所辖宫口、南下尾、梧埭、杏墩前、杏墩后、南店、沟下坂等村之间,即图1中方框所标识范围。纠纷案内反复提及的相关地名、各村落田地的位置,则详见图2。以上各村田地毗邻,西边林氏在图2西北角,南下尾等六村在其东南侧。林氏所围垦之长林、尚书等埭又在六村东面,特别是尚书埭夹在沟下坂、梧埭和南下尾之间,与西边乡稍远,矛盾最突出。从图1和图2可以看出,这些村落的田地主要是在明清以来逐步成陆的土地上开垦而来,围海造田和引淡水灌溉一直是这一地区农业生产的重要基础,从而使得这些村落最容易在水利建设和土地开垦问题上产生纠纷。

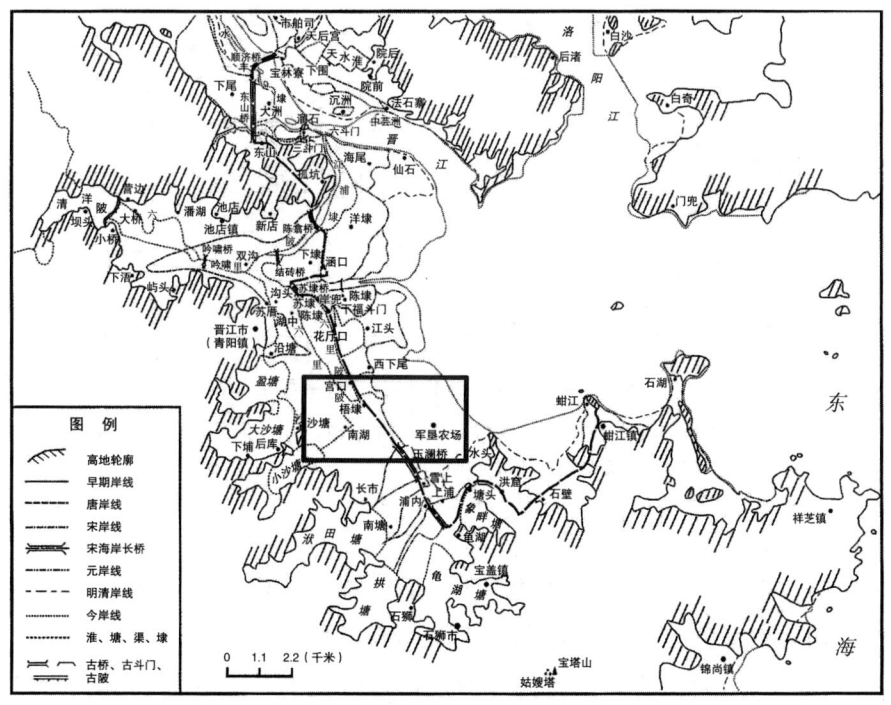

图 1　晋东平原水利图

资料来源:林汀水《福建历史经济地理论考》,天津古籍出版社,2015,第52页。

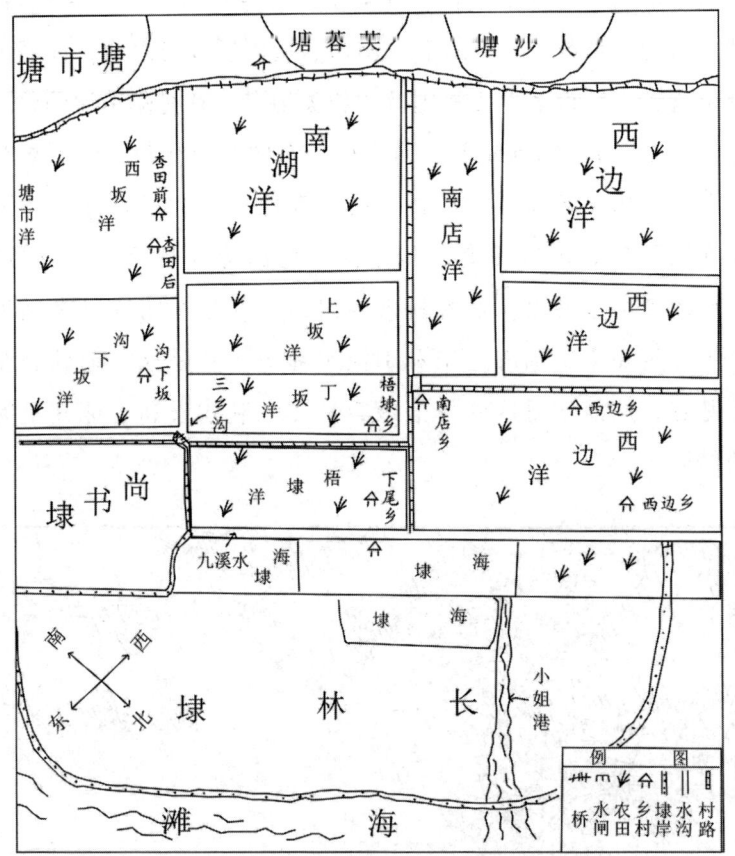

图 2　晋江塘市乡杏田等乡农田平面图

资料来源：据《晋江塘市乡杏田等乡农田平面图》（1943 年）清绘，《函请筹汇旅费到处以便派员勘查尚书埭工程由》附图（1943 年 11 月 22 日），晋江市档案馆藏，档号：旧 2-5-146-49，第 14 页。

1941 年冬，宫口村人招集侨属组织的西林垦植公司在海汇亭西畔尚书埭四周筑埭成功，开始围海造田垦荒。①

1942 年 5 月，西林垦植公司经理冯淑辉向时任晋江县长宛方舟呈文，申诉垦植场设施遭到附近南下尾、梧埭等村村民的破坏，无法进行

---

① 另可参见西滨乡志编委会编印《西滨乡志》上编，内部发行，1986，第 61 页。

农业生产，请求政府出面，"分配水利涵位，以便及时生产，直接救济地方，间接裨益抗建"。数日后，宛方舟批示让建设科科员蔡明哲前去调查。蔡明哲查勘期间，晋江县石狮区区长邹某亦下乡工作，于是再行召集双方代表及地方人士继续调解（先前民间已有数次调解）。该次调解后决定："在大脚桥附近由尚书埭前去辟一水涵，涵底距田面一市寸半，以取用该水沟剩余水量。"双方代表均同意该决定。

1943年，陈石接任宛方舟晋江县长一职。[①] 1月底，西林垦植场代表林长安呈文，请求派技术人员下乡指导开辟水利，县政府同意派员前往，并发文给三民乡乡长杨火卡，令其遵照施行1942年的调解办法。随后，林长安又呈文，说"恐仍有争执之处"，希望技术人员带测量器械勘测，制定标准。同时，杨火卡呈文县政府，提出南下尾、梧埭、南店乡民众认为去年的调解办法损害他们的农田水利，经宛县长、邹区长亲临地方重新商议，"结果认为水涵开辟大脚桥内实有损害南下尾乡等之农田"，请陈石查核。

4月，事情发生转折。科员蔡明哲实地勘测时，杨火卡、乡公所办事员张世英、林长安等皆到场。随后，梧霞保保长蔡裕典也带人到场，阻止蔡明哲勘测，意欲抢夺器械。各方围绕乡民"侮辱公员"一事纷纷呈文县政府。林长安通过福建省保安纵队兴泉指挥部向晋江县政府发文，希望拘拿杨火卡、蔡裕典及相关人员讯办；此外，林长安还与侨眷代表林孝炭等上书省政府，控告杨火卡、蔡裕典等"破坏垦荒、侮辱公员"，省主席刘建绪批文令晋江县查办。蔡裕典则联合辖下村落，控诉垦植场开辟水利实际上是巨姓林姓谋取私利，损害数十村民众利益，重申宛方舟的决议。杨火卡承认当时"有一部分愚民胆敢侮辱公务人员，殊属可恨"，但也强调测定水涵一事对周边村落水利有巨大影响。蔡明哲本人的报告也说有"侮辱公员之举动"，且支持垦植场的生产活

[①] 《民国时期晋江县历任县长名录》，《晋江文史资料》第11辑，中国人民政治协商会议福建省晋江县委员会文史资料研究委员会编印，1989，第152页。

动。为此，晋江县政府传讯蔡裕典等人。

5月，晋江县政府军法室做出判决，给杨火卡和蔡裕典各记过一次，要求其收拿肇事人。同时，水利纠纷"应再派员会同有水利学识者前往测勘"。

9月，林长安呈文说尚书埭工程又被杨火卡、蔡裕典、神棍杨世目等人指使匪氓破坏，"甚至守埭工人夜半亦遭惨杀"，请求县里"迅派干员照前定调解成案，即日来测定水涵，并派队切实监护开辟"。涉及人命，晋江县又传讯蔡裕典等人。在10月14日讯问笔录里，蔡裕典不断否认1942年调解的合法性，"乡中并无派出代表"，"这三个人本村并未批其代表"云云。

10月，蔡裕典等人再次联名控告垦植公司新开水涵引水一事，"纯属无理，为害农产至深且巨"。他们强调该案先前经宛方舟会同地方人士亲自勘查，"认为于理不合，未予照准"。其后胪列数条理由，论证开辟水涵"是置五千民命于死地，而该公司复毫无裨益"云云，核心内容是当地水源不足，难以再行引水灌溉尚书埭，后者有其他更好的水源供选择。他们也向福建省保安纵队兴泉指挥部求助，得到肯定回复。晋江县政府方面，一面请保安团派军前往协助测定监造水涵，一面要求林长安出具甘结，保证水涵的修建确实不会妨害周边村落杨、蔡两姓的农田水利。

11月初，南下尾、梧埭、杏墩前等六乡民众组织请愿，请求陈石"维持宛前县长原案"，制止垦植场开辟水涵。陈石接见了村民代表杨世峰、杨文叠等人，并承诺维持原判，他特意强调："时值非常，仰该民等不得轻举妄动，致生事端为要。"[①] 见此，垦植场随即呈文，重申蔡裕典等阻梗垦荒诸事，要求派员重行勘定。晋江县政府向省水利局发文，希望其派员到场勘查。

[①] 《新筑水涵妨碍农田水利梧埭等村农民向陈县长请愿》，《民声报》（石狮）1943年11月6日，第1版。

最终，水利局局长章锡绶到县查勘后，形成报告。据晋江县给永安第四区专员兼保安司令和省主席的复文，拟以章氏的办法为准。在给林长安的电令里，强调章氏报告的第五、六条办法，同意"该埭之工程宜于冬季开始"。按，第五条办法是同意开垦尚书埭荒田、开辟水涵，大致符合垦植场的诉求；第六条则提议，海汇亭的水闸应由尚书埭之田主修理，并由县政府或乡公所管理。

至此，尚书埭水利纠纷案基本以西林垦植场的胜利告终。①

二 尚书埭一案背后的村落水利联盟对抗

正如民国福建水利局局长章锡绶所述："晋江县城东南各乡之农田，大都缺乏水源。海滩愈涨愈广，荒田愈开愈多。旧有塘、沟逐年淤高，蓄水之量日见其小，此所以争水夺利之案亦日见其多。"② 由于地理条件限制，晋江东部平原的灌溉水源本就不足，加之围湖、围海造田，既减少灌溉水源，又引淡冲咸，进一步激化了村落间争夺水源的矛盾。晋东平原围绕水利问题积攒了一系列矛盾，民国"争水夺利案"实为明清水利纠纷的延续，尚书埭一案自不例外。

在不断协调和彼此制衡中，晋东平原在明清时期已形成若干水利系统，各个水利系统内的村落通过结成联盟来共同支配灌溉水源。据何乔远记载，七首塘是晋东平原重要的灌溉水源："七首塘。塘四十有一，七首最大，皆天塘也。曰古塘，曰盈塘，曰砂塘，曰小砂塘，曰洑田塘，曰象畔塘，曰龟湖塘。七首之中，盈塘、砂塘最大……小砂塘一名濯缨，以其水清于大砂塘……邑南乡故乏水利，皆仰七塘。塘水无源，

---

① 本文引文除特殊说明外，皆出自晋江市档案馆藏民国档案，档号：旧2-1-456-165、旧2-5-77-24、旧2-5-146-49、旧9-1-205-52。
② 《据呈以尚书埭垦植公司将增筑新涵剥夺全体乡民生命命派请查明制止等情函请派员查照慎重办理由》（1943年11月3日），晋江市档案馆藏，档号：旧2-5-146-49，第42页。

易盈易涸，谚曰：'七塘不干，南乡加餐。'"① 图2南侧塘市塘即洑田塘俗称，大沙塘即砂塘，而尚书埭水利纠纷中不断提到的芙蓉塘，"晋江之芙蓉塘（即濯缨塘）"，也就是小砂塘。② 这些水塘又同处于晋江南岸被泛称为"六里陂"的区域水利系统中，"（六里陂）自二十七都至三十五都……内积山之源流，外隔海之潮汐，纳清泻卤，环数千里，内无田不资灌溉"。③ 六里陂来水为九十九溪，兹从上游而下，串联基于河流、湖泊、埭、洋等形成的若干水利联盟。

狭义的六里陂水利，"历代为本都三李、陈、苏五姓轮掌，其先世各有功德于民，或载郡乘，或勒碑石，或详之缙绅先生序文，班班可考也。后人继序，虽极艰难，不敢推卸"。④ 据此，该水利由五姓轮掌，县令修水利亦需与他们合作，"三陡门创自前明，灌溉千里……越久倾坏……（知县庄文进）协同五姓力肩其事，各乡鸠捐"云云。⑤ 民国时期，六里陂的农田水利组织仍在运作，晋江市档案馆藏有其部分档案，据《晋江县六里陂农田水利协会职员名册》（1944年）内开人员信息，与明清五姓轮掌模式基本一致。⑥

盈塘、沿塘方面，明代中期庄用宾组织乡约时曾修浚盈塘水利，整顿秩序："盈塘溉田数千顷，患淤，公鸠民浚渠时蓄泄，岁赖以熟。"⑦ 清初，又有庄延裕继续维护该水利设施，"浚其祖所筑青阳乡盈塘，恢

---

① 何乔远：《闽书》卷8《方域志·泉州府·晋江县·川》，福建人民出版社，1994，第189页。
② 《抄发杨人奏等原呈》（1943年11月22日），档号：旧2-5-146-49，第11页。
③ 乾隆《泉州府志》卷9《水利》，《中国地方志集成·福建府县志辑》第22册，上海书店出版社，2000，第170页上栏。
④ 清乾隆二十五年《梓五姓公修陡门坝埠碑记》，郑振满、丁荷生编纂《福建宗教碑铭汇编（泉州府分册）》，福建人民出版社，2003，第274页。
⑤ 清嘉庆二年《修三陡门碑》，晋江市政协文史资料委员会编《晋江碑刻集》，九州出版社，2012，第189页。
⑥ 《呈复以本会应具总报告表等已于卅三年七月一日造送并非未造由》（1944年7月1日），档号：旧8-1-91-22，第6~7页。
⑦ 傅夏器：《锦泉先生文集》卷4《浙江金宪庄方塘墓志铭》，《四库未收书辑刊》第5辑第21册，北京出版社，2000，第479页上栏。

扩水利，乡人德之"。①张天福重修沿塘水利，"泉南蓄水之塘有七，沿塘关系尤大，周围四十余里，灌溉数十万亩……近泥淤水浅，草塞岸低……（张天福）就塘中造田十余石，付十班轮管"云云。②他们在修浚水利的同时，也进行组织建设，不断确立起新的社会秩序。

柯姓为塘市大族，自元代开始修筑洑田塘水利；明中期，陂首柯乾相主持重修开挖水道，设置陡门。③洑田塘水利联盟形成后，自然也具有排他性，洑田塘"周岸三十余里，灌田三千余石，十九，二十五、六都，民之所天在焉"，主要供给上述三都乡民用水。嘉靖年间大旱，唯洑田塘水较丰，周边村落谋求买水，为柯氏所拒，认为仍应以三都田地为主。④而这种观念在尚书埭水利纠纷案中，经由南下尾等六村的呈文得到确认："芙蓉塘东有塘市塘，其蓄水专供塘市洋农田之用。西有大沙塘，专供西边洋农田之需。相隔一岸，偶遇本洋干旱，亦不能于东西两塘引水来用。"⑤清代，原洑田塘水利联盟内部发生争执，浦边乡"六涵甲中之半甲，抗不守分，自启自放，废祀先贤"，意欲调整原有水利组织模式，遭到"轮陂七姓士民"的抵制，并通过官府来重申明代以来的水利秩序。⑥近代，当地人仍通过修建庙宇、修浚水利来整合村落联盟。⑦

尚书埭水利纠纷涉案双方西边林氏和南下尾等六村，地处诸水下游，直面大海，除引塘水灌溉外还有开发海荡地问题。海荡地，即海滩地。早在明朝初年，陈埭丁氏先祖就利用军、盐籍的优势占有大片海

---

① 乾隆《泉州府志》卷53《仕绩·庄延裕》，《中国地方志集成·福建府县志辑》第24册，第39页上栏。
② 清康熙五十四年《大总戎咸五张公浚塘功德碑》，《晋江碑刻集》，第164页。
③ 明嘉靖十五年《更新洑田塘陡门记》，《晋江碑刻集》，第147页。
④ 明嘉靖三十八年《南恒碑记》，《晋江碑刻集》，第149页。
⑤ 《呈为尚书埭垦植公司所请大脚桥增涵辟新涵引水一节纯属无理为害农产至深且巨恳请收回成命以拯数千万农民之命由》（1943年10月20日），档号：旧2-5-77-24，第29页。
⑥ 清雍正十年《洑田塘宪示碑》，《福建宗教碑铭汇编（泉州府分册）》，第246~247页。
⑦ 1948年《重修洑田庙碑记》，《福建宗教碑铭汇编（泉州府分册）》，第569页。

滩，为后来丁氏的强大提供了物质基础。又据明中期晋江人陈让的记载，"海滨大家缩为海社，自为社首，收取荡课湖利，需索澳民分例，所得甚多"，说明海荡是沿海利益渊薮。祥芝蔡氏和周边村落围绕海荡田产问题从明代一直纠缠到清雍正年间，最终由官府出面，才有较为妥当的处置办法。对海荡地的争夺常演变为村落间的大规模械斗，如清同治年间白沙乡与郭岑乡，"前港海荡相连，界址不清，互相争斗致伤人命案。经控县勘验，屡断屡斗，历年以来两乡各有毙命"；1942 年，江头村丁姓与西下尾林姓争夺海埭，几酿成恶斗。① 尚书埭本身就是围海造田的产物，因此，纠纷双方不仅在争夺水利，还涉及占有海荡地的矛盾。

现在，让我们来看看尚书埭水利纠纷中双方各自处于怎样的水利联盟里。

西林垦植场由宫口村人集资创办，宫口村为晋江西边林氏的聚居地之一。林氏始祖元末明初定居于陈埭西边，繁衍为地方巨族，分布于十三个村，总称"西林"。西边的水系分东、西二系，东系之水俗称"塘水"，即从沙塘岸诸涵引水，沿线筑十二个陡门；西系之水则引自九十九溪和晋江，即图 2 中的大沙塘（即方志里的大砂塘）、九溪水等。②亦即前引民国档案里提到的，"西有大沙塘，专供西边洋农田之需"，表明西边林氏十余村组成一个以大沙塘为主要灌溉水源的共同体，他们既是村落联盟，也是宗族组织。与前述洑田塘的排他性类似，西边林氏自然不会同意让外人使用大沙塘的水源："该塘水道与该处巨姓林姓相

---

① 以上材料分别见于庄景辉编校《陈埭丁氏回族宗谱》卷 3《传记·府君仁庵公传》，绿叶教育出版社，1996，第 61 页；杨园章、谢继帅《〈答郡邑大夫问海上事宜状〉所见陈让海防策略述论》，《海交史研究》2019 年第 2 期；清道光修《芝山蔡氏纯仁公派谱牒》，陈聪艺、林铅海选编《晋江族谱类钞》，厦门大学出版社，2010，第 109~112 页；清同治七年《白沙甘结碑》，《晋江碑刻集》，第 85 页；《三民江头西下尾二乡因堤岸纠纷演成械斗》，《民声报》（石狮）1942 年 9 月 3 日，第 2 版。
② 《西滨乡志》上编，第 1、4~5 页。

毗邻。该林姓因过去封建时代乡情与职村不睦，故不肯顾全大局，只知自为谋己私利，乃在南店村前筑一堤岸，致使该塘之水无法打通。"① 民国时期，林氏围海造田，开垦荒地，图2中的长林埭即属其一，"系由林姓围筑，故命名曰长林埭"。② 因此，虽然西林垦植公司在呈文中不断强调自己是侨眷集资，甚至有华侨代表，却也不能忽视林氏本来就是当地的大族，势力庞大。

另一方面，南下尾、梧埭、杏田等六村亦多单姓聚居，计有杨、蔡、王、陈等姓，他们主要的灌溉水源来自芙蓉塘（即方志中的小砂塘、濯缨塘）："民等计为七村，人口六千余，赖以为生者，计有南湖洋、上坂洋、西坂洋、丁坂洋、梧埭洋，农田约六千余亩，此项农田水源专靠芙蓉塘导水入洋，以资灌溉。"③ 如图2所示，芙蓉塘恰好夹在大沙塘和洑田塘之间，如前所引"芙蓉塘东有塘市塘，其蓄水专供塘市洋农田之用。西有大沙塘，专供西边洋农田之需。相隔一岸，偶遇本洋干旱，亦不能于东西两塘引水来用"。三者间关系明确，各水利联盟的利益不容他者侵夺。相较于西边林氏有宗族组织可资利用，南下尾六村联盟的建立时间较晚。在前引清雍正十年（1732）洑田塘《勒石永示》碑里，还可以看到"浦边、索上、行墩等乡六涵甲守顾塘岸"的记载，④ 说明彼时杏田（古称行墩、杏墩）、索上尚属洑田塘水利联盟。到了清末光绪二十四年（1898），六村正式建立起水利联盟，制定章程，包含杏田前后堡、梧埭、南店、霞美（即南下尾）、索上。⑤ 至尚书埭案起，又加入了沟下坂村。与此同时，不能忘记这些村落也是侨

---

① 《呈为尚书埭开辟水涵损害本乡数千亩农田水利请鉴核饬令制止以救千人口由》（1943年4月），档号：旧2-1-456-165，第7页。
② 《西滨乡志》上编，第62页。
③ 《呈为尚书埭垦植公司所请大脚桥增辟新涵引水一节纯属无理为害农产至深且巨恳请收回成命以拯数千万农民之命由》（1943年10月20日），档号：旧2-5-77-24，第28页。杏田分杏田前、杏田后，故档案里有时称"七村"，但以称"六村"者为多。
④ 清雍正十年《勒石永示》，《晋江碑刻集》，第71页。
⑤ 清光绪二十四年《杏田前堡王敬恩重筑海岸碑》，《晋江碑刻集》，第236~237页。

乡，如1924年、1936年重修海岸长桥、海汇亭陡门等事即由杏田等村旅菲华侨捐资促成。①

综合上述信息可以看到，明清以降晋东平原的村落围绕着七首塘诸塘形成了若干水利联盟，彼此间互相制衡。西边林氏以一姓而拓为十三村，大沙塘是其水利联盟的关键所在。杏田等村在清中后期逐渐从洑田塘中脱离，谋求与其他小姓的联合，在清末组成以芙蓉塘为中心的水利联盟。近代，西边林氏不断开垦海荡地，而芙蓉塘水利联盟也在寻求盟友，扩张其势力范围，双方的矛盾日益加深。因此，民国尚书埭水利纠纷并非简单的侨资企业与地方势力的冲突，实际上是大、小沙塘水利联盟间的对抗，二者在争夺对海荡地和灌溉水源的支配权。

大、小沙塘水利联盟的冲突不断，如"该公司前计划引九溪水，由该沟通尚书埭，经将南下尾村交通水口之小姐港闭塞"，②但南下尾等村一直隐忍未发，为何到了尚书埭一案如此用力？南下尾等村说尚书埭是"海滨废滩"，未对其所有权提出质疑，西林垦植公司称其为"祖遗产业"，且整个纠纷里的各方皆未质疑林氏开垦尚书埭的合法性。双方反复争论的点在于新筑水涵是否导致南下尾等六村灌溉水源受损。不过，如果仔细琢磨他们的说辞，再结合其他材料来看，争夺水源固然是其诉求，却不是要害所在。他们都未向政府挑明尚书埭旁边有对南下尾等村而言至关重要的公共空间——海汇亭，尚书埭的开发无异于在小沙塘水利联盟的心脏地带插上西边林氏的大旗，因而导致了双方矛盾的全面爆发。

道光《晋江县志》载，"海岸亭，在二十六都。匾曰'海会堂'，俗呼海岸亭。岸有长桥七百七十余间"，③民间也称其为"海汇亭""海汇庵"。明代大儒蔡清为其撰写过碑文："海滨之地，咸流浸润，不可

---

① 民国13年《重修泉南海岸长桥碑记》、民国25年《重修海汇亭陡门碑记》，《晋江碑刻集》，第245~246、256~258页。
② 《呈为尚书埭垦植公司所请大脚桥增辟新涵引水一节纯属无理为害农产至深且巨恳请收回成命以拯数千万农民之命由》（1943年10月20日），档案：旧2-5-77-24，第29页。
③ 道光《晋江县志》卷12《古迹志》，福建人民出版社，1990，第245页。

田。昔人因筑大堤以止其流,而内蓄涧水以溉田,殆千余顷。傍堤之边,驾石桥以便行者,计七百七十余间,通名'海岸长桥'。中有亭,有庵,以为憩息、祈赛之所……据故老遗文所传,桥成于宋乾道间。"①据此可知,海岸长桥成于宋代,旁有堤岸围海造田,面积颇大;同时,至迟在明前期已有亭、有庵,是民间举行宗教活动的场所。清乾隆年间,里人王巽成主持修桥,"历水办□□大家桥,悉为修整"。道光十一年(1831),又有泉州府同知出面组织维修。光绪二十四年,由杏田前堡国学生王敬恩牵头,与杏田前后堡、梧埭等六村人重筑海岸,"集诸乡老议定条规,就岸三百三十三丈之长,分领管顾。共竖界址,勒石立碑,庶几由章程守堤防"云云,即前文所述小沙塘水利联盟的形成。宣统元年(1909),又有蔡、王、杨、陈诸姓合作重修海岸长桥,历十余年方成。海汇亭水利"其农村生活关系至巨,去堤岸保障当务尤急",自宋代以来"再圯再修",至1936年,遂有杏田旅菲华侨捐资重修海汇亭陡门。② 不论是修桥还是修堤,实质上都是在维护水利设施以保障堤内的农业生产。结合前述"祈赛之所"的说法,显然海汇庵是作为小沙塘水利联盟核心公共空间存在的。因此,海汇亭对该区域人群而言,既是交通往来要道,也是水利设施所在,还可在此开垦海荡地,更重要的是,它是人们举行公共活动(如祭祀、村落结盟)的场所,一定程度上可被视为小沙塘水利联盟的标志。

据民国档案,尚书埭的选址恰恰是在海汇亭边上,"于去冬建筑海汇亭西畔尚书埭,四围埭岸",商议新筑水涵则位于大脚桥附近。③ 大脚桥

---

① 《海岸长桥记》,《晋江碑刻集》,第140页。
② 上述信息分别见于清乾隆六年《乾隆庚申修桥碑》、清道光十一年《重修海岸长桥碑记》、清光绪二十四年《杏田前堡王敬恩重筑海岸碑》、民国13年《重修泉南海岸长桥碑记》、民国25年《重修海汇亭陡门碑记》,《晋江碑刻集》,第172、209、236~237、245~246、256~258页。
③ 《新辟农场水利被阻毁坏海涵损害生产请予派员查勘究办恶徒并分配水利以便急济侨属及时生产由》(1942年5月4日),档号:旧2-5-77-24,第2、8页。

应是大家桥的谐音混用，据前引清乾隆碑文，可知其亦属海岸长桥的一部分。海汇亭既是现实利益所在，也是联盟的标志，西林垦植场的举措触动小沙塘水利联盟的核心利益，因此，南下尾等六村才想尽办法去破坏尚书埭水利，甚至闹出人命、侮辱公员等。作为外来者的省水利局局长章锡绶不明就里，从区域水利的整体治理入手来提意见，县政府认为第五、六条最重要，而第六条就是"海汇亭之水闸应由尚书埭之田主妥为修理，使其绝对无渗漏之虑，并由县政府或乡公所妥为管理"。①借助于政府的权威，西林垦植场不仅能灌溉其尚书埭荒田，还可借此控制对小沙塘水利联盟相当重要的海汇亭水闸。至少就档案而言，垦植场获得了巨大的胜利。

这一胜利究竟对地方产生了怎样的影响，限于史料我们不得而知。能够明确的是，数年后随着新中国的成立，西边林氏盐埕埭、圆目埭、尚书埭、长林埭等海荡地都被收为国有，成立国营军垦农场，②明清以降晋东平原村落水利联盟间对抗、制衡的时代宣告终结。

三 尚书埭水利纠纷涉案双方的斗争策略

在尚书埭水利纠纷中，虽然涉案双方都有华侨背景，但纠纷实际上是由近代晋东平原村落水利联盟间的对抗引起，不能简单地理解为侨资企业与地方势力的冲突。在此，笔者将进一步讨论在这场纠纷中双方使用怎样的话语和策略来争取利益，又是如何"使用"国民政府相关华侨政策。

首先，回到案件里看双方的斗争策略。

在尚书埭水利纠纷伊始，双方尝试着用传统的地方公人调解的办法

---

① 《据呈以尚书埭垦植公司将增筑新涵剥夺全体乡民生命命派请查明制止等情函请派员查照慎重办理由》（1943 年 11 月 3 日），档案：旧 2-5-146-49，第 42 页。
② 《西滨乡志》上编，第 61~62 页。其中，尚书埭还是西滨军垦农场场部所在地。

协商,"叠经地方人士多方调解,未能圆满解决"。① 西林垦植场转而寻求公权力的支持,发现海埭被破坏,"立刻延请乡长、保甲及地方人士,并请晋江土地编查队第六分队长林到埭勘验"。② 其后,在县建设科科员蔡明哲、石狮区区长邹某和地方人士的协调下,初步制定了决议。不久,县长宛方舟卸任,垦植场连续呈文请县里派技术人员到场勘测,其意图应是由此来确认决议。彼时,南下尾等村尚未反应过来,只是在乡长杨火卡给县府的复文里说六村乡民否认前头决议的合理性,宛方舟等人亲临现场后同意他们调整前述决议。显然,一开始双方对政府公权力重要性的认知就存在差距。

随后,就是科员蔡明哲实地勘测时发生的"侮辱公员"事件。这事让县里大为恼火,垦植场借力打力,咬定是乡长杨火卡、保长蔡裕典等人指使匪氓所为,在妨害侨眷生产自救之外加上侮辱公员的罪名。而蔡明哲在此事后站在了垦植场一边,力主修建尚书埭水利的重要性。杨火卡、蔡裕典被记过处分,南下尾等村遭到重重一击。

双方不断向县里、第四区行政督察、福建省保安纵队兴泉指挥部、福建保安第二团团本部、省里呈文,进行着一场说服各级政府支持自己的竞赛。通览这场竞赛,西林垦植场的策略更胜一筹,不仅很好地"使用"国民政府的各项政策,还善于抓住时机,借着侮辱公员事件将矛头从南下尾等村村民这一含糊的对象,直指乡、保长,并牵入一干人等。反观南下尾等村,先由乡长出面,之后蔡裕典联合辖下甲长呈文,却被垦植场扣上"横逆保长"的帽子,说他"恃有背景势力,平日即用地位践踏小民,视为当然",③ 直接告到省里。南下尾等六村转换策略,由乡

---

① 《蔡明哲签呈》(1942 年 7 月 15 日),档号:旧 2-5-77-24,第 7 页。
② 《新辟农场水利被阻毁坏海涵损害生产请予派员查勘究办恶徒并分配水利以便急济侨属及时生产由》(1942 年 5 月 4 日),档号:旧 2-5-77-24,第 2 页。
③ 《据呈请查办三民乡乡长杨火卡等破坏垦荒等情仰即查明据理具报由》(1943 年 7 月 15 日),档号:旧 2-1-456-165,第 39 页。

民代表杨人奏、蔡金豆出面，联合各村民众代表向各级政府控诉垦植场意图抢夺他们的水源，置他们于死地。南下尾等村在竞赛中多处落后，加上侮辱公员一事，虽然中场换人，搬出"徇少数人之要求，舍弃大众之权益"的说法也于事无补。①

对南下尾等村而言，更致命的可能是他们一开始就卷入了垦植场的"水利纠纷"里，反复辩驳的都是"水利纠纷"。而如本文第二节所述，虽然该案争执的焦点是开辟水涵、分配水资源，但本质上是一个复杂的村落联盟间的对抗，纠缠于"水利纠纷"的结果是让县政府将其判定为水利问题，"应再派员会同有水利学识者前往测勘"。而省里来的水利局局长，经过调查，提交的是一份具有一定专业性的区域水利整治报告，侧重技术层面的报告忽略了复杂的地方社会的运作逻辑。结局一如前述，按章氏的设计，垦植场管理海汇亭水闸，西边林氏的势力直逼小沙塘水利联盟的心脏地带。

其次，分析双方援引的话语资源。

在南下尾等村看来，西林垦植场实际上是"巨姓林氏"，"受封建遗毒，心犹不足，处心积虑，必欲令职等各村绝尽水源"，"联络本县城内势豪多名，恃势包垦该尚书塘"云云。②南下尾等村主要有两个筹码，一个是前任县长宛方舟的决议，一个是"当地风俗习惯"。就后者而言，"芙蓉塘为宋代先贤王刺史十朋所开，据府志刊载，该塘所披水利，北至梧埭，规定至为清楚，千年以来，世守不渝，是以民众相安无事。……民等全洋农田专靠芙蓉塘用资灌溉，久为当地风俗习惯，无容变更，是以相安无事"。③他们提出，塘市塘、芙蓉塘、大沙塘自宋代泉州知州王

---

① 《晋江县塘市乡南下尾梧埭杏墩前杏墩后南店沟下坂全体乡民请愿书》（1943年11月3日），档号：旧2-5-77-24，第32页。
② 《呈为尚书埭开辟水涵损害本乡数千亩农田水利请鉴核饬令制止以救千人口由》（1943年4月），档号：旧2-1-456-165，第6~7页。
③ 《呈为尚书埭垦植公司所请大脚桥增辟新涵引水一节纯属无理为害农产至深且巨恳请收回成命以拯数千万农民之命由》（1943年10月20日），档号：旧2-5-77-24，第29页。

十朋始就划定了明确的灌溉范围，有志书可据，对水资源的使用自有"当地风俗习惯，无容变更"。他们处理此类纠纷时的逻辑与清朝人基本一致，指控对方是强宗巨族欺凌平民，并强调传统的重要性。如龙湖纠纷，许俊、留进等沿湖渔户控诉施琅家族"炎兴以来，湖滨已有，横征税银"，恳求官府打击豪强；① 又如洑田塘纠纷，柯伟生等指责蔡琏等"抗不守分，自启自放，废祀先贤"，无视明代以来的规则。②

与南下尾等村传统的解决思路不同，西林垦植场一开始就自称是"侨眷垦荒"，向各级政府打"华侨"牌，占住先机。

抗战期间，侨汇中断，侨眷生活困难，国民政府三令五申，以救侨、垦荒等为要务。如福建省主席刘建绪曾手谕各县，"凡有可耕土地，勿为产权所拘，而任其荒废"，要求积极开展垦荒工作。③ 晋江方面，"保内公有荒地应尽先拨给侨眷开垦，私有荒地亦应尽量借与侨眷开垦，并报县政府备查"。④ 在尚书埭水利纠纷开始前，晋江县召开了救济侨眷生产委员会议，商议如何垦荒。据此，县长宛方舟向辖下各区署发出命令，内开："值兹抗战期间，后方生产为当务之急。本县境内零星荒地尚多，亟应积极开垦，增加生产，以期地尽其利，人尽其力，现值春耕伊始，正宜垦殖时期。"⑤ 他本人也下乡视察救侨工作。⑥

晋江县救济侨眷生产委员会议召开两个月后，西林垦植场就呈文宛方舟："窃维抗战建国，人人遵令动员，胜利生存，处处加速产力。民等鉴及物资缺乏，耕地狭窄，急起招集侨属组织西林垦植公司……际此

---

① 清雍正三年《龙湖功德碑》，《晋江碑刻集》，第66页。
② 清雍正十年《勒石永示》，《晋江碑刻集》，第71页。
③ 《澄码石角东华侨公会关于四维农场呈请领垦公有地呈及省府电令》（1939年11月至1941年11月），福建省档案馆编《福建华侨档案史料》，档案出版社，1990，第924页。
④ 《省第四区行政督察专员兼保安司令公署关于施行晋江县济助侨眷生活暂行办法的指令》（1942年9月13日），泉州市档案馆编《民国时期泉州华侨档案史料》，北方文艺出版社，2006，第331页。
⑤ 《晋江县府关于调查零星荒地限期垦辟的训令》（1942年3月11日），《民国时期泉州华侨档案史料》，第354页。
⑥ 《指示古盈村垦荒》，《民声报》（石狮）1942年8月7日，第1版。

侨汇中断，一般无田侨属急待耕种，受此阻扰，不但失却春耕之时，且蒙巨大之损失，全再再三顾后，尤人敢再言开垦，影响战时后方生产非小。"① 表明该公司是侨眷集资创办，属抗战期间侨汇中断时侨属自救行为，符合中央、省、县的救侨、垦荒政策要求。对比前引宛方舟的命令，垦植场呈文所用词汇与之契合，足见该公司对政策的熟悉程度。因而，宛方舟旋即派蔡明哲前往勘测，也就有了后来档案里的尚书埭水利纠纷。

侮辱公员事件后，垦植场得以将指控对象具体到乡长杨火卡、保长蔡裕典身上，林长安与"侨眷代表林孝炭"把杨、蔡等人告到省主席刘建绪处，"破坏垦荒、侮辱公员"。具体来说，"查该乡保长恃有背景势力，平日即用地位践踏小民，视为当然。凡辖内事业，无论公私，苟非受彼宰制，万难成功。今因民等垦荒增产，未遂觊觎，破坏目的不达不休。故开垦两年，受其蹂躏，不能耕作。前复变本加厉，对政府人员公然肆辱，显见其倒横逆施"。② 这样的指控是很有力的，因为国民政府对地方保甲欺负归侨、侨眷的事相当上心。如1941年初，国民党驻菲律宾总支部致函省侨务促进会说，"闽南一带地方保甲勒收华侨出国费……遇地方公款，则以侨眷殷实，每多科派……他如贼匪横行，劫杀时闻"。省里认为这些行为，"实是动摇侨民对政府之信念，且亦失中央爱侨民之本旨"，③ 保甲勒索科派侨眷就不再是简单的地方问题，而是被提升到了相当的政治高度。何况南下尾等村意欲围殴科员蔡明哲、抢夺器械是实，等同于挑衅政府。

1943年9月，垦植场给陈石的呈文再次强调，"伏思我中央政府三

---

① 《新辟农场水利被阻毁坏海涵损害生产请予派员查勘究办恶徒并分配水利以便急济侨属及时生产由》（1942年5月4日），档号：旧2-5-77-24，第2~3页。
② 《据呈请查办三民乡乡长杨火卡等破坏垦荒等情仰即查明据理具报由》（1943年7月15日），档号：旧2-1-456-165，第38~40页。
③ 《晋江县府转发省侨务促进委员会关于严密查究地方保甲勒索科派侨眷的训令》（1941年3月1日），《民国时期泉州华侨档案史料》，第416~417页。

令五申，以生产、造产、增产、垦荒、救侨为地方要政，提倡保护唯恐不及。处兹时代，尚有乡保人员嗾使匪恶，以有组织、有计划之毒辣手段破坏无余。其骇人听闻，孰有至于此者。兹以该埭水涵迄今二年尚无法开辟生产，损失无可数计。益今岁水旱疫疠，踵至沓来，乡民侨眷均将饿毙"。① 垦植场熟练地"使用"国民政府垦荒、护侨、侨眷自救等方面的政策，来争取自身利益。

至此，我们看到在整个纠纷里，南下尾等村和垦植场分别主打势豪欺凌和华侨牌，在特定历史环境下，后者拥有明显的优势。有趣的是，尚书埭案后三年多，前文提到的"侨眷代表"林孝炭变成了"西边村农民代表"，与林孝聪、林孝昌等人联名呈文晋江县政府，要求处理他们与知名侨资企业泉安汽车公司、高岑等村的水利纠纷。这次他们反而与南下尾等村类似，控诉高岑村霸占水源，妨害西边、沿塘等地农田灌溉。又，"奈何该公司不为大部农村着想，只顾自己业务，接受非法垦塘之荒之区区小部之建议，每每提起再开二涵闸，无乃助桀为虐"，② 他们告泉安汽车公司的说法，与当年南下尾等村的理由又是何等相似。

最后，政府态度的转变。

从中央到地方都在宣传保护侨民的利益、鼓励侨眷垦荒自救，面对主打华侨牌的西林垦植公司，政府必须予以重视。但是，涉案双方纠缠不清，屡次向各级政府求助，甚至直接呈文省主席，实际上却多次协调无效。县政府应该清楚这件事并不简单，可要认真处理起来又很麻烦，最后干脆以"水利纠纷"的名义推到省水利局去，变成相对单纯的水利问题。有意思的是，陪同章局长勘测的还是蔡明哲，从他的报告"倘不严予惩戒，侮辱公员之举动事小而影响增产工作之事大……亦非

---

① 《呈以尚书埭水利被乡恶蔡裕典等阻梗二年损失生产无可数计乡民侨眷均将饿毙仍请派员派队测定监辟以维生存由》（1943年9月20日），档号：旧9-1-205-52，第122页。

② 《呈报调解西边村沿塘村与高林村因水利发生纠纷案情形请察查由》（1947年7月），档号：旧2-5-257-82，第69~71页。泉安汽车公司概况可参见林金枝《近代华侨投资国内企业概论》，厦门大学出版社，1988，第226~229页。

政府奖励增产与发动侨眷从事生产事业之深意",①可以看出被数村村民围困一事给他留下了不小的心理阴影,恐怕章锡绶最终报告的形成与他不会没有关系。

结　语

宋怡明(Michael A. Szonyi)在其对明代卫所军户的研究中进一步延展了科尔弗列特(Benedict J. Kerkvliet)的"日常政治"(Everyday Politics)概念,在前者看来,日常政治更像是一种后天习得的、可传递的、应对国家政治在个人社会生活领域的需索的技巧与能力,即"被统治的艺术"。②也就是我们常说的"上有政策,下有对策"、"制度套利"(Regulatory Arbitrage)等。近代以来,华侨逐渐成为一股能够对国家和地方的政治、经济和文化各方面产生影响的势力,国民政府也制定系列政策保护华侨利益,二者构成新的"制度"。尚书埭水利纠纷中,西林垦植公司敏锐地察觉到该"制度"在打败对手时的重要性,套用国民政府对侨政策实现自己的目标,实践着宋怡明所说的"日常政治"。南下尾等村采用的仍然是清代以来地方解决纠纷的传统策略,相较之下,西林垦植公司更胜一筹。但在不久后,在处理与泉安汽车公司、高岑村的水利纠纷时,垦植公司的思路又回到了南下尾等村的老办法上。这表明华侨身份只是西林垦植公司在应对尚书埭水利纠纷时的一种策略选择。我们会看到,在近代晋江,人们调整策略去应对各类纠纷,既可以寻求政府公权力的支持,也能请石狮城隍、地方公人来帮忙;③在强调传统秩序之外,国民政府的华侨政策同样发挥着作用。

---

① 《蔡明哲签呈》(1943年4月10日),档号:旧2-1-456-165,第25页。
② Michael A. Szonyi, *The Art of Being Governed: Everyday Politics in Late Imperial China*, Princeton: Princeton University Press, 2017, pp. 6-10.
③ 民国11年《梅屿公禁》、民国28年《禁止碑》,《晋江碑刻集》,第110、117页。

民国尚书埭水利纠纷并非简单的侨资企业与地方势力之间的冲突，而是明清以来晋东平原上的大、小沙塘水利联盟间长期对抗的一个缩影，对抗的核心在于通过争夺海荡地和灌溉水源的支配权来解决村落的生计问题。尚书埭水利纠纷突出反映了民国时期晋东平原的水利联盟如何适应时势，利用华侨身份来应对水利纠纷，从而争取其在生计问题上的主动权。在地方长时段的历史脉络里观察近代的华侨和侨乡，能看到更丰富的层次、更复杂的内容。"华侨"及其延伸概念融入地方传统，为时人所使用，这并不是一个简单的从传统走向现代的转变，而是他们编织其意义之网的历史过程。

新青年的省籍意识

——以《共进》为中心

李 哲[*]

摘 要 《共进》杂志是陕西旅京学生在1921~1926年所办的一份半月刊，其编辑撰稿群体作为经历五四运动洗礼的新青年，大部分在20年代初就选择加入中国共产党，随后返回家乡开始自己的革命生涯。从他们的言论和行动当中可以看到陕西从五四运动到国民革命呈现出不少地方特色，特别是对省籍意识的重视与强调，使得早期党组织本土化程度远高于其他省份。在杂志刊文揭露社会黑暗现状、抨击军阀统治过程中，省籍意识被激活为一种舆论宣传与政治动员武器，同时与这一时期思想界中流行的国家、自治、阶级等话语之间进行交织与调适，最终在国民革命前后发挥了关键性作用。

关键词 五四运动 国民革命 省籍意识 陕西 《共进》

引 言

1926年春，为了彻底消除北方国民军势力，直系首领吴佩孚以

---
[*] 李哲，复旦大学历史学系博士研究生。

"讨赤"为名，指派刘镇华率领号称十万镇嵩军进逼西安。时守城部队人马仅一万余，危在旦夕之际，城内国民军二军、三军李虎臣、杨虎城部将国民军番号取消，统一改称"陕军"，进行了为期八个月艰苦卓绝的反围城战争，有力地配合了南方政府北伐的军事行动。取消"国民军"番号，冠以省籍，明显是为了激起将士民众的地方认同，保卫桑梓。次年5月，陕军部队与冯玉祥带领的国民军一起接受武汉国民政府军事委员会命令，改编为国民革命军第二集团军，随后东出潼关，直接参与北伐。作为国民革命北方战场的策源地，国民军在陕西一省获得关键性胜利后，很快便与国家层面的革命汇流，支持北伐顺利开展。

有学者认为，近代的地方意识是国家意识的产物，二者之间存在同构性，地方意识的合法性往往落实于国家意识当中。① 省籍意识作为地方意识的一种，曾有力地唤醒并动员了革命力量，在辛亥革命前后发挥过关键性作用。在近代中国"集团力量"兴起和政治共同体形成的过程中，"省界"、"业界"与"阶级"这三种"亚文化圈"或曰身份认同都扮演了至关重要的角色。② 对于这三者之间此消彼长、相互纠缠的关系，仍有进一步申论的可能。特别是从五四到北伐这一"激变"时期，不同社会团体如雨后春笋般涌现，各种思潮激荡碰撞，构成了纷繁多歧的思想世界。

《共进》作为陕西五四运动的代表性名刊，早在1950年代就被收入《五四时期期刊介绍》当中。杂志的主办社团共进社，也得以与新民学会、利群书社等五四时期的社团相提并论。③ 以往研究多在

---

① 许纪霖：《家国天下：现代中国的个人、国家与世界认同》，上海人民出版社，2017，第394~395页。
② 章清：《学术与社会：近代中国"社会重心"的转移与读书人新的角色》，上海人民出版社，2012，第3~4页。
③ 除了《五四时期期刊介绍》《五四时期的社团》等资料集外，较早介绍的论文有梁星亮《共进社和〈共进〉半月刊》，《西北大学学报》1979年第2期。

"五四运动在地方"的框架下进行讨论，强调其"反帝反封建""传播马克思主义"的作用。近年来随着区域研究的兴起，学者开始从地域社会自身的脉络当中去探讨新杂志、新社团的出现与作用，使得我们对于近代陕西社会有了进一步的认识。① 就资料而言，目前主要是杂志本身（包括 105 期《共进》半月刊和同人之前所办的 6 期《秦钟》月刊）及主要社员如杨钟健、杨明轩等人所写的回忆文章。1926 年 10 月，因"赤化"之嫌，该社突然被警方查封，② 相关档案下落不明，所以关于杂志社的组织状况，甚至社员具体数量目前还不能确定。③ 不过，相比于同时期类似的刊物及社团，材料已经称得上丰富。

诚如余英时指出的，"五四的思想世界由很多变动中的心灵社群（community of mind）所构成"，"不仅有许多不断变动又经常彼此冲突的五四规划，而且每一规划也有不同的版本"。④《共进》和陕西旅京学生之前所办的《秦钟》前后持续时间长达六年，篇幅甚巨，可作为宝贵的思想史材料，讨论杂志社同人在风云激变的 20 年代上半叶的思想变化状况。本文特别抽取出"省籍意识"这一概念，关注杂志社同人在五四前后因此凝聚，并尝试改造、利用省籍认同，宣传政治主张，进行革命动员。到北伐前后，形势的变化刺激其从"坐而

---

① 比较有代表性的研究有尚季芳《民国时期的陕西旅京学生与陕西社会——以〈秦钟〉〈共进〉杂志为例》，《社会科学战线》2006 年第 2 期；黄正林《〈共进〉、共进社与马克思主义在陕西的传播》，《中共党史研究》2019 年第 2 期；张宝同《旅京学生群体与中共陕西早期党组织的源起》，《苏区研究》2020 年第 2 期；〔美〕周锡瑞《意外的圣地：陕甘革命的起源》，石岩译，香港中文大学出版社，2021，第 71~92 页。
② 《共进社员因开会被捕》，《益世报》（北京版）1926 年 10 月 3 日，第 7 版；《共进社员被捕续闻》，《益世报》（北京版）1926 年 10 月 4 日，第 4 版。
③ 中共陕西省委在 1980 年代编纂了《陕西党史专题资料集》，其中第 1 辑就是《共进社和〈共进〉杂志》，当时一些当事人还健在，因此该书具有较高的参考价值。参见中共陕西省委党史资料征集研究委员会编《共进社和〈共进〉杂志》，陕西人民出版社，1985。
④ 余英时：《重寻胡适历程：胡适生平与思想再认识》，广西师范大学出版社，2004，第 268 页。

言"走向"起而行",可以说,"省籍意识"贯穿始终,一直扮演着重要的角色。①

一 如何凝聚

何炳棣认为中国人的籍贯观念是"举世文明人种"中的一个特殊观念,并且似乎时代愈晚,籍贯观念愈深,至清代登峰造极,民国以后才渐趋削弱。② 明清时期,京师汇聚了各个重要省份和都市的会馆,为士子赴京赶考提供食宿的方便。据估算,晚清时期北京城内的会馆有400所之多,而且在1890年代的政治革新运动中,京师的会馆扮演了重要的角色。③

到1920年代,旅京学生的活动范围仍在很大程度上受到会馆内部同乡圈子的影响。比如来自四川高县的阳翰笙在1923年第一次来到北京,在车站下车后面对陌生的环境无比紧张,直到找到叙州会馆,听到乡音,"心也才踏实了一点",在会馆住了四五个月时间,每天往来的都是叙州会馆和四川会馆的同乡。④

在会馆以外,新式学校的出现为学生之间的聚集与交流提供了便利,并使得他们的活动内容有所革新变化。华县籍学生杨钟健回忆自己

---

① 关于近代以来"省籍意识"或"地方主义"的通论性研究有王续添《地方主义与中国政治(1912~1949)》,吉林大学出版社,2004;杨妍《地域主义与国家认同》,天津人民出版社,2007;胡春惠《民初的地方主义与联省自治》,中国社会科学出版社,2011。涉及此议题的论文有王东杰《国中的"异乡":二十世纪二三十年代旅外川人认知中的全国与四川》,《历史研究》2002年第3期;罗志田《国际竞争与地方意识:中山舰事件前后广东政局的新陈代谢》,《历史研究》2004年第2期;金以林《地域观念与派系冲突——以二三十年代国民党粤籍领袖为中心的考察》,《历史研究》2005年第3期;陈默《地方意识与区域政局——以护法运动时期粤军"援闽"之役为例》,《暨南学报》2019年第7期;等等。
② 何炳棣:《中国会馆史论》,中华书局,2017,第10~11页。
③ 〔美〕白思奇:《地方在中央:晚期帝都内的同乡会馆、空间和权力》,秦兰珺、李新德译,中国社会科学出版社,2018,第161~175页。
④ 《阳翰笙选集》第5卷,四川文艺出版社,1989,第77~79页。

在北大读预科一年级时（1917~1918），有一种"乡下佬"的自惭形秽感，除了吃饭、上课、自习、睡觉之外，别无任何活动，是一个"喜欢独居、厌恶活动"的人。① 到了第二年（1918~1919），"陕西局势一日坏似一日"，在北京的陕西学生激于时局的不安，成立了三秦公民救陕会、陕西学生团等组织，杨得以参与其中。各校的陕西学生代表在一起开会，有时意见各异，但就当时而言，为了"使人明了陕西社会情形及其黑暗，将所得事实分段记载下来，抄写油印分发"，"北京、天津、上海、汉口各报均有转载"，赢得了不少关注。② 离家在外就读的杨钟健刚开始不太适应校园生活，直到陕西的学生因时局刺激，频繁聚集活动，才逐渐有了认同感和归属感，很快他便成为一名学生运动健将。

与之类似，鄠邑籍学生杨明轩于1915~1919年就读于北京高等师范学校，担任高师陕籍同乡会副会长，在例会上常常发表演讲，并与北大同乡之间随时往来，讨论家乡近闻。1918年他撰写了《敬告旅京陕西学生》一文，批评有学生被督军收买。③ 次年3月18日，激于南北和议而陕西战乱未平，北京高师陕籍同乡会召开特别会议，决议联合各校同乡会上书政府，在报纸上发表陕乱实况，并积极散发传单，起到宣传的效果。④

同乡加同学的关系，使得陕西旅京学生有着共同的关注点和活动重心。而且，他们在五四时期的活动实有其切身原因，正如杨钟健所说："远在'五四'运动以前，我们陕西学生已经搞起学生运动来了。"⑤ 1919年2月开始在上海举行南北停战和议，陕西省内部的战乱却没有

---

① 《杨钟健回忆录》，地质出版社，1983，第23页。
② 《杨钟健回忆录》，第24~25页。
③ 杨明轩：《敬告旅京陕西学生》，中国民主同盟中央委员会文史委员会、中共陕西省委党史研究室编《杨明轩》，陕西人民出版社，1991，第287~288页。
④ 张国全：《杨明轩年谱》，群言出版社，2019，第37~43页。
⑤ 《杨钟健回忆录》，第25页。

止息的迹象，旅京学生因此自发组织起来，通过请愿、打电报、油印、投稿的方式将省内情形介绍到外省。①5月4日当天，杨明轩、杨钟健、呼延震东等人均参与了示威游行活动，杨明轩、郝梦九甚至在被捕的32人之中。②不过，据杨钟健回忆，当天他的表现非常被动，"只记得那天开会决定游行，也就茫然地加入队伍之中。以前如何筹备，有什么计划，我未事前闻知，也无参加机会"。可见当时他对"国事"的认知仍较为模糊，行动也很被动，只是在经过运动之后，变得更加热衷参加社团，喜欢向刊物投稿，积极参加学生运动。③他的例子或许较能反映不少陕西旅京学生的心态，即对家乡现状的不满，于他们而言更有切肤之痛。因此，后续的活动包括1920年1月，将陕西学生团更名为旅京陕西学生联合会，正式发行《秦钟》月刊，其宗旨是"唤起陕人自觉心""介绍新知识于陕西""宣布陕西状况于外界";④1920年11月，激于省教育厅长郭希仁干涉女师教务主任王授金反对尊孔的举动，韩树模、杨钟健等十一人在《晨报》实名发表文章大加讨伐，称其为"枉道欺世之徒";⑤后来，这批学生决定创办《共进》半月刊，并于1921年10月正式发刊。

根据杨钟健在1959年的一次谈话回忆，《共进》半月刊的诞生起先是同学杨晓初主持在北大附近的三眼井吉安所左巷六号租了一座民宅，办了一个灶，"因为有些陕西学生不习惯吃北京饭"。该处最开始是陕西同乡学生"一小伙食团的所在地"，也有几个人就住在里面。作为杂志筹备处，这里距离北大校园步行仅十余分钟路程，无形中有了一个同学间可以经常碰头和办事的地方。后来又有北大学生李子洲、刘天

---

① 杨钟健:《谈陕西近年青年界出版物》，《共进》第65期，1924年7月10日，第2版。
② 《学生界事件昨闻》，《晨报》1919年5月6日，第2版。
③ 《杨钟健回忆录》，第25页。
④ 《旅京陕西学生联合会启事》，《秦钟》第1期，1920年1月20日，封二。
⑤ 《郭希仁干涉言论之反响》，《晨报》1920年11月5日，第3版。

章、赵国宾等人加入其中，半月刊就这样办了起来。①

与之类似，湖南籍旅京学生寓居在三眼井吉安所左巷七号院子，与陕西籍学生仅一墙之隔，因此两院学生来往较多，茶余饭后有机会聚在一起聊天。据湖南籍北大学生罗章龙回忆，六号院共有十来间房子，"住在那里的陕西学生朝夕相处，每逢星期天或节假日，居住在别处的陕西同乡，也多来左巷六号聚会，更是热闹非凡"。②可见，左巷六号在某种程度上成为新式会馆，为同乡同学的聚集往来提供了空间的便利。不仅如此，北大的几位同学还在此办起了升学补习班，为需要报考北京学校的同乡免费补课，这自然有助于吸纳新会员加入。

1920年春，在天津南开中学读书的渭南籍学生屈武有机会先后读到《秦钟》《共进》这两份刊物，受此影响，在津的陕西籍同学"也想把南开和天津的陕西学生组织起来，同北京相互呼应，相互支援"，于是他和邹均、武止戈、王子休等人发起组织了"天津南开学校陕西同乡会"，并在《共进》第7号发表了天津南开学校陕西同乡会致西安全体学生的一封公开信。1922年6月，从南开中学毕业后，屈武与同乡邹均一起来到北京，住在三眼井吉安所左巷六号，准备报考北京大学。据他回忆，当时共进杂志社举办的升学补习班，参加者有二三十人。屈武得到了李子洲、刘天章等人的指导和帮助，在7月初以总分第二名的成绩被录取。这年10月，杂志主办机构共进社在北京成立，经李、刘二人介绍，屈武成为共进社成员。③

特殊的社会关系，加上固定的活动场所，使得这批精英学子很快聚集在一起，尤其对陕西形成了一股重要的舆论力量。相比戊戌时期陕籍士人在京师成立的关学会和1908年留日学生在东京成立的《夏声》杂

---

① 《共进社和〈共进〉杂志》，第407、419页。
② 罗章龙：《亢斋岁月·西北风雷——忆李子洲同志》，陕西省革命烈士事迹编纂委员会编《李子洲传记·回忆·遗文》，陕西人民出版社，1985，第88页。
③ 《屈武回忆录》（上），团结出版社，2002，第102~103、112、114页。

志社，五四前后旅京陕西学生联合会在人员规模、活动内容，以及对家乡的影响方面都更加丰富多元。文末以附录形式将《共进》半月刊主要撰稿人信息进行罗列，可以帮助我们更好地认识这一群体。

首先，在可考的作者当中，可以看到他们无一例外来自陕西，其中关中道最多，占半数以上，陕北道有五人，陕南道则无一人。其次，因为是适龄学生，其年龄段分布较为集中，生年基本在1892~1905年。至于家庭出身，在已知的十几人当中，大部分来自家道殷实的家庭。据杨钟健回忆，当时在北京求学的陕西学生有一百多人，出身不一，有的来自"官僚家庭"，"过着大少爷生活"，有的虽然出身于"地主和富农家庭"，但"具有小资产阶级的进步的一面"，有的则是来自较为穷苦的家庭，费了很大力气才能到北京读书。[①] 鉴于当时陕西到北京上学的困难程度，学生出身以富贵家庭居多。再者，有将近三分之二的人曾加入共青团或共产党，占比极高，可见当时有言论称"大共小共，都是一共"，[②] 确实有所依据。而他们所就读的学校又以北大、北京高师居多，毕业之后大部分回到陕西，甚至一度占据了重要职位。附录中虽然未将其职业生涯列入，但根据杨明轩后来的回忆，可以窥见一些端倪。

1919年7月，杨明轩从北京高师毕业后回到陕西，先后在省立第一师范学校、渭北中学等校任教，通过联系旧社员、发展新社员，推销杂志、介绍文章等方式，负责组织共进社在陕西的工作。[③] 后来他回忆："共进社回陕社员……散布在陕西三道各县、私立中学任教的、主持校务的日渐增多（如魏野畴在一中、三中、咸林、榆林等中学，王尚德主办赤水职业学校，韩述之创办渭阳中学，杨明轩、张耀斗、郝梦九办渭北中学，李子洲、常汉三、杨明轩等办绥德四师，熊文涛在汉中中学教书）。"他们所从事的工作包括指导学生组织各种学术团体（自

---

① 《共进社和〈共进〉杂志》，第403页。
② 《共进社和〈共进〉杂志》，第418页。
③ 张国全：《杨明轩年谱》，第46~53页。

治会、讲演会、辩论会、时事研究会、升学补习班、夜学校、平民学校等），指导学生做社会活动（组织农民举行抗税抗捐运动，在庙会集会时做破除迷信、时事报告等宣传），连纪念日也令学生散传单、贴标语，到城乡讲演。[①]可见，旅京学生在回乡之后多先从服务中学、师范学校开始，利用教育界网络，影响逐步扩及社会。此外，借助社员们的工作关系，《共进》杂志的代派处和经销处在省内的中小学校发展起来，遍布西安、三原、华县、富平、榆林、绥德等地，其读者受众以青年学生居多，发行量最多时可达三千份以上。[②]

根据以上分析，《共进》同人之间形成了一种特殊的人际关系，即同乡、同学、同志、同事，这四项间可以任意排列组合，当然也不乏四项都具备者。在凝聚同人的过程中，省籍意识发挥了重要的作用，同时，杂志在省内中小学范围内的发行、流传与阅读也培养了青年学子的地域观念。下一节将着重讨论在舆论层面，省籍意识对政治宣传和革命动员起到的特殊作用。

二 "爱省"与"驱刘"

1917年，驻扎在渭河北岸的革命党人郭坚、高峻等人响应南方政府的护法主张，号称"靖国军"，起兵反对依附于皖系的陕西督军陈树藩。陈虽名义上为督军，却一直无法有效控制全省，在战事接连失败的情况下，邀请河南镇嵩军首领刘镇华援助平定战乱。刘帮助陈击败靖国军的西安之围后，担任陕西省长一职，后来他又投靠直系，倒戈陈树藩，取代其督军职位。不过其控制范围仍非常有限，不仅陕北、陕南鞭长莫及，即使是渭河以北的区域，也有不少靖国军遗留部队，省内派系

---

① 《共进社和〈共进〉杂志》，第433页。
② 《共进社和〈共进〉杂志》，第408页。

林立的问题一直未得到妥善解决。①

如前所述，《秦钟》《共进》创办的最初目的便是将省内黑暗情形介绍到外省，在刘镇华来陕之前，杂志中不乏对陕西各界的批评声音，特别是针对督军陈树藩，号召民众起来"驱陈"。刘镇华靠武力获取陕省督军一职后，更是通过多方打点关系，维持其统治达七年之久。大致同时期发行的《共进》杂志中"驱刘"的呼声可谓此起彼伏，期期都有。作为集中同人注意、凝聚共识的靶子，刘镇华自然成为杂志笔锋所指最重要的敌人。第5、6、7、8号当中连载了署名为"本社同人"的《去刘篇》，可视为杂志同人驱刘活动的宣言。文章讲到改进陕西社会的路之所以不通，是因为恶魔充满前途，最为重要的办法，就是"去刘"，舍此别无他法。接着历数了刘镇华的种种罪恶行径，如导致教育腐败、实业不兴等，因此大声疾呼："去刘！去刘！刘镇华，杀戮我父兄，掠夺我田庐。去刘！去刘！"

在这篇宣言书中，作者流露出了一种复杂的心理，讲道："凑巧刘镇华是河南人，或有人误认我们为排外，外应排与不应排，宜排与不宜排，本刊以后当有详细讨论机会，现可不提。不过我们现在很不想因此使一般人说为我们满带了排的性质。"接着为此辩解道："我们的主张去刘，并不因刘是河南人而驱刘。"②

可以说，"外应排与不应排，宜排与不宜排"这种复杂的心理最初即存在于同人心中。一方面作为新青年对俄国传来的世界主义思想热烈欢迎，另一方面却为了解决陕局的现实问题不得不提倡排外来进行动员，这种矛盾在第8号刘含初《我主张一部分的排外运动》一文中得到了更为明显的体现。

---

① 1926年，刘镇华举兵攻打西安之时曾致电阎锡山称"历年陕乱均由渭北不靖养痈遗患，此次奠定三秦，拟实行肃清渭北，以此为一劳永逸之计"。见《刘镇华致阎锡山电》（1926年4月11日），台北"国史馆"藏阎锡山史料，典藏号：116-010108-0109-025，第1页。
② 《去刘篇（续）》，《共进》第8号，1922年1月25日，第1版。

文章开头交代自己看到第 5 号的《去刘篇》，勾起了自己在北京读书时候的记忆：有几位河南的同学曾向作者说，"你们陕西的钱真好赚，我们省里的无赖、光棍、土匪，在本省站不住脚的，这几年都跑到你们陕西当了大人，当了老爷了"。还有位同学补充说，"现在要是想坐官弄钱，还是要到陕西、甘肃那些鄙背地方去"。作者听完不由"一阵一阵的心痛"，也不由"生出一种排外思想"。接着，他解释道，当下是"现代资本主义侵略的时代"，稍有觉悟的人都主张"国际革命运动"，不但要打破偏狭的"爱国主义"、人种的差别，更不要说是存着"部落思想"的"地方主义"。然而，尽管作者崇奉克鲁泡特金的互助"真理"，相信人类是互助的，不是互竞的，社会的进化是协进的进化，不是相争的进化，但是在此过程中要先把"实行协进的阻碍除去"，把"不能协进而又不愿意协进的份子铲除"。在其说理逻辑当中，在"国际革命运动"大行其道的年代，却要通过固守偏狭的"地方主义"来达到目的，因此不得不将敌人完全负面化。换言之，在这一限定条件下，本来矛盾的排外思想与国际革命运动可以逻辑自洽，并通过进化论的次序安排，使得排外成为人类协进进化的第一步。所以作者号召"有良心的陕人"，"请你作排外的运动！就请你作一部分的排外运动！"①

同期的"通信"栏目中，此时已在广东岭南大学任教的刘含初致信杂志社同人，建议为"去刘"计划造成强有力的舆论。他认为在陕西的外省人，除了平民式的商学等界外，"统统是可以排斥的"。"决不要怕人说：我们是'部落主义''偏浅思想'；因为我们不如此，不足以解决陕西的纠纷。看看到陕西的外省人，那一个不是存了'劫掠发财'的思想呢？"② 为了斩钉截铁地从事排外运动，必须旗帜鲜明地划分敌我阵营，在陕西的外省人，除了平民以外统统需要排斥，作者这里

---

① 含初：《我主张一部分的排外运动》，《共进》第 8 号，1922 年 1 月 25 日，第 1 版。
② 《刘含初君来函》，《共进》第 8 号，1922 年 1 月 25 日，第 4 版。

的态度相当坚决。

1922年6月发行的杂志第16号可以说是"驱刘专号",每一篇文章都在揭发刘镇华的"恶劣行径",鼓吹"驱刘运动",而省籍意识成为最重要的动员武器。社论中开宗明义提出"一切的官吏,须属于陕籍"。① 在读者言论环节,有一位读者写信批评陕西与刘镇华合作的官员、议员是"趋利蹈势"的"亡省奴",认为解决陕西问题的步骤应当是让原靖国军将领、富平人胡景翼驱逐刘镇华,统一陕局,省长畀于右任,宣布"陕人治陕",竭力整顿内政,俟内政有头绪后再帮助吴佩孚"统一北方,奠定中国",并称"这实在是统一陕西绝好的机,也是陕人扬眉吐气的日子到了"。② 这封来信,不仅表达了陕人受外来统治者"压迫"的痛楚,也流露出陕西在国家面前的自卑心理,因此要一鼓作气,不单要解决陕西自身的弊病,更要以此为基础"统一北方,奠定中国",助陕人一雪前耻,扬眉吐气。

刘含初的文章刊载之后,不少共进社同人已经意识到,单纯的"驱刘"可能无法获得良好的宣传效果,因此逐渐把排外对象扩大到在陕的外籍人,特别是与刘镇华相关的河南人。其说理逻辑值得做进一步分析。杂志第17号社论中讲"我们认定刘镇华是以暴力掠夺的代表,因为他不特使嵩山土匪四处放枪……而且因为他居于政治的重要地位,更作出一般土匪所不能作的掠夺罪恶:他破坏陕西的教育,他摧残陕西人民的思想,他在陕西殖由河南移来的暴民"。③

1922年暑假,北大学生杨钟健经由直隶、河南回到位于陕东的家乡华县,在《挥汗录》里记载了归途中的观感听闻。他觉得刘镇华在陕西犯下的罪恶不仅是刘一个人的责任,"必然有许多醉心于升官发财的供其奔走",这些"走狗"当然以刘的乡亲,河南人为最多。因此,

---

① 赖泥:《驱刘与陕人的人格和陕西省宪法》,《共进》第16号,1922年6月25日,第2版。
② 平:《刘镇华兼陕督之所闻种种》,《共进》第16号,1922年6月25日,第3版。
③ 《对于张绍曾长陕的态度》,《共进》第17号,1922年7月10日,第1版。

陕西就成了河南人的"殖民地",成了河南人"升官发财的场所",陕人处于积威之下,只能过"奴下之奴"的生活。因此,为了解放八百万"奴下之奴",必须做一番轰轰烈烈的"驱刘运动","虽然有人说我们是带排外的色彩,也是要干的"。①

"殖民地"(colony)一词自晚清传入中国,褒贬意味并不明显,大致在欧战前后,特别是马克思主义传入后,成为颇具侵略色彩的符号,并与"帝国主义"等新名词一起,改变了中国知识分子对"世界秩序"的认知。② 相关讨论多将其用于国际关系的理解当中,但在《共进》后续的言辞当中却将之频频运用于省际关系,成为其政治动员的重要话语。③ 武止戈的《驱刘,我的主张与陕西的将来》一文便延续了这一思路,该文的特点在于兼具破坏性与建设性。在破坏的方面,宣告刘镇华是"万恶之源,进化上的大障碍物"后,号召"陕西一部分的知识阶级,共同来组织一个有团结力的政党",用"武力",以"手枪、炸弹"为武器来打倒刘镇华。建设的方面则在于,作者乐观地认为"全世界都将随着俄罗斯而起社会革命了,远在后屋的陕西当也是免不了的!"并规划在驱刘之后,同时实行废督裁兵,建设以民主主义为基础的省政府,以属于中央统一政府。

在作者的逻辑当中,排外成了全世界革命的第一步。"我并不是主张排外主义的,但事实不能不主张有一个短时间的排外。"文中进一步分析,"陕西近年来的乱源虽极复杂,而外省人的压迫,亦其原因之一。近一二年河南人的凶悍,陕人敢怒而不敢言,哑子吃黄连,说不出

---

① 杨钟健:《挥汗录:(甲)归途中的杂记》,《共进》第18号,1922年7月25日,第3版。
② 潘光哲:《"殖民地"的概念史:从"新名词"到"关键词"》,《中央研究院近代史研究所集刊》第82期,2013年。
③ 章永乐讨论了"门罗主义"政治话语在近代中国的转用过程,特别是在"超国家"和"次国家"两个层面的意涵变化及其与政治改造的关系,颇值得参考。详见章永乐《"门罗主义"话语的跨洋旅行:亚洲主义、省域空间与"旧邦新造"过程》,《学术月刊》2020年第7期。

来的痛苦。关中道几变为河南人的殖民地了。河南人之对陕西人很像从前满人之对汉人。关中一带的官僚、丘八，无恶不作；陕人之防河南人，幸甚于防匪。陕西的经济每年要受莫大的损失。我们为自卫计，势不能不有一个短时间的排外。所以我倡排外主义"。①

督军刘镇华系河南人，其率领的镇嵩军多是收编河南当地的无业者而来。武止戈所谓的"排外主义"，笔锋所及不只是督军一人，而是指向了所有在陕西谋生的河南人，将之比附为前清满人对汉人的压迫，并以"殖民地"这一舶来词语称呼关中道。这种受压迫的心态和宣传方式成为同人驱刘活动的一大特征。

在另一篇号召驱刘的文章当中，作者对"陕西的苦同胞"大声疾呼："要知道刘镇华今日不断的招兵买马，贩运枪械，都是预备着杀戮我们的父兄、姊妹，好来实行其'大河南主义'的呵！人人都知道亡国的痛苦，我们就现在陕人所受嵩山匪魁的痛苦看一看，将来到了实行亡省的时候，恐怕比亡国更要难受十百倍呢！"② 在同时期对军阀的批评声中，与"大河南主义"表述类似的，还有唐继尧的"大云南主义"和陆荣廷的"大广西主义"。这种说辞可能来源于知识界对于欧战的反思，如德国的"大日耳曼主义"（Pan-Germanism）和俄国的"大斯拉夫主义"（Pan-Slavism），当时有不少人认为这两种思想是德国和俄国侵略扩张的思想根源，最终导致了欧战爆发。而这里作者对刘镇华"大河南主义"凶残程度的描述远甚于"殖民地"的后果，将陕西比附为河南的"殖民地"，陕人即成为"奴隶之奴隶"，而"大河南主义"则要杀戮父兄姊妹，因此说亡省的痛苦比亡国更要难受十百倍，读来令人触目惊心。作者不仅反复强调省籍意识，而且申说亡省的痛苦，其背后的逻辑正是陕人身份天然成为做奴隶、被杀戮的原因，因此要赶快行

---

① 武止戈：《驱刘，我的主张与陕西的将来》，《共进》第 23 号，1922 年 10 月 10 日，第 3~4 版。

② 素昧：《再论陕西未来的大患》，《共进》第 39 号，1923 年 6 月 10 日，第 2 版。

动起来驱逐外来者。

《省界与爱省》一文也强调爱省心的重要性，并且号召各个省份都行动起来。作者说中国的省界是人为划定的边线，原无心理上的隔阂，但是民国以来北洋军阀的割据内斗，加剧了心理上、感情上省界的形成，而被客军掠夺者就成了亡省奴。在这种状况下，只有通过爱省的方式，团结省界以内的公众，驱逐"客军、客官、客绅"，才能保护自身利益。[①]

除了负面的刺激外，这些文章当中也不乏正面的鼓舞，有不少言论即通过强调历史上秦人的强悍风俗来激励陕人奋起。武止戈在文章中多次强调"秦人鏖悍"的特征，用反话来刺激读者："什么'秦人鏖悍'，现在尚懦夫之不如了……我以为刘镇华祸陕四年，陕人不共同来驱逐，是陕人的大羞辱！"[②] 类似的说法，在赖泥的《陕西的土匪》一文中也有提到："'秦俗强悍、勇于私斗'，因为教育不发达，无法运动此种特性，以练成急进的国民而为华、渭增光，竟使中国文化开源地，沦落成匪薮，真痛心呵！"作者忆及清末时关中一代"人心惇厚"，"本小戎、驷铁的遗风，做游侠、货殖的生涯"，但由今比昔，不胜有古风堕落之感！[③] 这类论说以激活陕省在历史上的文化资源来增强区域的自信心，贯彻其所谓的"排外主义"。

同人对驱刘事业可谓不遗余力，把刘镇华的所作所为都归为"祸陕"的行动。1923 年夏，刘镇华以督军名义聘请学者名流傅铜、徐旭生、朱希祖、陈大齐等人来陕演讲，其中傅、徐二人是河南人，此举亦招致了《共进》发文批评，认为"完全出于刘镇华的沽名钓誉"，再次揭露其为"大河南主义"，称匪首刘镇华总是推出"河南货"，不但包括他的左右、官僚、兵丁、武将、堂官、店伙，甚至请人来陕演讲，都

---

① Y.C.：《省界与爱省》，《共进》第 52 期，1923 年 12 月 25 日，第 2~4 版。
② 武止戈：《驱刘，我的主张与陕西的将来》，《共进》第 23 号，1922 年 10 月 10 日，第 3 版。
③ 赖泥：《陕西的土匪》，《共进》第 19 号，1922 年 8 月 10 日，第 2 版。

必要"由河南聘请"。① 在旅京同学看来，不仅陕西学生升学考试通过率降低的账要算在刘镇华头上，而且刘组织的演讲团赴陕、组建西北大学等事宜同样应受到非议。

通过反复揭发在陕河南人的横行霸道，"殖民地""大河南主义"等话语不言自明，有了实际生动的注脚。哈雷的文章中谈到，据某君调查，河南巩县在陕西生活的人约有六万，因为刘镇华是巩县人，所以这一县有这么多人在陕西军政等界"混饭吃"，他总结道："军阀政治之所以不能立除，只因他们有这样亲爱的、团结的群众，作他们的后盾呵！"② 类似的表述还有："若是一个瞎子或是一个不知道省分区别的人走到长安，一定能认成河南的开封。一到城门便有河南人来查验；一进车站，十个有九个都是河南人开的车站；一进茶馆或是酒楼，十个有八个的招牌上都写着中州字样；一到大街上，高声大嗓子说话的尽是河南人，卖小食的多是河南的烙饼。处处只见河南人扬眉吐气，耍人撒歪，谁还能认识这是陕西的省城呢？"③

同时，20年代初也是联省自治思潮风起云涌的时期，湖南、湖北、四川等地的政府、社团，以及杂志，都曾提出"××是××人的××"这样的口号。王续添认为，从五四运动到联省自治运动体现出的是中国现代国家改造走向地方的一种"战略退却"，为我们认识从"五四"到"联省"的历史逻辑和链条提供了新的视角。④《共进》同人在当时也受到联省自治思潮的影响，并将其改造为驱刘排外的一种重要手段。在《最近的陕战和陕人此后应取的手段》一文当中，作者历数陕西在民国史上的光辉事迹，"辛亥革命的次序，湖北第一，陕西第二；民五护

---

① 子休：《我对于这次赴陕讲演团的观察》，《共进》第42号，1923年7月25日，第1~2版。
② 哈雷：《巩县六万人》，《共进》第45号，1923年9月10日，第4版。
③ 子休：《河南化的陕西省城》，《共进》第68期，1924年8月25日，第8版。
④ 王续添：《从"国家"到"地方"：中国现代国家改造过程中的战略退却——对五四运动和联省自治运动关系的一种考察》，《中共党史研究》2019年第5期。

国，陕西宣告独立，袁皇帝因而惊殂；靖国、护法两役，不有陕西加入的举动，南政府早被征服"。总之，"从历史上观察，我们陕西在中国所占的地位，是多么重要的！又从人民的性质和社会的组织、风俗、民情上观察，我们陕人实有很不少足以自豪的气概和掌故"。然而，作者笔锋一转，"但是现在呢？人民被嵩匪鱼肉，军人向嵩匪摇尾"，进而揭发陕西"政治恶浊、社会纷乱"的景象及其原因。作者认为，首先要明了"陕西是陕西人的陕西，不是豫、直、皖、奉、嵩匪的陕西。在自治潮流蓬勃的时期，任何客官、客军、客匪、客氓，都在驱逐之列"。其次陕西自治，是全陕人共同起来治理陕西。最后，为了澄清社会，自拔于匪治，达到陕人自治的目的，需要培养"高尚的道德、坚毅的志趣、勇武的体魄、活泼的思想"，"恢复我们祖先遗下来'质直有为、急公好义'的美德；保守'小戎、驷铁'称道于全国的秦风"。"陕西在中华民国所占的地位，是第一要紧的。对于陕局，对于全国，陕人的举动，很关重要。我们此后应该采取我们应采取的手段，救陕西，救中国，救中国一般平头老百姓。"[①]

1925年3月，因豫西战事失败，刘镇华引咎辞职，离开陕西，但陕西省内的混乱局面却一直在持续。[②] 到了1925～1926年《共进》杂志活动后期，同人主张越来越倾向于革命。特别是五卅运动之后，反帝情绪高涨，杂志在"上海惨案特号"中刊文"敬请全国通报即日对英实行宣战"。在革命动员过程中，即使是阶级话语被反复运用、强调，省籍意识仍未完全被压抑。正如王德崇在《敬告陕西学界同胞》一文中讲到的："人不当过于趋重一个地方的限制，而感情常使人不能不回到故乡。"[③] 再如1925年底出的"中国革命问题特号"，是第94

---

① 石虎：《最近的陕战和陕人此后应取的手段》，《共进》第59期，1924年4月10日，第2～4版。
② 《刘镇华自请免职》，《民国日报》1925年3月25日，第6版；《刘憨军一败涂地》，《晨报》1925年3月24日，第2版。
③ 王德崇：《敬告陕西学界同胞》，《共进》第87期，1925年8月1日，第4版。

期、95期合印,共26版,表达了杂志社同人对革命的热切期待。有一篇鼓吹"农工小商联合的平民大革命"的文章,作者说,"陕西有陕西特别的地方",除了特殊的物质环境外,陕西的民性富于刚性、勇敢、坚毅、诚实,富于反抗精神,"这种特性都是最适于革命的精神",但是因为交通不便,产业落后,陕西又是中国著名的"匪省"和"旱省",像陕西这样受军匪糟蹋和天灾人祸影响的,全国找不出第二个。"弄到这步田地,我们刚性最著的老陕,革命精神最富的秦人,当然不能不趋于革命了。"①

在1926年2月发行的第100期杂志中,同人们回顾四年多的百期办刊史,宣言要通过努力工作,"使本刊成为领导陕西青年的唯一刊物"。② 在之后的第101~105期,即杂志最后几期当中,作者们对南方的革命政府表达了热烈的拥护和欢迎,大力抨击奉系军阀,期待北伐的开展,并将革命的完全成功与全陕人民的彻底解放视作同一件事情。

《共进》杂志同人为达到"驱刘"的目的,反复利用省籍意识进行政治动员与舆论宣传。一方面不遗余力地揭露刘镇华在陕的罪行,运用"殖民地""大河南主义"等符号为其定性;另一方面以激活陕省在历史上的秦人强悍之俗,增强民众的认同感和自信心。省籍意识在当时而言是颇为有力的思想动员武器,然而在新文化的潮流当中,世界主义、国家主义、联省自治等观点亦被新青年群体普遍接受,杂志社同人需要处理好省籍意识和其他多种话语之间的紧张关系。在联省自治运动和五卅运动等大事件当中,不断调整自身的宣传策略,在此过程中,省籍意识一直在被调适和转用。北伐伊始,更是将革命完全成功与全陕人民的彻底解放合而为一。这年秋天,位于北京的杂志社被封禁,但社员们的活动并未就此停止。

---

① 魏惜言:《陕西的革命事业应当怎么做》,《共进》第94、95期,1925年12月1日,第21~22版。
② 《本刊百期小引》,《共进》第100期,1926年2月15日,第2版。

二 省籍意识与国民革命

《共进》杂志的活动与共进社密不可分,从《秦劫痛话》(创刊于1919年初)、《秦钟》(创刊于1920年1月20日),到《共进》(创刊于1921年10月10日),杂志发行量日趋稳定,不少同学陆续返乡工作之时,1922年10月,旅京陕西学生联合会组织发起"共进社",用以联络同人感情,开展活动。经过几年的发展,成员最多时达600人以上,分支机构遍及京、津、沪、汉、穗,以及陕西省内的西安、三原、渭南、华县、榆林、绥德、延安等地。①

1925年7月,共进社第二次代表大会在三原渭北中学召开,共有17名代表出席会议。讨论环节,魏野畴提出"修改本社纲领及组织案",他认为"年来半月刊上,纯谈关于全国革命政治问题,是趋于'国民革命'无疑。国民党为历史上做国民革命之政党,彼虽不能包办'国民革命',但吾社若欲加入国民党,势必先解散而后加入。合并失却独立,不合并恐流于反革命,那么只有侧重陕西而保存一独立的组织去做国民革命事业了吧?"该议案引起众人的热烈讨论,"全场每人均发言,费时四小时之久"。② 由此可见,共进社成员之间对于如何着手去做国民革命存在一定的分歧。"省籍意识"成为关乎社团主体性的问题,如果不谈陕西,那么该社应该解散后由社员独立加入国民党,如果强调陕西,则可能流于"国民革命"的对立面。最终讨论的结果仍坚持了社团的"主体性",试图调和地域与阶级之间的紧张关系:"农民占民众之最大部分,青年为最富于革命性、勇敢猛进之民众,陕西更为我们乡邦之所在。以是,我们今后的努力,当特别注重于陕西的农民与

---

① 《共进社和〈共进〉杂志》,第14~15页。
② 《共进社和〈共进〉杂志》,第89页。

青年。"①

不过，对陕西的强调难免会招致质疑的声音。1925年《共进》四周年纪念特刊中，作者"亢民"听到有人说共进社是陕西的一个政党，立即予以反驳，他认为共进社的工作自然是常关于陕西的，但是除此之外，社员们还参加了五四、六三运动，反对军阀和帝国主义，因此是一个"世界革命的团体"。②这种传闻的出现，说明在部分外界人士看来，共进社与陕西密切相关，一直未能摆脱其浓郁的地域色彩。而"亢民"的言论则体现出如何处理陕西革命、中国革命与世界革命三者之间的关系，始终是困扰同人的一道难题。

杂志社后期负责人之一梁荆山对此给出了较有代表性的解释，他称当下是"全世界被压迫民族与帝国主义者的争斗"，为了顺应民族解放潮流，应当联合全世界被压迫的民族共同奋斗，因此专门号召陕西的青年们起来干革命，至于革命的次序，他说，"你们应当努力完成陕西的陕人革命，进而凑成中国的国民革命，再出而联合全世界被压迫的民族向帝国主义者进攻！"③在这一思路当中，动员人们起来干革命的阶级话语没有消解省籍意识，二者是水乳交融的。换言之，革命的目的是为了全陕人民的解放，而解放全陕人民就是在干阶级革命。总之，要先从陕西开始干革命。

1980年代官方在对共进社的评价中认为其后期"摆脱了狭隘的地方观念，把陕西社会的改造同整个中国的改造，以至世界革命潮流联系起来"。在北伐前后，共进社的骨干成员（大部分是共产党员或共青团员）除一部分就地参加革命斗争，加入黄埔军校、农讲所，或直接参加北伐战争外，大部分先后回陕，在陕西宣传马克思主义，建立、发展

---

① 《共进社和〈共进〉杂志》，第96~97页。
② 亢民：《共进社与世界革命》，《共进》第90、91期，1925年10月10日，第20~27版。
③ 梁荆山：《共进社对于现局之认识》，《共进》第92期，1925年10月16日，第6版。

党团组织和开展实际斗争，取得了出色成绩。①

事实上，20 年代中共领导层内部对于中国广泛存在的地域主义即持有不同看法。瞿秋白认为中国是"一个一个大大小小的'半自然经济'的区域，生生的黏合起来"的国家，外国资本制度假手于官僚军阀，使得经济能力无法集中，政治实力无法结合，因此是一个"畸形的封建制度国家"，必须通过革命的方式"消灭此封建制度"，建立"平民的统一国家，平民的地方自治政体"。②李大钊则觉得，"落后的农业经济反映而成一种农民的狭隘的村落主义、乡土主义，这村落主义、乡土主义可以把农民运动分裂，可以易受军阀土豪的利用，以致农民阶级自相残害"，然而"农民的乡土观念颇含有其阶级觉悟的质素，农民不忘其乡土，便是没有忘了他的阶级"，故而"应该使一般农民明了其阶级的地位，把他们的乡土观念，渐渐发展而显出阶级的觉悟"。③

这两种观点代表了两种不同的思路，瞿秋白号召平民以武装革命与群众运动相结合的方式，消灭封建制度，建立统一的国家。李大钊则把乡土观念和阶级觉悟视为水乳交融的关系，因此主张利用农民的乡土观念，使其渐渐发展为阶级觉悟，为革命服务。

作为中共中央北方局的负责人，李大钊与共进社不少成员既是师生关系，又是上下级同志关系。他先后介绍刘天章、李子洲、魏野畴等人加入共产党，支持他们返乡工作，组建早期党团组织。在此过程中，李大钊的认知与想法一定程度上影响着《共进》同人的言行。1924 年 12 月，李子洲通过与蛰居陕北的杨虎城长谈，争取他率部南下驱逐刘镇华，并在绥德省立第四师范学校为其举办了盛大的仪式，欢送杨虎城以

---

① 《共进社和〈共进〉杂志》，第 8~12 页。
② 秋白：《中国之地方政治与封建制度》，《向导》第 23 期，1923 年 5 月 2 日，第 5~6 页。
③ 李大钊：《鲁豫陕等省的红枪会》，中国李大钊研究会编著《李大钊全集》第 5 卷，人民出版社，2013，第 165~167 页。

"陕北国民军前敌总指挥"的名义出师南下。① 1925年春,杨虎城在耀县创办"三民军官学校",聘请魏野畴担任学校政治部主任。② 8月,在李大钊的支持下,魏野畴在三原渭北中学创办《西安评论》,持续刊文为国民革命宣传造势,尤其对"小农、小商、小工业者"等"下层阶级"进行引导教育。他指出陕西的政治地位历来是"实力大军阀之附庸",受帝国主义侵入内陆封建社会影响最深,造成了农工商业的破产,因此陕西"有百二十分国民革命之需要",号召工农学商大联合,以组成政治势力。③

1926年西安反围城战役期间,魏野畴、刘含初等人一方面联络上层军官,积极支持坚守城池,另一方面协调城内军需、民食调度,号召各界群众出钱、出粮、出力。同时在省立一中开设暑期课程,激励青年学生,培养有生力量,并通过《青天白日报》和各类传单、印刷品进行反围城宣传。此外,魏野畴还利用机会逃出城,在陕东渭南、华县一带建立农民协会和农民武装,从事干扰敌后活动。④ 这些工作可谓几年前《共进》杂志革命方案的实操,而陕军司令部在8月10日颁发的守城布告则明显延续了《共进》杂志的驱刘思路。该文首先历数了刘镇华入陕七年来恶贯满盈、横征暴敛的罪行,接着指责此次刘入关率领的是一群强盗流氓、乌合之众,所到之处,极尽烧杀掳掠之事,因此,刘镇华不仅是陕人之仇雠,实在是全人类的公敌。如果刘此次再入长安,则"陕祸必无已时,陕民将无噍类,我父老昆弟虽再为之作奴隶牛马,恐亦不能见容"。陕军同仇敌忾,保卫桑梓,请城内商民毁家纾难,竭

---

① 贾自新编撰《杨虎城年谱》,中国文史出版社,2013,第37~38页。
② 陕西省革命烈士事迹编纂委员会编《魏野畴传略·回忆·遗文》,陕西人民出版社,1981,第9~10页。
③ 《魏野畴传略·回忆·遗文》,第191~203页。
④ 中共西安市委办公厅编《中国共产党西安市委员会志》,中共西安市委印刷厂,2004,第507页。

力输将。① 可见，在阶级话语和国家话语一定程度上失灵的状况下，省籍意识冉次凸显，成为政治动员的有效武器。

在南方的国民革命军攻克武昌一个多月后，西安之围终于解除。作为国民革命北方战场的关键一战，反围城战役有力阻止了直系势力范围向西扩张，配合了国民政府北伐的顺利进行。1927年1月，国民联军驻陕总部发布命令，委任魏野畴担任驻陕总部政治部副部长，杨明轩任教育厅厅长，杨晓初任财政委员会副主任，魏野畴和杨明轩、刘含初、李子洲等人一起当选国民党陕西省党部的正式执行委员。② 3月，刘含初和李子洲被任命为西安中山学院正、副院长。③ 这些可以佐证《共进》同人在"陕西革命"中起到的先锋作用，也让我们看到曾在辛亥革命前后发挥过重要作用的省籍意识，在国民革命当中依然蕴藏着巨大能量。只是省籍意识本身包含的不确定性，一定程度上造成了清末民初各省分立的倾向，这一点在国民革命后期被及时地予以了"纠正"。

西安之围解除后不久，第二集团军内部的矛盾日益凸显，而且随着北伐的继续开展，政治环境变得复杂化。④ 6月，冯玉祥通电"分共"，陕西党组织受到严重破坏，不得不隐蔽活动，革命陷入低潮。在反思革命失败原因的过程中，中共陕西党委对"共进分子"多有指摘，认为共进社是"狭小的乡土组织"，"是革命的障碍，且对无产阶级政党不

---

① 贾自新编撰《杨虎城年谱》，第64~65页。
② 陕西省地方志编纂委员会编《陕西省志·中国共产党志》，陕西人民出版社，2002，第64~65页。
③ 《李子洲传记·回忆·遗文》，第40页。
④ 到陕西之前，冯玉祥就意识到"问题不在现在解西安之围，而在解西安之围之后，我深知二军性质，今日解了他的围，明日可缴我的械"，于右任也担心"不知陕中将领是否革命"。国民军内部的不团结现象日益突显，成为冯玉祥决定"分共"的一项考量因素。见《冯玉祥回国后之国民军》，《中央政治通讯》第12期，1962年12月，收入中共中央党史研究室第一研究部编《共产国际、联共（布）与中国革命文献资料选辑（1926~1927）》（上），北京图书馆出版社，1998，第136~137页。

利"，为革命计、为无产阶级政党的利益计，"当积极设法消灭其存在"。① 在整顿组织的同时，陕西省委越来越重视农民暴动，强调阶级革命。内外压力之下，共进社出现明显的分化，李子洲、魏野畴、武止戈等人继续投身革命，献出了自己的生命，也有一些人变节投降或另辟门径。后来还有人试图"复活"共进，然而"时代变了，一切都变了"，最后只能以失败告终。②

结 语

1919年初，三秦公民救陕会、陕西学生团因省内的战乱局面而告成立，在各大报章发表《秦劫痛话》，次年更名为旅京陕西学生联合会后，《秦钟》《共进》相继创刊。在揭露社会黑暗现状的同时，他们先后把矛头对准省内的当政者陈树藩、刘镇华、吴新田等人，特别是来自河南、统治陕西达七年之久的刘镇华，一方面运用"殖民地""大河南主义"等符号为其定性，另一方面强调历史上秦人的强悍之俗，通过改造、利用省籍意识，发动民众的反抗情绪。对"驱刘"的呼吁成为集中同人注意、凝聚共识的重要活动。

1923年7月，杂志社核心成员杨钟健从北京大学毕业，准备远赴德国留学，临行之前他作了一首新诗送给《共进》好友。"我们的意志格外了解了，我们的情感格外亲密了。'驱呀！骂呀！'骂尽世上卑污的罪恶，驱尽世上无耻的群魔。光明的世界，让我的意志再进一步的了解罢！让我们的感情再进一步亲密罢！我们何必一定要在一块儿呢？可

---

① 《陕西省委关于党员是否参加省政府给五一县委的复函》（1927年8月2日）、《陕西省委第一次扩大会议关于共进社、进化社问题决议案》（1927年9月27日），中央档案馆、陕西省档案馆编《陕西革命历史文件汇集（1927年~1929年）》，西安地图出版社，1992，第65、202~204页。

② 《共进社和〈共进〉杂志》，第416页。

骂的布满了我听到的地方了！可驱的占遍了我们的去路了！我们何必一定要在一块儿呢？骂呵！驱呵！直到要骂要驱的都完了，我们才在一块能唱胜利之歌呵！"在该诗的结尾，他再次强调："驱呵！骂呵！我们的精神，已维系住我们了！我们何尝离别了呢？"① 诗中不断反问的"我们何必一定要在一块儿呢"，清晰地向我们展示了《共进》成员的聚集心理。因为"无耻的群魔"当道，陕西布满了"卑污的罪恶"，要想创造光明的世界，必须先把以刘镇华为首的外省人全部排除。通过一致对外，"驱呵！骂呵"，紧密地维系住了同人的精神。

不过，正如论者指出的，从新文化运动到北伐的十余年间是一个"激变的时代"，"那时的时局可以说是年年翻新，一年一个样"。② 在新文化的潮流当中，世界主义、国家主义、联省自治等观点为新青年群体所广泛关注，《共进》中存着"部落思想"的"地方主义"自然遭到不少非议。杂志社同人通过将其与这一时期思想界中流行的国家、自治、阶级等话语进行调适，不断调整自身的宣传策略，使之成为一种有力的舆论宣传与政治动员武器。

国民革命前后，形势的变化刺激他们从"坐而言"走向"起而行"。李子洲、魏野畴等人先后返回陕西，从服务教育界开始，继而利用社会关系，争取杨虎城部出师驱刘，并在西安反围城战役当中发挥了中坚作用。从陕西国民革命活动中可以看到，在阶级话语和国家话语一定程度上失灵的状况下，省籍意识承担起了革命动员的任务。然而，在驱刘活动结束之后，《共进》同人不可避免地分道扬镳，而为陕西国民革命活动提供舆论造势和方向指引的省籍意识亦很快被负面化，成为一种被压抑的声音。

---

① 杨钟健：《去国前，留别共进的朋友》，陈平富、任宝蕙编《杨钟健诗文选集》，海洋出版社，2019，第34~35页。
② 罗志田：《从新文化运动到北伐：激变时代的文化与政治》，北京大学出版社，2006，第1页。

附录 《共进》半月刊主要撰稿人生平信息简况

姓名	笔名	籍贯	生年	卒年	家庭出身	就读学校	政治面貌	备注
刘含初	含初、含	陕西中部县	1895	1927	父为地主	北京大学	1923~1924年入党	
杨晓初	晓初	陕西渭南县	1894	1977	不详	北京大学	1925年入党	
杨钟健	克强、强健、钟健、健、铁弹子	陕西华县	1897	1979	父杨松轩,先后担任省议会议员、副议长	北京大学	1956年入党	
刘天章	刘云汉、天章、赖泥	陕西高陵县	1893	1931	父刘伟堂,务农后经商	北京大学	1921年入党	
李子洲	登瀛、逸民	陕西绥德县	1892	1929	父银匠	北京大学	1923年入党	
魏野畴	畴	陕西兴平县	1898	1928	父务农	北京高师	1920年入团,1923年入党	
呼延震东	哈雷	陕西清涧县	1894	1977	不详	北京大学	入党时间不详,1927年脱党	
赵次庭	国宾、宾、兆虎、石虎	陕西蓝田县	1896	1934	父赵和庭,清末任州判,民国任县知事、省议员	北京大学	未入党	
武止戈	止戈、戈	陕西渭南县	1902	1933	父武念堂,前清知府,民国国会议员	南开中学、北京大学	1922年入团,1923年入党	
韩述之	寒士	陕西渭南县	不详	不详	不详	北京大学	不详	
王君毅	郡仪	不详	不详	不详	不详	北京大学	不详	
郑自毅	子毅、志毅、子翙	陕西长安县	1897	1988	不详	北京大学	不详	
张仲超	仲超、根泉	陕西三原县	1904	1926	不详	南开中学、北京大学	1925年入团,1926年入党	

续表

姓名	笔名	籍贯	生年	卒年	家庭出身	就读学校	政治面貌	备注
武少文	少文	陕西渭南县	1897	1982	父武念堂,前清知府,民国国会议员	唐山交通大学	不详	
梁鼎	荆山、梁荆山	陕西同官县	不详	1927	父梁维德,同官县知事	北京大学	不详	
耿炳光	炳光、景山	陕西澄城县	1899	1972	不详	北京大学	1923年入团,1924年入党	第一任陕西省委书记
何寓础	语粗、何语粗	陕西长安县	1905	1968	不详	北京高师	1927年入党	
崔孟博	崔博、孟博、山水	陕西咸宁县	1903	1957	不详	南开中学	1923年先后加入团、党	
刘尚达	尚达、落英、刃、忍	陕西三原县	1901	1985	父经商	南开中学	民盟成员	
韩志颖	志颖、子颖、颖	不详	不详	不详	不详	不详	不详	
徐志纯	紫醇	不详	不详	不详	不详	唐山工业大学	不详	
赵绍西	S.S.	不详	不详	不详	不详	北京大学	不详	
王子休	德崇、子休、爱莲、伊人、乐山、新、TC	陕西高陵县	1900	1984	不详	北京大学	1924年入团,不久后入党	
何守之	不详	不详	不详	不详	不详	不详	不详	
魏惜言	西岩	不详	1904	1986	不详	北京高师		在国民党军部任高官
武思茂	思冒、冒	陕西渭南县	1904	1943	父武念堂,前清知府,民国国会议员	不详	不详	
武伯纶	伯沦	祖籍山东,生于陕西临潼县	1902	1991	不详	北京汇文学校	1924年入党	

续表

姓名	笔名	籍贯	生年	卒年	家庭出身	就读学校	政治面貌	备注
谢幼石	幼石	不详	1901	1976	不详	北京交通大学	不详	曾任国大代表
李伯恂	伯恂	陕西蒲城县	不详	不详	父李元鼎,陕西省临时议会议长	北京大学	不详	
曹志麟	趾仁	陕西延川县	不详	不详	父曹之蔚,拔贡,曾任县长	上海大学		1925年参加革命,1929年任陕西省委书记
蔡振德	振德	陕西神木县	1903	1937	不详	北京大学	1923年入团,1924年入党	又名蔡雪村
张世兴	世兴	陕西兴平县	1903	不详	不详	北京大学	不详	
屈武	屈武	陕西渭南县	1898	1992	不详	南开中学、北京大学	1923年入团,1925年入党	

资料来源:据《共进社和〈共进〉杂志》、读秀数据库综合整理而成。

书　评

黄博《谣言、风俗与学术：宋代巴蜀地区的政治文化考察》评介

徐 阳[*]

黄博：《谣言、风俗与学术：宋代巴蜀地区的政治文化考察》，巴蜀书社，2018。

观察四川地域文化发展史，宋代是相当引人注目的时间单元之一。在政治地理上，兼括"巴""蜀"，范围明确的"川峡四路"概念在此时形成，并逐渐由虚转实，成为后代四川行省诞生的前奏。[①] 伴随着政治地理的整合，超越单一路级区划的整体四川地域认同也在宋代加强，出现了川籍之士"一路虽不同，相逢则曰乡人，情好倍密"[②] 的独特现象。在学派层面，还流行着具有地域色彩的"蜀学"话语。如果说四川作为相对独立的地理和文化单元是体现中国历史多元性的代表区域之一，那么宋代则是四川地方特性日益彰显的关键时代。

关于宋代四川的既有研究积累非常深厚，就政治方面而言，以往研

---

[*] 徐阳，北京大学历史学系博士研究生。
[①] 参见刘复生《由虚到实：关于"四川"的概念史》，《中国历史地理论丛》2013年第2辑。本文所称"四川"沿袭自宋人对"川峡四路"的简称，不指现代四川省。
[②] 王得臣：《麈史》卷下《风俗》，黄纯艳整理，《全宋笔记》第14册，大象出版社，2019，第249页。

究偏重于统治政策、军政格局、信息沟通、地方精英与国家治理等方面，而黄博所撰《谣言、风俗与学术：宋代巴蜀地区的政治文化考察》则是一部从政治文化角度解析宋代四川地方特性的新锐著作。[①]

"谣言""风俗""学术"作为全书的三个关键词，其中"风俗"最为核心。作者观察到在宋代士大夫的表述中，"风俗"往往被认为是地方差异的根源因素。这一更贴近宋人情境的概念理应成为今天理解宋代四川地方性最直接有效的方式之一。《汉书·地理志》对"风俗"的解释或可作为传统时代的普遍认知："凡民函五常之性，而其刚柔缓急，音声不同，系水土之风气，故谓之风；好恶取舍，动静亡常，随君上之情欲，故谓之俗。"如果说"风"取决于一地独特的地理风貌，而"俗"则由"地方性特点与时代政治浸染而成"（第 20 页）。后者无疑是该书的重点。作者对"风俗"的研究尤其注重发掘宋代四川地方特性背后，由朝廷和地方共同形塑而成的政治文化脉络。书题的另外两个关键词"谣言"与"学术"，在作者看来，则可以说"是风俗在某些时期的实际政治运作和文化生活的表现形式"（第 21 页），前者侧重于大众层面，后者偏向于精英阶层，共同呈现了宋代四川的地方特性。书中对"政治文化"的界定渊源于阿尔蒙德、鲍威尔《比较政治学——体系、过程和政策》，并采纳了陈苏镇在《〈春秋〉与"汉道"：两汉政治与政治文化研究》中的调适定义："政治文化就是一个民族在特定时期和特定环境中形成的群体政治心态。这种心态构成政治生活的软环境。"作者认为上述"民族"也可以替换为地域性更强的"族群"，具体到该书即生活在巴蜀地区的人（第 26 页）。

该书除绪论外共七章。前两章从朝廷和地方的权力关系角度，分别解析了宋代四川的地域谣言与御容崇拜这两类政治文化现象。"蜀人好乱""易动难安"是宋代前中期外界对四川的突出印象，甚至在蜀地较

[①] 在宋代，"巴蜀"这一概念主要依托于川峡四路，基本等同于"四川"的范围，唯其含义更侧重于人文地理层面。本文依循原书，不在二者之间做过多区分。

为安定的仁宗朝，当地还产生了震动朝野的"岁在甲午，蜀且有变"谣言。该书第一章"甲午再乱：谣言与北宋中期四川的地方治理与危机应对"揭示了这类谣言出现与散布的情境：在当时四川承平日久的表象后，隐含着朝廷严酷的统治政策与川人普遍的不满心态。作者进而展现了皇帝、朝廷大员、四川士人与民众、边地少数民族等不同主体在此社会危机之下参与地方政治的过程。

"甲午再乱"的谣言兴起于地方，而御容一般认为是彰显皇帝与中央权威的政治文化符号。在北宋四川的一座寺院里，却颇为另类地出现了民间制作、来历不明的太祖御容。至南宋，中原御容流离入蜀，远离朝廷的四川最终竟汇集了六朝御容。该书第二章"神御在蜀：宋代四川地方与朝廷的权力关系网络中的御容政治"就从朝廷与四川关系以及四川内部军政格局入手，呈现了各方围绕蜀中御容这一神圣符号的权力博弈过程。在蜀之神御不仅是朝廷权威自上向下的展示，也成了地方实现政治意图、彰显特殊性的重要资源。

在分析了以上两种地方性政治文化现象后，该书第三章"制造边缘：宋代巴蜀风俗的生成及其政治文化观察"则解释了"闽蜀同风"以及"渝州乱危"等宋代四川风俗的深层生成逻辑。这类边缘性甚至异域性的风俗表述并不完全是客观的人文地理描摹。宋代盛行的"闽蜀同风"话语隐含了权力中心长期以来打压闽、蜀二地的政治舆论，而近乎异域的渝州意象则是当地汉人和西南民族族群整合过程的副产品。

该书第四章至第六章从不同角度考察了宋代四川地区的学者与学术，试图以此揭示四川社会与文化的地方特性与政治文化意义。第四章"政治文化视阈下的宋代四川史家及其史论研究"关注两宋四川史家的史论创作，先整体概述了四川史家的唐史与六朝史撰述，进而论述了张唐英《唐史发潜》与苏辙史论两例个案。第五章"政治生涯与学术交游：南宋理学家度正研究"则聚焦在四川弘扬朱熹理学的重要人物度正。第六章"隐士与富民：宋代巴蜀地区民间学术生态的两个侧面"

分别梳理了北宋蜀中隐士张俞如何参与地方政治，以及南宋渝东乡间富民李处和的生活世界与文化追求。

最后在第七章"巴蜀地区宋代历史文化资源的后续观察"中，作者还尝试将目光后延至近代，观察宋代四川历史文化资源的后续影响，分别讨论了抗战时期钓鱼城的重新发现与清代《重庆府志》的编纂两例个案。

总的来看，该书对宋代四川地区的考察绝非是再现一个中国史的四川版本，而是希望跳脱出旧式地方史撰写的既定宏大叙事框架，从风俗入手发掘四川自有的地方特性；而在地方特性的解析中，又能超越静态的人文地理特征描摹，从全局出发钩沉风俗背后的政治文化脉络与不同主体围绕风俗的建构、互动与运作的过程。

这一研究取径颇令人耳目一新，书中将其提炼为"政治文化考察的地方路径"（第22页）。其思路的来源之一应为作者所在的四川大学史坛名宿吴天墀先生。吴先生发表的一系列关于宋代四川地方史的研究虽未标举"政治文化"之名，但已经敏锐地观照到了相关因素。例如《王小波、李顺起义为什么在川西地区发生？》（1979）一文已注意到了北宋的"蜀人好乱"等话语，并结合宋朝在四川的统治形势阐释了其产生原因与影响；而《水神崇奉与王小波、李顺起义》（1984）一文则深入探讨了宋初川西农民起义的信仰背景；《龙昌期——被埋没了的"异端"学者》（1987）以一位不甚知名的宋代四川学者为例，展现了中唐以来儒学复兴趋势下不同地域学术文化发展的参差态势，并初步指出所谓"闽蜀同风"问题背后有其深厚的社会根源。[①]

作者在研究对象与分析方法上继承并开拓了吴天墀先生的上述思路。书中不少篇章都难能可贵地将讨论范围扩展到以往研究中相对"失语"的渝州地区（这或许也与作者的籍贯有关）；在方法层面，该

---

① 以上均收入《吴天墀文史存稿（增补本）》，北京师范大学出版社，2016。

书对当下的古代史研究也有一定启示。作者认为，由于时代久远，又受限于史料的数量与丰富程度，借助于田野调查，结合社会历史学与文化人类学等不同学科，以社会经济史为基础的区域史研究路径很难在中古时代的地方史领域深入展开。界定"区域"的关键是"网状交叠层级体系和人之互动的空间形构",[①] 而"地方"对应的语境则是"朝廷""中央"。观察该书对宋代四川风俗的分析，可以说朝廷与四川地方的权力互动关系几乎无处不在，甚至四川内部的蜀口与西川腹地、成都与渝州、汉人与其他西南民族间的权力格局与文化差异都处处影响着宋代四川的地方特性。由此作者呼吁"宋代地方史的研究仍需回到政治史的路径上来"（第24页）。

放置在宋代政治文化研究的视野中，该书精巧的选题也颇令人瞩目。以往宋代政治文化研究大多关注作为群体的士大夫的主体意识或朝野内外层面的政治主张、政治口号、政治情绪等，而该书阐释了一系列诸如"甲午再乱""神御在蜀""闽蜀同风""渝州乱危"等富有浓厚地方特色的政治文化现象，无疑丰富了目前对宋代政治文化的认识。地方特性的政治文化考察应当是未来值得继续探索的方向之一。

美中不足的是，由于该书主体由多篇独立论文改写组合而成，部分章节与全书主题稍有脱节。例如第四章探讨宋代四川史家及其史论书写，似乎并未展现出太多地方特性，史论的发达应是儒学复兴浪潮下宋代史学的整体特点；第五章选取的度正确实是南宋所谓"蜀学转型"的典型人物，但该章的主要内容却在考证爬梳人物生平与交游，对地方特性及政治文化脉络发掘有限；至于最后对宋代历史资源的后续观察，所论议题的脉络已在清代以后，略显游离于全书内容。此外，该书未注明各章节的原始发表信息，也不利于读者对照、引用。

另外，书中还有一些细节不够严谨，在此略举四例：第68~69页

[①] 此为该书绪论第24页所引刘志伟对施坚雅"区域"理论的理解，参见刘志伟、孙歌《在历史中寻找中国——关于区域史研究认识论的对话》，东方出版中心，2016，第18~19页。

误将"阁门"写作"阁门";第 100 页引《宋会要辑稿》影印本"去岁三由之乱叛",文义不通,其实点校本已据《续资治通鉴长编》指出"三由"为"王均"之误,且《宋会要辑稿》影印本并无"乱"字;第 264 页引《昌谷集》"今月十三日望阙谢恩,只受讫须至奏闻者",当修正为"今月十三日望阙谢恩祗受讫,须至奏闻者";第 287 页以《清波别志》作者为"北宋著名词人周邦彦之子周辉",实则是书作者为周煇,其父周邦,非周邦彦。

评 Steven B. Miles, *Upriver Journeys: Diaspora and Empire in Southern China, 1570-1850*

王庚午[*]

Steven B. Miles, *Upriver Journeys: Diaspora and Empire in Southern China, 1570-1850*, Cambridge: Harvard University Asia Center, 2017.

16世纪末到19世纪中期,明清王朝将其统治力量向西江中上游扩张,这给更早一步进入帝国统治疆域的珠三角地区的人们带来了机遇。他们一批批溯西江而上,前往帝国的边疆广西,寻找提升自己及家族社会经济地位的机会;与此同时,他们的行动又为朝廷统治向西江流域沿岸各个城镇的渗透提供了便利。美国历史学者麦哲维(Steven B. Miles)的著作《上游之旅:华南地区的移民和帝国(1570~1850)》(以下简称《上游之旅》)就探讨了这个双向的运动过程。

全书除引言和结论外,共五章,分为两个部分。前三章为第一部分,主要讲述广东的官员、考生、商人在向西江中上游迁移过程中,如何自觉不自觉地成为帝国统治的中介人。最后的两章为第二部分,主要

---

[*] 王庚午,美国明尼苏达大学历史系博士研究生。

讨论在广东人移民过程中，家族和家庭的需求、生存策略和移民网络的联结是如何影响并塑造"离散家庭"（Diasporic Families）的家庭结构和成员关系，广东移民又是如何借此行动来实现地位提升的。

第一章主要考察那些在西江中上游地区地方政府供职的广东官员。这一章的论述从1570年代在广西展开的一系列军事活动开始。麦哲维注意到，相较其他省份，在广西任职的官员中，广东人占有相当高的比重。他们不但为朝廷的军事行动出谋划策，还写下许多文章宣传并庆贺朝廷的胜利。他们将帝国的秩序引入这个边疆社会，同时也为广东人向西江上游的迁移铺平了道路，不自觉地扮演了这场人口流动的先驱者角色。虽然在明末清初粤籍官员一度失去了帝国中介人的角色，但随着王朝更迭，特别是清平定三藩时期，广东官员再次发挥了关键作用。直到清朝进入鼎盛时期后，朝廷开始忌惮他们的势力，有意减少粤人在广西的任命。

第二章关注在西江中上游地区入籍的广东考生。相对于广东，广西科举考试的竞争不太激烈，这吸引了大批来自珠三角地区的士子。在那些有广东官员任职的地方，这一现象尤盛，以至于从1730年代开始，清朝政府不得不在广西严禁"冒籍就考"。然而，明清政府都曾鼓励此类考生充当帝国统治的中介人。他们推动了土著精英的文化转型，将原本由土著首领统治的西江中上游地区转变为朝廷统治下的文明社会。虽然有些广西官员也会怀疑此类移民考生的目的，但无论如何，他们都促使这一地区更牢固地整合进帝国版图；而那些在广西获得功名的广东考生，也成功地建立或巩固了自己及其家族在珠三角地区的精英地位。

第三章则聚焦在西江上游做生意的广东商人。自18世纪开始，这一地区出现了大量由广东商人建立的会馆。他们通过这些会馆所构建的商业网络，主导了此地区的盐、大米和山货的贸易，源源不断地将它们运往西江下游。虽然与粤籍官员和考生相比，商人的迁移轨迹与国家秩序在西江中上游的建立之间似乎并无明确直接的关联，但他们缴纳的税款无疑巩固了朝廷在此地区的统治。经营盐、铜、采矿和大米贸易的商人还需要向政府申请执照，获得经营许可，商业活动也必须符合政府设立的经营规范，这些都促使他们不自觉地成为帝国统治的中介人。明清政府所主导的商业秩序由此渗透到西江中上游地区，商人则在此扩张中不断获利，朝廷统治版图与广东人商业版图的扩展形成了互惠关系。

第四章探讨移民家庭内部不同性别成员的关系。男性的迁移是广东家庭寻求社会经济地位提升的策略，这同时也造就了一种特殊的家庭结构和关系，作者称之为"离散家庭"。此类家庭的特点是，男性移民的原配留守在珠三角地区的家中，而他们又常常会迎娶西江中上游地方的女性做第二位妻子或是小妾。因此，女性在这场男性的迁移中占有特殊位置。留守在珠三角的妻子需要替她的丈夫尽孝，教养孩子；在西江中上游地区的第二位妻子或是小妾，则是广东商人打入地方关系的重要渠道。但是，在许多广东文人的想象中，西江中上游的女性却是危险的巫女，她们诱惑粤籍男性使其无法带着所获财富返回家乡。然而，正是两个地区不同女性的参与和配合，使得通过男性的迁移可以提升家庭社会经济地位成为一种可行策略。

第五章考察长时段和永久性的迁移给珠三角的家族带来的压力和机遇。作者发现，从家谱上看，家族对移民的态度是暧昧不清的。18~19世纪，珠三角地区有些家族的家谱会忽略前往西江中上游的移民或他们的后代，有些家谱又会将整支位于上游的族人包括进来。而且，这种通过整合入谱的方式建构起来的亲族关系往往带有一些利益交换的色彩。位于上游的亲属会通过对下游家族的金钱捐赠或功名，来换取下游亲属对亲族关系的承认。在西江中上游地区，"广东人"的身份有着广泛的影响力，成为一种地位的象征，这又进一步帮助他们获取财富和名誉，而位于下游的亲属则会分润这份成功。

以往区域史的研究大多注重本地的社会、文化、经济、政治的变迁对人们生活的影响，《上游之旅》则是一部从移民史视角切入的区域史研究。麦哲维关注的是，迁移的人如何影响一个区域的各种社会文化因素，这种迁移又会对人们的生活产生怎样的影响。该书的核心问题与华南学派许多学者的关注点是一致的，那就是华南地区如何被纳入明清国家的统治秩序。以往的研究提出，宗法伦理的庶民化和宗族制度建立的过程就是边缘地区被纳入国家秩序的过程。而麦哲维的答案很简单：是来自珠三角的广东移民自觉或不自觉地将帝国的统治秩序带到了边陲——西江中上游地区。其中，来自广东的官员是这一秩序的开拓者和先行者；来自广东的考生是其支持者和践行者，并促成了地方精英的文化转型；商人则将帝国秩序渗透进民间的各个角落。

值得一提的是，作者对如何界定某一区域的边界也提出了不同见解。麦哲维强调该书所关注的区域并非传统意义上的"岭南地区"，也不是由省或是帝国边界来划分的一个区域。当他以移民视角来观察这个区域时，交通线路就变得十分重要。16世纪末到19世纪初，现代交通工具还没有在中国出现，水陆交通主导着移民迁徙的轨迹。所以，作者把研究的范围定在西江流域是极为合理的。他也注意到，位于西江下游的珠三角地区与西江中上游地区存在一定的差异，而且也正是因为这样的不同，珠三角的文人将西江中上游地区的女性想象成了一种危险的存在。麦哲维借助广东人的迁移过程及其影响整体性地观察了西江流域的区域史，也探讨了西江上下游地区如何互相影响。这种移民史视角的确给区域史的研究带来了新的可能和想象空间。

"离散家庭"是作者关注到的另一个大题目。麦哲维强调珠三角地区不仅是近现代中国海外移民的家乡，同样也是1850年代以前去往西江上游的广东人的故乡。不论是将"离散家庭"作为一种可行的家庭地位提升策略，还是通过制造假身份以绕过法律政策来获得居留权等现象，都已在广东人向西江上游移民的过程中出现了。这个研究的确证实了孔飞力、亚当·麦基翁（Adam McKeown）等学者的观点：中国近现代的海外移民实际上是国内移民向海外的扩展。然而遗憾的是，作者并没有在此基础上更进一步。该书的前三章为读者展现了一部广东人向西江上游地区移民，以及帝国的统治秩序借此被带入此一地区的动态历史，而最后两章却变成了对"离散家庭"的静态分析。广东籍贯的官员、考生、商人的家庭对其迁移是否持有不同态度？其原因何在？"离散家庭"作为一种提升家庭社会经济地位的策略在这近三百年（1570~1850）中是否产生了变化？又是如何变化的？这些问题作者都没有回答。

《上游之旅》是一部试图勾连起区域史和中国移民史的历史著作。虽然有些许遗憾，但不失为一个有意义的尝试。作者通过揭示向西江中上游迁移的广东移民身上的国家意识和象征，成功地将局部地区的移民活动纳入了明清国家统治扩张的论述之中，揭示出移民与朝廷之间、在西江中上游活动的移民与下游的家族之间的动态互惠关系。对中国史尤其是中国边疆史、华南区域史感兴趣的学者而言，这本书值得一读。对于刚刚接触中国移民史的学者，它也是一本很好的入门书。

空间语境下精英与政治的互动
——读萧邦奇《中国精英与政治变迁：20 世纪初的浙江》

薛宸宇[*]

〔美〕萧邦奇：《中国精英与政治变迁：20 世纪初的浙江》，徐立望、杨涛羽译，李齐校，江苏人民出版社，2021。

《中国精英与政治变迁：20 世纪初的浙江》是萧邦奇于 1982 年出版的一部学术著作。2021 年汉译本出版。该书以浙江省 75 个县为分析单位，根据量化指标将该省划分为四个不同的社会政治生态区，考察了自清末新政至北伐战争时期浙江的精英活动及政治变迁。其所建立的"四个浙江"分析框架不仅是对施坚雅城市化分析模型的再发展，而且打破了传统浙东、浙西二分法的窠臼，进一步考察了浙江省内部的多样化与差异性，拓宽了研究浙江的路径取法，丰富了近代浙江研究。同时，将浙江置于全国视域下进行考察，再现了 20 世纪初构建民族国家进程中基层政治的发展，是"在中国发现历史"这一理念主导下的又一本力作。

---

[*] 薛宸宇，浙江大学历史学院博士研究生。

一 因人因时因地而异:"四个浙江"区域的精英活动

学界对近代中国民族国家的建构过程是断裂还是延续,看法不一。萧邦奇认为持断裂看法的研究是忽视中国基层政治发展和误解精英形象的表现,表示"只有在对次国家领域(subnational)进行详尽的分析后,才可以进一步论断国家层面的趋势与发展"。① 为此,他将目光聚焦中国浙江,从精英社会的政治发展出发,利用核心-边缘的分析框架,考察"四个浙江"的精英结构和政治活动以说明这些问题。

全书分三部分,共十二章。首先,从考察精英活动背景入手,阐述晚清精英在地方事务中扮演的角色和"精英""政治变迁"的含义,说明20世纪前精英活动更多表现在商业化程度高的地区。同时,分析20世纪初浙江政权更迭情况,交代浙江精英活动的政治环境。第二章主要根据人口密度、邮政发展程度、金融机构发达程度三个指标,将浙江划分为核心区内部、核心区外部、边缘区内部、边缘区外部即"四个浙江"社会生态区,为考察精英在不同空间的政治活动提供分析场所。第三章考察"四个浙江"的共有组织,即传统精英组织和政府扶持组织,揭示精英与政治互动的平台。

第二部分(第四章至第九章)是该书的重点,主要对四个区域的社会政治生态进行系统分析,包括精英的产生基础、受教育程度、事业趋向、参政模式及与地方官的互动等方面,以说明精英活动在时间和空间上并不统一。首先,宗族在培养精英方面发挥着重要作用,其培养精英的数量从核心区内部到边缘区外部逐渐递减。不论在传统社会,还是西学东渐下追求近代化时期,核心区内部的宗族在给予族员教育资助和建立公共职能机构等方面均提供了援助,培养精英人数较多。而其他三

---

① 〔美〕萧邦奇:《中国精英与政治变迁:20世纪初的浙江》,第11~12页。

个区域更关注本区域的防御工作。在地方事务中，宗族介入程度均占较高比重。核心区内部的宗族凭借土地、商业优势，在县一级事务中有所介入。与之相对的边缘区宗族，虽实力稍弱，但由于县内多元性较小，宗族形成的寡头集团在地方事务中介入也较多。其次，精英的受教育层次与地域及个人富有程度紧密相关，在海外和省外求学的精英多来自核心区内部，其他三个区域的精英多在省内就读。再次，受教育层次影响精英的事业趋向，主要表现为海外和省外的教育经历优于浙江省，此类精英多出省就职。而省内法律学校、师范学校等培养的精英，多选择在省内就业。这种情形造成的结果便是相比其他三个区域，核心区内部的精英多远走他乡。虽然在辛亥革命前出现精英返乡热潮，但不可否认，革命后精英把目光投向全国更广阔的空间，而"留在籍贯地的精英一般比离开的精英在能力上显得稍逊一筹"。最后，自治机构为精英谋划地方事业提供了一个行之有效的框架。在这个框架里，"精英们开始视自己为被赋有政治权力的机构的一部分"，[1] 身份认同感更加强烈。同时，在参与地方公共事务的过程中，精英和官员之间建立了一种和平共处与对抗共存的互动关系。在核心区内部，精英在地方事务中比较活跃，他们甚至可以决定县行政长官的任命，而地方官员更多是一种建议者或资金提供者的形象。而随着从核心区内部到边缘区外部的转移，精英专业化和多样化愈来愈弱，县内寡头集团一方面与核心区内部缔结关系，另一方面在社会事务中帮助县行政长官，二者更多是一种和平共处的关系，呈现出在外部区域政府主导地方社会发展的现象。

  四个区域社会政治生态的差异，导致在面对辛亥革命和省内政治经济资源不平衡时，精英的反应不同。该书第三部分（第十章至第十二章）指出，核心区内部在革命爆发前已有一定的革命基础，革命爆发时虽存在部分精英出逃的现象，但总体表现为当地士绅、绅商和归国留

---

[1]〔美〕萧邦奇:《中国精英与政治变迁：20世纪初的浙江》，第73、11页。

学生联合响应。而其他三个区域更关注革命带来的社会失序和表达对社会稳定与否的担忧。同时，辛亥革命和北伐造成核心区内部精英赴外工作，而来自外部区域的人士在省内政治经济资源失衡的刺激下，成立省内联盟如金衢严处集团，并逐渐成为省内的控制者。

最后，萧邦奇指出通过在"四个浙江"区域框架下的分析，"20世纪中国政治史是政治发展在各个空间与时间中的（不均匀也不平衡）扩张"，① 精英活动及政治发展从核心区内部到边缘区外部呈现出系统变化。同时这种不均衡的扩张伴随着辛亥革命、民族主义运动、共产主义运动的发生，通过精英与地方的互动贯穿于精英团体和非精英团体的整个社会结构，表明20世纪初中国政治的转型本质。

二 空间语境的再认识

空间语境是萧邦奇研究的一个焦点，其《九个世纪的悲歌：湘湖地区社会变迁研究》《血路：革命中国中的沈定一（玄庐）传奇》等著作均是在特定空间中展开的研究。正如萧邦奇在采访中所说，"历史的意义存在于个别之中，存在于具体之中"，因而"历史学家的研究规模越往高处走，超越了村庄、家族或者家庭，上升到了县、省、区域以及省之外的地方，他要掩盖的东西就越多，他要掩藏的本应得到解释的现实也就越多——通过那些看似必须的概括性判断和结论"。②《中国精英与政治变迁：20世纪初的浙江》将研究空间具体到浙江省的75个县，并通过量化指标将其细划为"四个浙江"，宏观叙事与地方多样性相结合，这一做法正是萧邦奇将历史研究下沉到地方空间的表现。

浙省素有"两浙"之称，即浙西（杭嘉湖）、浙东（宁绍台温处金

---

① 〔美〕萧邦奇：《中国精英与政治变迁：20世纪初的浙江》，第288~289页。
② 包安廉采访，王希翻译《"浙江人"萧邦齐：我敬仰的两位史学大师及三部伟大的小说》，2015年4月7日，https：//www.thepaper.cn/newsDetail_ forward_ 1316356。

衢严）。从生态和人文方面来看，浙西、浙东均有较大区别。浙西多平原，浙东多山地。从地域文化性格来看，浙西人儒雅温和，浙东人骁勇坚韧，富有冒险精神。从文化传统来看，浙西词派崇尚诗性文化，浙东学派求实。此外，施坚雅在《十九世纪中国的地区城市化》里根据人口密度也将浙江一分为二，即城市化水平较高的长江下游地区和城市化水平较低的东南沿海地区。以上分类方法都有一定的历史依据，萧邦奇也并不否认这种二分法。只是鉴于这种分野在讨论精英结构和呈现精英与政治互动方面过于模糊，所以在自然因素之外，将人与经济、社会的联系纳入了考察范围。

该书立足于浙江一省的精英与政治互动，采用"四个浙江"的分析框架，一方面深刻阐释了不同区域的精英活动，丰富了20世纪初精英研究和近代浙江研究；另一方面拓宽了研究浙江的取径，同时也为区域史研究提供了新的思路。近代以来，随着交通和社会经济的发展，浙江经历了更为深刻的变化，省内区域往来更为紧密。在这种情况下，萧邦奇所提出的另一种空间语境的分析方法具有很大的启发意义。

三 "在地方发现中国"和"在中国发现历史"

萧邦奇对浙江四个区域空间语境的讨论，是否具有普遍意义？即20世纪初的浙江能否代表中国？从经济发展、精英数量与层次结构、政治参与程度等方面来看，萧邦奇对"四个浙江"的划分，从核心区内部向边缘区外部展开的浓度梯度，是20世纪初中国发展水平较高地区与欠发展地区的一个缩影。另外，将四个区域中精英与政治的互动置于近代中国建立民族国家的进程中进行考察，即各区域的精英在面对辛亥革命等全国性事件中表现不同，同时区域之间的派系争斗及省内国民党势力的发展，也为我们揭示了20世纪初中国政治变迁在地方的表现。可以说，20世纪初浙江各个区域的发展一定程度上体现了当时中国社会政治的变迁。

《中国精英与政治变迁：20世纪初的浙江》被誉为"在中国发现历史"学术思潮的代表作，这一点毋庸置疑。以浙江省为研究场域，以该省的精英和政治变迁作为研究对象，并根据相关数据将该省细划为四个区域，利用地理学、经济学、社会学等多学科研究方法，对不同区域的精英结构、政治介入等方面分别考察，既说明该省不同区域之间精英与政治互动的差别，又展现其间的资源流动、人际往来，最后指出中国的政治发展在不同空间和时间上存在不均衡性，以及社会政治的影响通过精英与地方的互动贯穿到中国整个社会结构。通过对区域内部发展变化的研究，考察中国基层政治的发展，是对"在中国发现历史"这一思潮的充分反映。

总体而言，作者将目光聚焦中国浙江这一空间语境，在勾勒该省精英与政治互动的过程中，揭示了20世纪初中国政治发展的不均衡性，是"在中国发现历史"理念主导下的又一著作。"四个浙江"分析框架的构建，为浙江研究和区域史研究贡献了新的研究取径。对浙江不同区域社会政治生态的考察，揭示出浙江省内部的差异性与多样性，深化了近代浙江研究。只是若能深入考察划分"四个浙江"各个指标内部的复杂性，可能会对相关数据的分析更加深刻。另外，作者充分利用了大量县志和其他地区的报纸，但也对未能获取浙江地区的报纸感到遗憾，若是配合家谱、族谱和浙江省精英的日记、文集等资料，相信能够更加丰富该书的材料支撑。

评巫仁恕《劫后"天堂":抗战沦陷后的苏州城市生活》

李慧敏[*]

巫仁恕:《劫后"天堂":抗战沦陷后的苏州城市生活》,广西师范大学出版社,2021。

　　学界有关抗战史的研究多聚焦于"抗敌"层面,内容上主要侧重政治、军事、外交等显要议题,有关抗战中沦陷区的社会生活研究则相对较少。事实上,区域抗战史视角能够为认识抗战史、城市史提供一个更具广义层面的个案分析,对于深入考察抗日战争对基层社会和普通民众产生的影响以及观察地方社会在战争中如何应对变乱、重建秩序具有不可忽视的作用。巫仁恕教授的《劫后"天堂":抗战沦陷后的苏州城市生活》一书分析了这一过去被忽略的抗战时期的沦陷区之面相,以社会生活史为角度,聚焦素有"天堂"美称的苏州,着重探讨苏州沦陷后茶馆、菜馆、旅馆、烟馆四大公共空间的转变,为重新认识战争下的城市变迁与人们的生活实态做了一种新的尝试。

---

[*] 李慧敏,中国人民大学国学院硕士研究生。

一 以"四馆"为镜的城市生活研究

该书聚焦"沦陷后的苏州休闲业为何会出现畸形繁荣"、"如何评价伪政权对沦陷区的统治"、"公共空间如何在沦陷区生存"以及"近代中国城市发展中苏州经验具有何意义"四大问题,以苏州茶馆、菜馆、旅馆、烟馆在沦陷后的行业演变和功能转型为主要探讨对象,结构清晰分明。除导论和结论之外,该书分为六章。

在导论中,作者主要回顾了沦陷区的城市史研究现状(第 1~11 页)。目前学界关于沦陷区的城市研究,主要集中于北京、杭州和南京三地,多侧重政治层面和精英阶层。该书以"四馆"为依托的研究内容可为认识沦陷区城市风貌的丰富面相提供新的探索路径。

前两章主要论述沦陷前苏州的城市概况以及抗战后苏州由"天堂"落为"地狱"的鲜明反差。第一章"从传统走向现代",主要交代战前苏州城市发展中重要的休闲业"四馆"从传统到现代所发生的转变。受人口消长、工商业发展、政局变迁、城市建设等因素的影响,到民国时期,新旧茶馆并存,传统酒楼演变为地方菜馆与西式餐馆,传统客栈演变为现代化旅馆,烟馆从盛行走向被禁。四馆中除烟馆业者外,在战前皆由传统的会馆公所转变成现代的同业公会组织。第二章"从天堂到地狱",探讨苏州从抗战初期到沦陷以后,从破坏到恢复再到伪政权成立的过程。沦为战争焦土的苏州受政治环境的影响转变为伪江苏省省会,吸引了大量外来移民。伪公务人员、客商、上海寓公等人群成长为新兴的消费群体,加速城市社会结构的转变,成为苏州沦陷后出现畸形繁荣的重要动力来源。

第三章至第六章为该书主体,分别探讨了沦陷后苏州茶馆、菜馆、旅馆、烟馆呈现何种以及何以呈现畸形繁荣。作为"街头文化"代表的茶馆在沦陷后并未萧条,反而生意更胜战前。作者指出,在面对不确定的未来时，热衷茶馆消费实际上是人们交换信息、排解苦闷的一种方式（第 112~122 页）。同时，由于沦陷后社会不安加剧，因吃讲茶引起的斗殴和因在茶馆聚赌而酿成的暴力事件频繁出现，综合战后实行统制经济的需要，伪政府逐步加大对苏州茶馆业的掌控，反映出政治力量对沦陷区城市生活的深入渗透。同属于饮食服务业的菜馆业相对于茶馆经营需要更大的资本。面对战时整体经济情势恶化与当局控制强化，大量移民所构成的新消费力量使菜馆业在陷入窘境不久后便重现繁荣。同时，菜馆空间位置的转变也受到战争、交通、消费群体的影响。马路、火车站等现代交通设施的出现使菜馆由依河而建转变为依路而建。由伪政权衍生的交际应酬需要也促成了菜馆业的聚集。相较于茶馆、菜馆，旅馆业的繁荣与人口流动息息相关。来自各地（以长三角地区为主）的行旅者数量繁多，反映沦陷后的苏州仍是重要的交通孔道与消费聚集地，甚至因沦陷后的快速恢复成为华中沦陷区的经济重心。与此同时，为了治安，"省警局"与日本宪兵队格外注意对旅馆的管制，其中包括对旅馆卫生问题的管理。新颖"摩登"、兼备"欧化"的现代化设备和不断提升的服务管理水平成为旅馆招揽住客的重要条件，加速了苏州旅馆业的现代化转型。相对特殊的烟馆业在沦陷后的发展变化则与政情关联紧密。由于与政府税收紧密关联，烟馆业在一开始并未受到严厉打击。直到 1942 年下半年，汪伪政府开始在沦陷区推行"新国民运动"，禁烟成为重要议题。对于汪伪政权禁绝鸦片的政策，作者认为这是伪政府为收拢民心、取得政权合法性的一种尝试（第 245、250 页）。

在结论中，作者对于全书围绕的四个问题给出了自己的理解与思考。在分析战后苏州畸形繁荣原因之外，作者强调这种"战争下的繁荣城市"虽然有一定的普遍性但并不能视为一种常态。繁荣的背后是社会贫富两极化、暴力事件层出不穷、劳资纠纷频发、女性物化等现象，而这也是城市史研究不能忽视的问题（第 259~260 页）。关于伪政权性质的定义，作者更倾向于用"协力政权"来替代绝对的"傀儡政权",认为其有一定的自主性。作者强调,苏州作为伪政府统治下的沦陷区,与大后方主要针对抗敌的政治反抗不同,苏州的普通民众多了一层对伪政府的反抗(第 266 页)。

二 公共空间的地方性表达

苏州曾是近代江南地区的经济中心,休闲业繁荣,有关商会的档案数量丰富、保存完整。该书利用了大量苏州商会的档案及相关报刊材料,聚焦茶馆、菜馆、旅馆、烟馆这四类颇具地方代表性的公共空间,探究沦陷区的城市发展与人们的生活实态。

公共空间作为个人与社会乃至国家的重要连接载体,既是国家权力下沉渗透进而影响个人生活的空间,也是民众表达社会意愿、争取权利的特殊空间。以"街头文化"的代表茶馆为例,茶馆往往被视为交换行业信息、处理社会纠纷、议论时政的自由场所。这是作为"全国性"层面中茶馆所具备的普遍意义。与此同时,茶馆这一公共空间又是地方文化的强烈表达,呈现出鲜明的地区差异性。学者王笛的《街头文化:成都公共空间、下层民众与地方政治,1870~1930》与《茶馆:成都的公共生活和微观世界,1900~1950》为认识抗战时大后方的城市生活提供了一种参考。而对于同样茶馆文化盛行但位于沦陷区的苏州茶馆研究则相对较少。

如果与抗战时期位于大后方的成都茶馆相比较,不难发现二者的差别。成都茶馆在抗战时期的政治文化功能发展到高峰,各种社会集团和政府官员往往将茶馆作为宣扬爱国和号召抗日之地。而位于沦陷区的苏州茶馆则成为苏州人逃避战争带来的苦闷的一种慰藉场所。相较于上海、杭州等沦陷区,处于汪伪政权统治下的苏州具有双重特殊性。一方面,作为沦陷区面临着通货膨胀、物价飞涨等相似问题,但苏州因经济基础和地理位置因素,一般民众的生活并未停摆;另一方面,苏州受伪政权迁入影响，茶馆、菜馆等公共空间受到严格管控，其行业转型也悄然发生。例如，苏州茶馆中的"茶会"和"吃讲茶"两大特色功能随着伪省政府深入实施统制经济而被打压。这一生存缩影反映出茶馆同业组织的转变以及当局对公共空间的进一步控制。

事实上，该书能对"四馆"这四大公共空间做出具体深入的分析与苏州丰富的商会资料不无关系。丰富的商会档案及报刊材料为该书的研究提供了主要依托，有利于将沦陷区城市生活的缩影逐一呈现，不仅可比对位于大后方的成都，也丰富了对普遍意义之外公共空间区域性特殊表达的认识。但辩证地来看，由于档案和报纸材料相对官方这一特殊性，很难具体把握沦陷区普通民众的心理状态和精神面貌，该书对于个人层面的刻画仍有进一步延伸的空间。

三 区域、国家与世界

从城市史研究的角度来看，《劫后"天堂"：抗战沦陷后的苏州城市生活》的研究意义不言自明。该书展现了苏州地区在抗战时期城市转型的特殊面相，在论述沦陷后苏州"四馆"从传统加快走向现代的背后，折射出苏州地区近代化转型的缩影。一方面，太平天国运动后苏州的经济地位已完全被上海取代，而抗战沦陷却为苏州带来一线转机。由于社会相对安定、地理位置的特殊性以及伪政权设置于此，苏州地区的经济呈现出一种畸形繁荣。苏州原本相对繁荣的工商业也在此期间实现转型。另一方面，沦陷后苏州的同业公会在伪政权的强势介入中重组或改组，成为直接由国家控制的民间组织，反映出国家权力、政府权力是如何在城市沦陷这一特殊时期对公共空间乃至个人进行步步渗透与管制。

若将视角转为区域史研究，该书的研究意义则更为鲜明。作为国内的抗战沦陷区，苏州的城市消费水平在沦陷后反而盛于战前，用作者的话来说，即为"战争下的繁荣城市"。这与处于大后方的餐饮消费业繁荣的重庆情形相似。与上海这一沦陷区相比，苏州虽不及上海繁荣，但因受上海辐射作用的影响，吸引了大量外来人口途经苏州或直接在苏州谋生，这反映出沦陷区之间的密切关联。该书对此虽着墨不多，但为理解沦陷区与沦陷区、沦陷区与大后方间的共性与差异提供了启发性的探索。从更广阔的视野来看，该书也是对二战中国战场沦陷区底层视角研究的补充与丰富。[①] 中国的抗日战争是世界反法西斯战争的重要组成部分，但有关亚洲沦陷区和欧洲沦陷区的横向比较仍有很大的研究空间，作者有心于此，也为后续相关研究的可行性提供了一种探索性尝试。

---

① 毛升认为，近年来，中外学界关于沦陷区的研究从基于民族主义立场逐渐向强调"协力"现象的复杂性与模糊性转变，该书的研究方法就体现了这种学术范式的转变，即将讨论放到日常生活、物质文化与地域差异的层面，解构整体性民族主义的忠奸论述。参见毛升《再思战争下的繁荣城市——评巫仁恕〈劫后"天堂"：抗战沦陷后的苏州城市生活〉》，《二十一世纪》第169期，2018年10月，第143~144页。

其命维新：嘉道之际的思想、政治与财政*
——评罗威廉《言利：包世臣与 19 世纪的改革》

方华康**

〔美〕**罗威廉**：《言利：包世臣与 19 世纪的改革》，许存健译，倪玉平审校，社会科学文献出版社，2019。

罗威廉（William T. Rowe）是久负盛名的汉学家、城市史家，他对中国城市汉口、麻城的精微研究曾在海内外学界引起强烈反响，激起了关于中华帝国晚期市民社会、公共空间、城市自治等重要议题的重新讨论。[①] 在中国近代城市史研究工作取得相当的进展后，罗威廉的学术视野开始逐渐转移至晚清社会状况与士绅精英，试图通过考察乾嘉以降士绅精英的心态、思想与生平经历，揭示当时社会面临的内部压力与推动

---

* 本文为国家社科基金项目"近代以来江南的家族组织与社会变迁研究（1860~1949）"（20BZS130）阶段性成果。拙文在写作过程中，受到业师徐茂明教授的悉心指导，也曾提交至 2021 年西北大学在西安主办的"首届穿越时空·国学与汉学高峰论坛"讨论，与会专家给予批评指正。在此一并致以谢忱。

** 方华康，上海师范大学人文学院硕士研究生，中国人民大学数字人文研究中心学生研究员。

① 罗威廉是将"市民社会"理论自觉运用于历史学研究实践的先行者之一。关于"市民社会""公共领域"问题在海内外学术界的讨论情况，参见张志东《中国学者关于近代中国市民社会问题的研究：现状与思考》，《近代史研究》1998 年第 2 期；余新忠《中国的民间力量与公共领域——近年来中美关于近世市民社会研究的回顾与反思》，《学习与探索》1999 年第 4 期。

革新的内在动力。类似旨趣在其对陈宏谋的相关研究①中已有所显现。

《言利：包世臣与19世纪的改革》（以下简称《言利》）是其学术转向下的新成果。从篇幅来看，这是一本实实在在的"小书"，但若考虑到自20世纪七八十年代以来海外中国学界在范式、观念上的显著变化以及罗威廉自身学术脉络的演进，那么，它依然会在方法、观点上带来许多新的启发。这本书总体上依然是"在中国发现历史"，但在"找寻现代性"的道路上走得更加谨慎。总之，只有将这本"小书"置于大的学术背景下加以分析，它的价值与不足之处才能得到恰当而充分的认识。

一　近代前夜：嘉道之际的危机与变革

《言利》将晚清士绅包世臣②作为主要研究对象。通过考察包世臣的生平经历和思想世界，展现转型前夜清王朝面临的多重危机以及经世士大夫所做的救世努力。学界对包世臣已有多方面研究，而罗威廉只是将他视作一位合适的时代观察者。19世纪是"帝制时期的一个转折点，拯救帝制衰落的集体努力时期"，③也是中国由传统向近代社会转型的过渡期。该书旨在"探究19世纪早期中国危机的复杂性"，④有助于认识中国帝制社会的内在肌理，也会丰富我们对近代中国系列嬗变之根由的理解。19世纪中叶，随着西方文明的入侵，中国在内外交困中开始了传统向近代的漫长转型。

---

① 参阅〔美〕罗威廉《救世：陈宏谋与十八世纪中国的精英意识》，陈乃宣等译，中国人民大学出版社，2013。
② 包世臣（1775～1885），字慎伯，晚号倦翁、小倦游阁外史。安吴（今安徽泾县）人，清代学者、书法家、思想家。嘉庆二十年举人，曾官任江西新喻知县。主要作品有《艺舟双楫》《安吴四种》等。
③ 〔美〕罗威廉：《言利：包世臣与19世纪的改革》，第21页。
④ 〔美〕罗威廉：《言利：包世臣与19世纪的改革》，第12页。

罗威廉在"前言"部分剖析了"盛世终结"的过程、影响以及嘉道之际的时代特征和历史定位问题，最后讨论包世臣及嘉道之际士大夫参与的经世革命。他引用海内外相关学者的论述，从人口危机、环境退化、吏治败坏、边疆威胁等几个方面勾勒了"19世纪前后清朝出现的相当突然和显著的衰落"。① 嘉道之际的确是一个"由盛而衰"的转折时期，即所谓"国步之濒，肇端于此"。② 同时，罗威廉也看到了嘉道年间出现的一些新因素。当时一批经世士大夫感受到空前的时代危机，致力于挽救时弊，包世臣就是其中一员。罗威廉试图从其思想内部和文本细微处着手，还原包世臣的复杂面相。

在追索包世臣的思想渊源时，罗威廉注意到了他早年的成长环境、游幕经历及常州学派在其思想形成过程中的重要作用，这种"知人论世"的方式在思想史研究中尤为重要。③ 罗威廉还相当重视对核心文本的细致解读。《说储》是包世臣于嘉庆六年（1801）写下的一篇讨论政治、经济改革的文章，由于观点激进，长期未公开刊印。根据包世臣在序言中的自述，写作这篇文章的初衷是回答学生提出的"如何救世"这一复杂问题。罗威廉以《说储》为中心详细考察了包世臣建构的一整套社会体系，认为包世臣所做的一切努力，最终是为了"恢复有效的国家控制、充实国家财政和增强国家权力"。④

包世臣思想的核心是打击"中饱"而"逐利"，最终实现"利国便民"。在关注国家财政问题、反对腐败方面，包世臣的思想在他的时代里的确具有前瞻性。但罗威廉反对将包世臣称为"经济自由主义者"，

---

① 〔美〕罗威廉：《言利：包世臣与19世纪的改革》，第2页。
② 赵尔巽：《清史稿》卷19《宣宗本纪三》，中华书局，1976，第709页。
③ 葛兆光先生在评价余英时《朱熹的历史世界：宋代士大夫政治文化的研究》一书时指出："哲学史或者思想史如果转到政治文化或者社会生活的领域来写，就会丰满得多、具体得多，也会更加切近当时人的'所思所想'。"参阅葛兆光《思想史研究课堂讲录续编》，生活·读书·新知三联书店，2012，第81页。
④ 〔美〕罗威廉：《言利：包世臣与19世纪的改革》，第70页。

认为"也许对包世臣立场更好的描述应该是中立的'功利主义'"。[1]罗威廉依然还是用西方话语为包世臣思想寻找定位,导致许多矛盾之处难以解释。其实,包世臣的思想深层还是传统儒者"天下兴亡,匹夫有责"的责任伦理和忧患意识在起支配作用。如果用西方现代观念去检视包世臣在"救世"上试图利用的种种手段,也许能发现诸多相似之处,但不容忽视的是,包世臣试图实现的目标与西方历史发展中这些思想资源所达到的效果大相径庭。

包世臣虽目睹了19世纪初以来社会危机的日益加深,但没有充分认识到危机的复杂性。罗威廉认为包世臣虽然不能被视为"经济自由主义者",但他提升了人们对商业和市场效率的信心,他留下的宝贵思想资源为冯桂芬等后世改革者所承继、发扬。总之,嘉道之际是一个社会面临多重困境而一步步走向衰败的时代,同时也是一个充满变革气息的时代。以包世臣为代表的经世士大夫怀着"忧乐为天下"的济世情怀,力图推动维新,延续国运。罗威廉在《言利》中试图说明:他们在危机四伏中找寻出路的努力是可贵的,但因为对危机的认识始终流于表浅层面,最终难以挽救日渐衰微的清王朝。

二 范式、观念与视角:方法论的启迪

美国科学史家托马斯·库恩在《科学革命的结构》中提出"范式"一词,用以解释科学革命的产生机制。人文学界中,马敏将"范式"理解为"某一科学群体在一定时期内基本认同并在研究中加以遵循的学术基础和原则体系"。[2] 以此而论,海内外近四五十年来的中国近代史研究的确经历了"范式转移"的过程,范式转换背后是史家观念的

---

[1] 〔美〕罗威廉:《言利:包世臣与19世纪的改革》,第102页。
[2] 马敏:《商会史研究与新史学的范式转换》,杨念群、黄兴涛、毛丹主编《新史学:多学科对话的图景》,中国人民大学出版社,2003,第487页。

革新和视角的变化。《言利》中讨论的许多具体问题当然有其重要性,但更当注意的是,这部作品对"包世臣故事"的讲述凝结了罗威廉对相关研究范式的反思与突破,也在一定程度上反映了西方汉学界在中国史研究上的新开拓与局限。

罗威廉选择以包世臣作为《言利》一书的研究对象,透露出他在中国史研究实践中一贯的问题关怀和对史学范式长久的反思。他对包世臣相关文本的叙述与解读则反映出他对传统史学观念的挑战。西方世界尤其是美国的中国近代史研究长期受"冲击-反应"模式影响,其背后的观念是"中国停滞论"。而罗威廉是"中国停滞论"最尖锐的批评者之一。[①] 他对汉口、麻城的研究试图发掘中国前近代社会固有的自治和革命传统,对陈宏谋和包世臣的关注则尝试找寻中国社会内部的革新动力。以上几部作品形成的研究脉络始终影响着他对中华帝国晚期社会的基本认识,力图"在中国寻找现代性"。

在《言利》中,一方面,罗威廉在考察包世臣各方面改革思想的过程中揭示出了嘉道之际面临的严重危机,这在很大程度上说明中国社会在西方力量全面进入之前已经开始了江河日下的衰败进程,社会结构处于变动而非停滞的状态。另一方面,罗威廉认为包世臣在作品中"提出了重构国家机器的详细蓝图"。[②] 尽管他的一些想法不具有实践上的可行性,但这些构想的出现及部分付诸实践的努力表明帝制晚期的中国社会已经具有了向近代社会过渡的某些倾向。在讨论盐政改革一章里,他直接提出"让我们跳出'二元历史观',特别是摒弃西方发展与亚洲停滞、西方冲击与亚洲回应的研究模式"。[③]

《言利》一书在范式上的真正创新不仅在于跳出"西方中心论"的

[①] 参阅王笛《罗威廉著〈救世:陈宏谋与十八世纪中国的精英意识〉》,《历史研究》2002年第1期,第183页。
[②] 〔美〕罗威廉:《言利:包世臣与19世纪的改革》,第46页。
[③] 〔美〕罗威廉:《言利:包世臣与19世纪的改革》,第127页。

旧史观，更在于对"在中国发现历史"这一新理论的积极反思和审慎运用，力图"发现在中国的历史",①即尝试从传统内部的发展逻辑理解嘉道之际的社会变动和精英意识。这一点集中体现在罗威廉对包世臣经世思想的评价上。自柯文提出"在中国发现历史"以来，国内学者围绕它展开的理论反思相当细致，但鲜有学者在研究实践中将其纳入视野，加以批判性运用。此外，罗威廉在《言利》中力图以宏阔的文明比较眼光考察全球视野中的嘉道之际和以包世臣为中心将社会经济、学术思想、政治变动等内容熔于一炉的整体研究方法也颇具启发性。

三 "异域之眼"与"异域记忆"：西方中国史研究的局限

自西方传教士进入中国以来，中西文明就一直处于交流碰撞中。"在19世纪中国人的学问依然自成系统，与域外的汉学截然异趣，那么在进入20世纪以后，情况已完全改变了。"② 时至今日，中国学者在开展中国史研究时，已经很难忽视西方学界的相关研究成果。"就西方学术成果而言，只有循西方文化体系的内在发展理路去解读其具体研究，才能弄清其心意所指。必有此理解，才谈得上对话、批评与借鉴。"③对于罗威廉的《言利》一书，也只有在充分理解作者所处文化背景和学术环境的基础上，才能尝试较为深入地认识其长处和局限。

包世臣并不是林满红等学者所认为的"经济自由主义者"，这是在《言利》一书中被反复强调的观点。然而，罗威廉没有跳出以"自由主义"话语衡量包世臣思想的窠臼，他用以否定包世臣"经济自由主义

---

① 此处借用罗志田先生的说法。参阅罗志田《发现在中国的历史——关于中国近代史研究的一点反思》，《北京大学学报》（哲学社会科学版）2004年第5期，第107~112页。
② 刘正：《海外汉学研究——汉学在20世纪东西方各国研究和发展的历史》，武汉大学出版社，2002，第2页。
③ 罗志田、葛小佳：《东风与西风》，生活·读书·新知三联书店，1998，第11页。

者"身份的标准是从西方历史发展中概括出的一系列理论概念。进一步说，他没有充分考虑明清以来中国士大夫思想发展的内在逻辑。罗威廉在书中难以从正面给予包世臣复杂的经济思想一个统一、自洽的历史解释，而流于讨论应将其置于"自由主义"或其他主义的框架。这一结果显然与他长期置身西方社会及其学术环境有密切联系。这并非试图说明只有本国人才能真正理解一个国家的历史。正如有人反驳的那样："如果要选择心脏病医生，是否需要以对方曾经患过心脏病为前提时，他们承认，直接经验并非必要条件。"[①]

葛兆光曾借用日本学者兴膳宏一本随笔集的名字提出"异域之眼"的概念，认为"（域外中国学）不仅丰富了我们中国历史文化研究的书架，而且还提供了观看中国历史文化的另一个角度"。[②]"异域之眼"的视角使我们有机会更全面地去认识中国传统社会结构和历史变迁。然而，本国学者与异域学者在面对同样的研究对象时，往往都会以自身经年累月形成的文化心理及置身其中的学术传统去观察、思索，从而得出有所差异的判断。我们需要提醒自己，"异域之眼"在用以观察中国社会以前，已经承载了许多的异域记忆。唯有如此，我们才能真正读懂罗威廉的《言利》，理解西方学术成果的魅力与局限，才能谈得上交流、互鉴。

[①] 〔英〕魏根深：《致中国读者》，《中国历史研究手册》（上），侯旭东主持翻译，北京大学出版社，2016。
[②] 葛兆光：《域外中国学十论》，复旦大学出版社，2002，第189页。

评姜抮亚《东亚华侨资本和近代朝鲜：广帮巨商同顺泰号研究》

冯国林*

〔韩〕姜抮亚：《东亚华侨资本和近代朝鲜：广帮巨商同顺泰号研究》，广东人民出版社，2018。

近年来，海外学界有关朝鲜华商史的研究显著增多。其中，韩国学界产生了一批朝鲜华商研究的重要成果，颇值得重视。[①] 韩国学界对朝鲜华商的早期研究，主要侧重于批评华商对朝鲜经济的"侵略"，进而探讨本国商人的应对，但对华商本身的研究较为薄弱。[②] 中国学界对朝鲜华商的早期研究，主要集中于港台地区，代表学者有彭泽周、林明

---

* 冯国林，集美大学马克思主义学院讲师。

[①] 权赫秀在对朝鲜半岛华侨研究的回顾中涉及 2010 年以前国际学界的朝鲜华商史研究，参见权赫秀《20 世纪以来国内外学界的朝鲜半岛华侨史研究综述》，《韩国研究论丛》第 23 辑，世界知识出版社，2011，第 210~232 页。2010 年以来韩国学界对朝鲜华商史的研究成果颇值得留意，参见文明기《한국화교사 연구의 회고와 전망：2010 년 이후의 연구성과를 중심으로》，《역사문화연구》68，2018；冯国林《韩国华侨史研究的回顾与展望——以近年韩国学界为中心》，《海洋史研究》第 16 辑，社会科学文献出版社，2020，第 377~390 页。

[②] 韓沽劤：《開港期 商業構造의 變遷：특히 外國商人의 浸透와 韓國人商會社의 成立過程을 中心으로》，韓國文化研究所，1970；孫禎睦：《韓國 開港期都市變化過程研究，開港場，開市場，租界，居留地》，一志社，1982；李炳天：《開港期 外國商人의 侵入과 韓國商人의 對應》，博士學位論文，首爾大學，1985。

德、张存武等人。这些研究大多侧重于采用政治外交史视野，忽视了商人自身的声音。最近，海外学界对朝鲜华商史的研究，主要侧重于华商的贸易活动和华商与政治、外交的关系等层面。比较有代表性的有拉森（Kirk W. Larsen）、石川亮太、姜抮亚等人对朝鲜华商同顺泰的研究，李正熙从经济史角度对在朝华侨蔬菜商、华侨纺织商人、华工的研究，金希信、李银子、权仁镕、朴正铉等人从政治外交史角度切入，研究朝鲜华商组织、围绕华商产生的政治外交交涉等。上述学者对朝鲜华商史中的诸多问题已有基本结论，但在华商微观个案的考察方面，则有待深入探讨。从这一意义上说，姜抮亚的《东亚华侨资本和近代朝鲜：广帮巨商同顺泰号研究》一书对同顺泰的个案研究有着独特的学术价值。

作者姜抮亚专攻中国近现代经济史，特别是对民国时期广东经济社会建设的研究有颇多创获。同顺泰为广东商人所创办，也在其研究的延长线上。该书并无明确的时间断限，大体集中于1882~1949年。该书出版之前，同顺泰号这一著名朝鲜华商商号并未受到中国学界的重视，反倒在海外学界受到关注。该书的学术创新之处主要体现在以下三方面：一是使研究者重新发现朝鲜华商经营史料的学术价值；二是深化了对朝鲜华商网络的认知；三是为朝鲜华商史提供了东亚史研究视角。此三方面创新，对于深化朝鲜华商史的研究有着重要意义。

一 新材料：朝鲜华商经营文书的收集与使用

史料是历史研究的基础，历史学者应当尽量扩充史料的来源。在姜抮亚之前，朝鲜华商史的研究使用的文献资料主要有外交档案、新闻报纸、专题资料汇编等，对朝鲜华商自身的声音关注不够。历史上鲜活的朝鲜华商个体他们如何思考问题？他们在面对急剧变化的东亚变局时如何调适因应？回答上述问题，必须扩充相应的史料。陈寅恪曾在《陈垣敦煌劫余录序》中强调："一时代之学术，必有其新材料与新问题。

取用此材料，以研求问题，则为此时代学术之新潮流。治学之士，得预于此潮流者，谓之预流（借用佛教初果之名）。其未得预者，谓之未入流。此古今学术史之通义，非彼闭门造车之徒，所能同喻者也。"①

作者便是善于挖掘新史料的典型。朝鲜华商同顺泰是该书的主要研究对象，其留存的《同顺泰文书》是该书重要的史料来源。企业史或者商业史的研究，重在利用内部的经营史料来考察企业或商业的经营状况、资金流通等情形。总体而言，学界对朝鲜华商内部经营史料的利用尚不充分。该书不仅援引华商文书及订货单，还综合利用中日韩三国的报刊资料、外交档案、个人传记、日记、文集等内容，呈现了朝鲜华商经营的相对完整的图景。

以往对朝鲜华商的研究由于过分重视官方材料，给人的印象是，华商只不过是清政府对朝政策的工具。例如，学者彭泽周从政治史的视角考察了明治初期日、韩、清的关系，其中考察了华商在清日竞争中的地位，忽视了华商独立于清政府的一面。换言之，由于上述研究主要利用官方档案，几乎很少能反映朝鲜华商自身的声音，对他们的主观能动性体现不足。与大多数研究仅仅强调清政府对朝鲜华商的政治庇护及两者间的合作不同，作者在挖掘新史料的基础上，阐明了朝鲜华商与清政府之间的复杂关系。作者发现，在朝华商并非如既往研究所言，完全为清政府利益的代表，或仅仅依附于母国的政治、经济政策。相反，华商在朝鲜经营多年，有着独立于官方的利益认同，他们常常以商人的视角判断处理政治及经济事务，有时甚至会与官方政策相左。此点在甲午战争时期体现得尤为明显。战争爆发初期，朝鲜华商对清朝军队的到来满怀期待，极为期盼"天兵"的到来，但战争中清朝官兵的表现令在朝华商大失所望。谭杰生感叹称："自威海失守以后，水师全军覆没，陆军屡闻溃败，牛庄亦经失去，似无敌手，中国之将官无用如此，极之可

---

① 陈寅恪：《陈垣敦煌劫余录序》，《金明馆丛稿二编》，上海古籍出版社，1980。

叹。"清朝官兵军纪涣散,对朝鲜百姓多有滋扰。对于清政府的战败,在朝华商表示失望,担心"在外营谋,国体一失被人欺凌,出入亦似无面目见人"。① 透过在朝华商的视角,可以看到与以往官方视角不同的历史图景。

二 追索朝鲜华侨网络的兴衰

有关朝鲜华商网络,学界已形成一些基本结论。日本学者石川亮太认为华商的关系网络对其扩大势力有着积极作用。② 美国学者拉森也赞同上述说法,他认为华商善于在商业组织和实践中运用关系网,使得彼此间的商业关系更有信任感,也容易促成更高程度的合作。比如家族关系的运用就在华商网络中占有极为显著的地位。此外,华商的成功有着其他原因,比如资本的分离和管理、关注消费者的需求等。③ 滨下武志则论证了朝鲜华商拥有独特的金融网络。他认为海外华商的金融网络对其商业成功有着重要意义。中国商人在朝鲜商业中支配地位的取得,"归根结底是由于他们的金融势力——他们拥有良好的金融网络"。具体而言,华商拥有钱铺、钱庄、银行三层金融网络,有着充足的资产及良好的信誉。④ 上述研究表明,朝鲜华商的成功,绝非仅靠清政府的政治支持,而是取决于多种因素。而姜抮亚的研究则进一步证实,华商可以凭借自身取得不错的发展。例如甲午战争时期同顺泰之所以能成功转危为机,正是依托其强大的商业网络。

---

① 《谭杰生致蔡雪乔函》,甲午年十一月初八(1894年12月4日),《同顺泰往复文书》第6册,广东人民出版社,2019,第853页。
② 石川亮太:《조선 개항 후 중국인 상인의 무역활동과 네트워크》,《역사문제연구》20號, 2008,第9~50頁。
③ Kirk W. Larsen, *Traditions, Treaties, and Trade*: *Qing Imperialism and Choson Korea, 1850-1910*, Cambridge, Mass.: Harvard East Asia Center, 2008, p.263.
④ 〔日〕滨下武志:《中国、东亚与全球经济:区域和历史的视角》,王玉茹等译,社会科学文献出版社,2009,第223页。

同顺泰的发展历程中，大致有三个比较重要的时间节点：第一是创立期；第二是甲午战争前后的资本扩张期；第三是1920年代中期以后的没落期，直至1937年全面抗战爆发后该号撤离朝鲜。大体而言，同顺泰最为繁荣的阶段即在甲午战争后至1920年代中期之前的数十年。[①]同顺泰的发展历程，与朝鲜华商的整体发展趋势相符。政治环境的恶化无疑是同顺泰衰败的重要原因之一。作者认为长期以来日本的打压政策，是朝鲜华商衰落的根本原因。与李正熙一样，姜抮亚极为强调1920年代日本强化保护关税政策对从事进出口贸易的华商的冲击。不过，作者也提示，内部投资活动的失败、早期创始人谭杰生的逝世，与同顺泰最终走向没落也有重要关联。可惜的是，作者虽对同顺泰的兴起、发展勾勒得较为详尽，但对同顺泰如何走向衰落则缺少更多的梳理，这不免留下一些遗憾。

事实上，除了政治因素外，华商的整体衰落也与中国国内工业的落后有着密切关联。朝鲜开港后，华商从上海输入英国棉布等产品，而日商则需从上海购入英国制品，再出口朝鲜。到了20世纪二三十年代，华商逐渐丧失此种价格优势。随着日本轻工业的发展，日商在朝鲜市场的优势进一步加强。以夏布业为例，20世纪二三十年代中国夏布业逐渐衰落，朝鲜华商逐步丧失夏布市场的主导权。[②]作者若能对中日两国的工商业发展进行比较，或许能发掘出更多华商走向没落的原因。

该书对东亚地区人、财、物、信息的流动也有较为精深的研究。作者提出，"华侨问题要置于东亚框架中考虑，朝鲜华侨问题也需结合东亚范围内韩国人（原文如此，疑为中国人之误）、朝鲜人、日本人的迁移进行探讨"（第22页）。除了人的流动外，东亚商品市场的变动也受

---

① 姜抮亚：《近代东亚跨国资本的成长与局限——以在韩华侨企业同顺泰为例》，《文史哲》2005年第5期，第79~87页。
② 彭南生、李中庆：《中国近代夏布业何以衰落？——以20世纪二三十年代夏布输朝危机及其应对为分析视角》，《中国经济史研究》2016年第4期。

到作者的重视。作者在第三部中着重阐述了被同顺泰号引入朝鲜的彩票、砂糖等近代新商品,将这些商品置于近代东亚空间之下,便于读者理解亚洲产业格局的变动及其对朝鲜华商地位的影响。商品的流通网络亦是作者关注的焦点之一。作者通过对同顺泰文书的分析,探讨了华商如何将砂糖及糖浆等商品引入朝鲜市场,进而分析同顺泰号砂糖进口的长期趋势,最终讨论近代东亚制糖业的转型如何影响朝鲜砂糖市场这一问题。以同顺泰的砂糖贸易为例,1907年同顺泰的精糖进口消失,整个糖类进口量较1894~1895年大为减少,作者认为这与东亚制糖业的格局变动有关。甲午战争后日本以占领台湾为契机,大力发展制糖业。在东亚制糖的生产、流通上,日商压倒华商,在精糖市场中占据主导地位(第183~184页)。

人的关系网是朝鲜华商网络的重要组成部分,同顺泰的关系网包括血缘、地缘、业缘等。石川亮太等学者虽然已经注意到同顺泰背后的人际网络,但并未进行深入分析,该书则还原了同顺泰号背后的"广东帮"人际网络。"广东网络"是指出生于广东的洋务派官僚及广东华商群体。众所周知,清政府的对朝鲜政策由洋务派及在广东出生的买办主导实行。同顺泰的东家上海广肇帮的领袖梁纶卿与郑观应等有着极深的交情。此外,在朝鲜的谭杰生与袁世凯、唐绍仪等驻朝鲜的外交官也维持着较为密切的联系。同顺泰的成功与驻朝鲜外交官员对同顺泰的保护密不可分。与日本的福建帮网络不同,朝鲜的广东帮网络是一种政治性的网络(第93页)。除了洋务派官僚外,分布在东亚各通商口岸的广东帮为同顺泰的人、财、物、信息的流动提供了极大的便利。

同顺泰的信息网络并非作者关心的焦点。相比之下,石川亮太对同顺泰的信息网络有着极为详细的分析。例如,石川以同顺泰书简资料为中心,考察了朝鲜开港期华商的活动和信息网络。在石川看来,同顺泰构建了覆盖上海、香港及日本等东亚各地的华商网络。这些华商商号依靠互相协助展开贸易活动，还利用书信、电报、报纸等多样的媒体彼此提供市场信息，维持广泛的网络。①

三 东亚视角下的同顺泰

1990年代以来国际历史学界出现"跨国转向"，跨国史研究由此兴起。与以往民族国家史相比，跨国史更关注18世纪晚期以来人员、思想、信息、资本、商品和制度的跨国流动及联系。②该书的出版，恰恰暗合了跨国史研究的时代趋势。以往的历史研究因局限于国家的框架，对华侨等少数移民群体甚少关注。同顺泰重新被纳入研究者的视野，有着特定的学术背景及现实关怀。正如姜抮亚指出的："重新审视同顺泰号恰说明对朝鲜华侨史的研究正在摆脱国家中心及日本中心的框架，这样的转变是在整个历史学的学术性变化以及中国跃升为大国的现实环境变化的共同作用下发生的。"（第3页）

姜抮亚并非同顺泰号的唯一研究者，美国学者拉森及日本学者石川亮太对同顺泰亦有精深研究。拉森主要侧重政治外交史，强调朝鲜华侨的政治色彩。而石川与姜抮亚的研究各有特色。③正如作者所言，近年来日本学者主要从经济史角度探讨朝鲜华商的贸易网络，韩国学者则主要从政治外交史的角度研究朝鲜华商。而作者认为自己的研究路径介于两者之间，关注政治与经济的交叉，聚焦于亚洲区域内资本流通、民族主义与华侨资本的关系，阐明朝鲜华侨资本的扩张及局限。作者敏锐地指出，日本学界对朝鲜华侨的研究注重经济数据的分析，无视政治因素及民族矛盾。正是在这一批判意识下，作者不仅关注华侨的经济层面，

---

① 石川亮太:《開港期 中國人商人의 活動과 情報媒體-同順泰書簡數據를 중심으로》，《奎章閣》第33辑，2008。
② 王立新:《跨国史的兴起与20世纪世界史的重新书写》，《世界历史》2016年第2期。
③ 关于石川亮太的研究，参见冯国林《石川亮太〈近代亚洲市场和朝鲜：开港·华商·帝国〉》，《海交史研究》2019年第3期。

还将影响朝鲜华侨发展的政治因素纳入研究视野，凸显出自身独特的研究关怀。

全书主要采用东亚史研究视角。近年来，韩国历史学界涌现出一批采用东亚史视角的著作。东亚史视角将中国史视为东亚史的一部分，"具体呈现了从东亚脉络重新审视中国史的形态"。[1] 该书从东亚史的视角出发，结合东亚经济史和国际政治史视角，将经济、政治等因素纳入朝鲜华商史研究，试图重新审视朝鲜经济的东亚化乃至世界化过程（第10页）。作者在思考东亚华侨资本的问题时，也试图将曾在东亚出现的欧美等因素纳入研究范畴，体现出作者全球史的研究视野。

不过，书中的部分表述和一些事实仍有探讨的空间。该书虽立足于探讨东亚华侨资本，但对某些重要议题的研究稍显不足，有些问题并未有深入探讨。如该书主要关注华商本身，在史料和叙述上对同顺泰商业上的竞争者山东帮商人、日本商人、朝鲜商人乃至欧美商人关注较少，未能充分展现多方博弈与合作。至少在1905年前，山东帮一直是同顺泰最强有力的竞争对手。作为后来者的广东帮，如何与山东帮展开竞争？这是同顺泰在生意开展过程中密切关注的问题。同顺泰与山东帮商人竞争时的策略亦颇值得探究。总体而言，同顺泰在与山东帮商人竞争时采取扬长避短的策略。例如，洋布匹头并非同顺泰的优势商品，因此逐渐减少洋布匹头的输入规模。甲午战争后，同顺泰凭借多元化及本地化经营等策略，成功积累起大量的财富。与山东帮商人相比，同顺泰的政治色彩更为浓厚，与袁世凯、唐绍仪等人的亲密关系为其经营提供了便利，这也是其与山东帮商人竞争的一大利器。除了竞争关系外，同顺泰与山东帮商人也有一定的业务合作，此点较少为以往研究者所注意。石川亮太曾在论著中有所提及。他指出，山东帮商人在汇款时常会委托同顺泰代为汇款，但未能对此展开论述。事实上，同顺泰与山东帮商人

---

[1] 白永瑞：《韩国的中国认识与中国现代史研究》，《近代史研究》2011年第2期，第152页。

合作的例证还有不少。如同顺泰与烟台履泰谦及同顺成的业务合作便是典型的事例。在汇款业务上，同顺泰与山东帮商人也有一定的交集。

除上述关键问题值得商榷外，该书的一些细节亦有待完善。例如，书中部分人、事、地的内容和表述错讹之处颇多，包括专有名词翻译错误、不符合中文语法习惯、校对排版问题、漏字问题等。试举一例，如将陈树棠担任的总办朝鲜各口商务委员译为"总办常务委员"（第28、78页）。类似的翻译错误还有很多，兹不赘述。

该书是韩国学界对朝鲜华侨史研究的最新成果。在近年提倡跨国史研究的大背景下，该书的出版可谓恰逢其时。虽然在若干细节方面存在一些瑕疵，但瑕不掩瑜，该书在东亚经济史、海外华商史等领域都有着重要的学术价值，相信该书的出版必将大大推动中国学界对韩国中国近现代史研究的关注，同时也会进一步加强中韩历史学界的交流。

评白德瑞《爪牙：清代县衙的书吏与差役》

李璐男[*]

〔美〕白德瑞：《爪牙：清代县衙的书吏与差役》，尤陈俊、赖骏楠译，广西师范大学出版社，2021。

有清一代，县级政府作为最低层级的正式行政单元，是百姓与国家之间发生联系的纽带。县级衙门在税务、司法、行政、民事领域，忠心地执行着中央指派的任务。然而与现代国家相比，清代县级衙门正式行政人员之数额少得可怜。[①] 因此，在清代地方政令执行的实践领域，非正式的组织往往发挥着重要作用，如经制外的书吏、差役、长随、幕友、歇家、士绅、宗族等。随着大量民间文献的发现与解读，士绅与宗族在地方事务中如何与国家发生关系已有深刻的研究。但书吏与差役如何开展工作，其内部组织又如何，这样的问题囿于研究材料及视角的限制，长期以来未取得明显进展。白德瑞《爪牙：清代县衙的书吏与差役》一书以巴县档案为基本史料来源，探讨书吏与差役这两大群体的工作实践，包括其组织架构、事务分工、办事流程、内部晋升与纠纷解

---

[*] 李璐男，厦门大学历史系博士研究生。
[①] 瞿同祖：《清代地方政府》，范忠信等译，法律出版社，2003，第21~24页。

· 212 ·

决机制，及社会因素如亲族、庇护、派系等对内部组织的影响，并以收入最大宗的案费为例探讨吏役如何分工与解决纠纷、士绅与吏役如何就案费收取进行博弈，进而提出在正式制度无法满足政府实际运作需求的情况下非正式行政制度存在的必要性和正当性。

在中央与科举士人笔下，吏役的形象往往与索取陋规和贪赃枉法紧紧联系在一起。针对书吏和差役颁布的诸多监督与惩罚条例，更强化了研究者对吏役的刻板印象。然而，吏役在赋役征派、司法诉讼、治安维护、行政文书处理等方面实实在在地与老百姓和上级政府产生接触，若清代县衙皆被不法之徒充斥，那么清代行政体系该如何在此基础上有效运转呢？因此，在地方性文献的支撑下，重新审视这些非正式基层行政人员的工作显得尤为必要。

作者指出，士人文献中对吏役负面形象的勾勒，首先源于吏役索取陋规的行为。19世纪以降，人口与商业活动的增长加重了县级政府的工作负担，经制的衙门吏役额数远远不能满足县级政府的实际工作所需，因此在县衙办公的人员很大一部分是非经制的。在地方行政经费有限的情况下，吏役只能获得极其有限的酬劳或零酬劳。因此，他们选择在办公时收取以陋规为代表的各种惯例性费用以支撑办公体系的运转及个人生活所需。可以说，吏役恶名的形成与清代行政体系的缺陷分不开。

从文化角度讲，吏役负面形象的产生源于科举考试所塑造出的"精英士人文化"。在这样的文化氛围下，出自科举正身的官员被视为有正当权利获得行政权力。为了维系精英群体的利益和基于此构建的政治权力等级，儒家话语将非科举出身却在行政事务中拥有专业性技能的吏役描绘为社会底层之人为了谋利而贪鄙不堪的形象。这样的话语表达不仅是官僚对吏役的一种描述，更是全社会的文化认同，亦在吏役群体内部被利用以表达自身的合法性与正当性。士绅阶层为了保持其在社区事务中的权威性（即调解纠纷，使民事纠纷的解决方式尽量不上升至诉讼的地步），强化自己所掌握的文化资源与意识形态资源，亦用此种措辞来表达他们对吏役的看法。吏役内部也会借用儒家话语来标榜自身的忠实可靠与描述对手的贪腐卑劣。在叙述中，是否获得正当性的权力是清白与贪腐的判别标准。在官僚和士绅的标准中，吏役是官府雇佣来的临时性劳役，并不具备获得行政权力的合法性，其铨选、考核、晋升亦不在吏部管辖范围内，因此吏役全体是贪腐的。在吏役群体内部的判别标准里，是否登载于县衙内部的文册上，以及是否在内部组织中获得认可是判别对方是否贪腐的标准，"白书""白役"这两个词语被视为不法吏役的代名词。在内部组织中不被认可是"白书""白役"的首要特征，这表明在中央制定的制度性的官僚体系之外，吏役已在实践中形成"非正式的正当性"。

在清代，吏役原本是民众向官府无偿提供的具有时限性的劳役，但吏役工作的复杂性要求这些人具备专业技能，且经受长年的训练，这使得吏役的工作趋向于一份职业。据该书的统计，巴县书吏中经书的任职年限约为20年，小书任职年限约为10年，只有典吏的任职年限受官府限制为5年；承办差役，官府规定不超过3年，但往往粮役、捕役等各类差役的任职年限皆超过15年。也就是说，承充吏役的人员将此作为一份可获得收入的可靠性营生。与此相对应的是，巴县知县的平均任职年限少于3年。在清代的任职回避制度下，知县往往是他省科举出身士人，于是尽管清代知县被寄予管辖其属下吏役的重任，但现实情况是，这个只在县衙内任职数年的外人几乎不可能控制吏役的行为。知县扮演的更像是仪式性的和象征性的角色。吏役内部发生纠纷时，往往先在衙神祠这个代表官方在场的"象征性替代品"里由典吏们组成的议事会议调解，在议事会议调解无果的情况下，交知县裁决，而知县的判决往往会以吏役内部形成的惯例性规则为依据。

所谓吏役内部形成的惯例性规则是在人员选用、工作分派、职务晋升、纠纷解决等方面形成的一套规矩。在这套规矩下，所有书吏和差役想要进入衙门当差，就要交数量不等的"参费"，用于所在班房的办公经费，为 50~1000 两。这也是对此前认为吏役是出身贫寒的社会边缘性群体进行有力反驳的证据。进入衙门后，吏役要根据任职年限和工作表现进行排名，作为晋升的依据。从等级来看，书吏分为典吏—经书—小书、帮书，差役分为管事—领役—总役—散役。等级意味着在衙门内权力的大小、职务性地位的高低和分得案费的多少，吏役内部的晋升体系使得他们排斥外来空降的人员。通常来讲，知县不会强硬打乱他们的晋升流程。

惯例性规则的实施单位是班房（书吏）和班轮（差役）。书吏按所处理的事务分为户、刑、吏、仓、礼、盐、兵、工、承发、柬等十房。其中户房和刑房是事务繁重、人员数额最多的部门，所分得的案费也最多。各房事务独立运作，职能和要处理的事务相对清晰，但在面对主要收入来源案件的分派时，各房依旧会为了抢夺案件的承办权而产生纠纷。差役的职权划分并不那么清晰，差役可依据分工分为粮役、盐役、捕役和民壮。其中粮役和捕役任务最重，作为非文书工作的执行者，他们与社区的接触也最多。差役的主要收入来源亦是案费，围绕案费产生的争端是最常见的。

在惯例性规则之外，社会关系如亲族、庇护和派系关系也在吏役承充、晋升和工作开展时发挥作用。亲族网络、上下级的庇护关系、横向的派系关系会为吏役提供各种资源。基于这些关系形成的同盟会垄断班房或班轮的资源，但同时也会成为对手攻击其滥用权力的借口。在台南，吏役的承充出现买卖和父死子继的现象，但在巴县这种情形并未出现，更多的还是晋升惯例在起作用。相比于书吏，差役更直接地接触百姓，与地方士绅打交道的机会也相较为多，因此差役的社会关系还有地方社区的领袖——乡保和士绅。差役在地方开展工作，既离不开社区领袖的合作，又由于影响社区领袖的权威而受到限制，如三费局的成立表明士绅会采取成立半官方性机构的方式监督差役收取案费的行为。

该书向我们展现了一幅在国家官僚体系之外的政府工作人员，通过形成内部的规矩和程序以开展行政实践的场景。经制外的吏役在国家的视野里是非法的、非正当性的，但他们将承充吏役视作一份可靠的营生，发展出一套自我认可并受知县认可的行事准则，即所谓"非正式的正当性"。

该书将县级衙门中执行政务的非经制工作人员的工作生活及人际关系展现在读者眼前，将此前研究所固设的吏役形象以更饱满的姿态展露出来。在书中，吏役不再是贪污卑鄙、奸猾狡诈的群体，而是将在衙门工作视为自己长期从事的正当性营生，所收取的案费不是敲诈勒索，而是在民众可承担范围内收取支撑衙门工作开展和个人生活的补偿性收入。贪赃不法的行为确实存在，但不再被视作普遍性的行为，而是个别吏役为谋取私利所采取的行为，这种行为会由吏役内部所形成的惯例性规则来惩罚。因此，该书有助于打破我们对于清代吏役的刻板认知，更客观地认识吏役的工作在清代行政系统中所起的作用。

该书宣称"将清代县衙视为各种资源和做法汇聚于此的一处场所"，但在分析中，知县的角色被映衬得有些扁平化。在书中，知县是宣扬儒家伦理、丑化吏役形象的卫道士，是庸碌无为、只能遵循吏役内部自决规矩的外来者。但其实，档案中却又处处透露着国家赋予的正当权力在吏役工作中的威严性，吏役产生纠纷要交由知县裁决，吏役的革除需要得到知县的许可，典吏也正是因为有了国家赋予的经制地位而在书吏群体中处于最高地位，因此我们固然要认识到非正式制度在县级衙门事务中的重要性，亦不能忽视正式制度那潜移默化的影响。

评谢晓辉《制造边缘性：10~19世纪的湘西》

吴舒岚[*]

谢晓辉：《制造边缘性：10~19世纪的湘西》，生活·读书·新知三联书店，2021。

《制造边缘性：10~19世纪的湘西》一书是中山大学谢晓辉研究员于2021年6月出版的新作。作者在开篇提出了以下问题——湘西地处中国腹地，与中原互动了上千年，为何直到清朝才系统设立州县、建立王朝国家的直接统治秩序？

学界关于边疆族群的研究由来已久，并长期存在两种对立的视野。受历史传统上的天下观、正统观的影响，前一类研究多在"开化"或"汉化"的模式下展开。而随着近代民族国家的发展以及殖民主义的扩张，西方学界则试图打破中原单一中心说，强调边疆的多重历史动力，诸如特纳（F. J. Turner）的"边疆假说"、怀特（Richard White）的"中间地带"理论等。两种研究模式各有缺憾，因而作者提出，对于西南族群的研究，除却将"西南传统"等本地社会特质放在更为重

---

[*] 吴舒岚，清华大学人文学院历史系博士研究生。

要的位置外，更应该注意到历史上不同主体对"边缘性"的长期经营。①

作者师从科大卫教授，求学经历深受历史人类学的影响。在长期的历史田野中，作者对地方宗教信仰以及科仪文书（参见第四章、第六章）给予了格外的关注。该书的正文部分自第二章始，以时间为轴，以华夏与蛮夷、中原王朝与西南地区的缓冲地带，以及湘西内部的南北分化三组对比贯穿始终。第二章叙述了自汉代以来盘瓠传说的形成与发展，以及宋神宗时期的南北江开发行动。第三、四章以元明时期土司制度为基础，探讨湘西地区的政治格局、土地开发与礼仪秩序。第五、六章则聚焦清代改土归流之后，湘西南北的基层组织、赋税政策和司法诉讼的差异，以及地方神明的历史演变。

从西汉的"武陵蛮"到东汉末年的"盘瓠蛮"，湘西族群的名称变化展现出华夏边缘与政治地理边缘的推移，以及土著被赋予身份标签的全过程。在盘瓠传说和溪州铜柱的故事里，土酋会为了维护利益，维持自身的边缘性。而从拒绝土酋献土中也可以看到，出于作为西南其他强大政权缓冲地带的考虑，中原王朝并不急于湘西地区的华夏化。王朝唯一一次尝试改变这一格局的行动，是神宗年间的开发南北江，但其目的也只在打通盐、茶商贸通道，且由于开发程度的不同，以沅水分界的南北江地区自此走上了两条发展轨迹。

元朝立国以后，一改西南地区多"国"林立的格局，湘西丧失其作为缓冲地带的身份，由元朝政府在当地设置土司进行管理。明初，随着卫所移民与里甲编户的推广，中原王朝对湘西的统治力度继续强化，沅水作为华夏与边缘之"界"的角色逐渐消退。到了明中后期，卫所制度弛败，在官府弱、土著强的格局之下，土司借助苗乱，获得了王朝认可的、可直接进攻苗寨平乱的正统性，土著也顺势成为堡哨驻防和土

---

① 谢晓辉：《制造边缘性：10~19世纪的湘西》，第13、222页。

地开发的主力。以哨堡为界，此时出现了"熟苗"与"生苗"的人群分类，二者之间具有高度的流动性。哨堡也顺势代替沅水，成为新的汉苗分界。

政治格局的转变，势必会影响到当地的文化秩序。在明代土司制度之下，中央王朝通过众建、分化土司，以及掌握名号赐予等政策来施加影响。而土司在利用联姻来巩固政治联盟的同时，也通过文书体系争取官方支持。学习汉人文化成为其巩固自身权力的必要条件。同一时期，湘西的楠木开采与土兵征调获得的大量白银收入，恰好为此提供了经济基础，土司开始积极延请汉人入幕，并出现了兴修祠堂、书院与庙宇等一系列文化行为。但是与正统礼仪相对，当地广泛存在土王崇拜等本土祭祀。华夏化与本土化的信仰崇拜在当地并行不悖，是政治格局在信仰领域的反映。

清初，湘西通过改土归流、开辟苗疆，建立起比之于内地的州县行政官僚体系。然而南北地区建制并不相同，湘西北在原土司区实施改土归流，湘西南则设郡县。不同的基层架构造成了赋税制度的差异，前者主要依靠土地登记，后者则基于人丁户口。直至乾嘉苗民起义后，傅鼐在湘西南实行均田屯勇政策，才最终清丈并登记了苗区土地，完成了对土地的确权。而在司法和礼仪秩序方面，苗区保留着依靠"苗例"并借助白帝天王断讼的传统，北部则主要依循内地法进行治理。多重影响之下，苗区作为帝国之"边"的属性不断加强，而湘西北地区的异域色彩逐渐淡化。

而在流传至今的白帝天王故事的口述版本中，其母亲杨氏一直扮演着关键角色。早在明初，杨氏一族已经是掌握湘西水陆交通要道的关键势力。明中叶大修哨堡边墙后，杨氏也以地方大酋的身份参与了苗疆的开发。18世纪以后，关于白帝天王的传说却出现了另外一个演变脉络，即通过男性谱系，如杨家将或播州杨氏，将地方大姓的发展与王朝大事相联系，白帝天王在此时兼具神和祖先的双重身份。而到了19世纪，王朝将天王纳入祀典,并通过科举倾斜政策,选拔了一批非杨氏的中低层贡生。他们在参与地方志书修纂的过程中,淡化了天王作为杨氏祖先的身份,也强化了官方史籍中地方叙述的色彩。

回到该书的主题,究竟是谁在制造湘西的边缘性?实际上,是中原王朝和湘西土著共同构成了"制造"的主体,维系着边缘的存在。一方面,在元代大一统格局形成之前,中原王朝需要湘西作为缓冲地带,作为其与西南王权的中间屏障。明代以后,出于降低统治成本的考虑,王朝选择"以夷制夷"的治理方式,借助湘西土酋驾驭"不相统属"的苗民。实行羁縻统治,在客观上也强化了这一地区的边缘性。而清代改土归流以后,原土司区和苗区实行的不同制度也是同理。

另一方面,边缘性的存在对湘西土著而言也是有利可图。早期土著在构建自身盘瓠子孙的故事之际,利用这一身份获取了"化外之民"在赋税等方面的特权。甚至到了明中后期,土司借助苗乱来实现自身的利益。边缘性成为土著可利用的一种具有重要功能、需要策略性使用的标签与资源。

当然,边缘性能在湘西长期存在,与当地存在"各有君长"(土司区)与"无君长不相统属"(苗区)两大类型的社会关系密切相关。这是湘西土著与其他边缘族群的不同之处,也恰好回应了作者在开篇提出的问题——正因为有当地"次中心"的存在,湘西才能在与其他地区没有明显地理隔阂的情况下,在环境内部长期维系着一种可流动的边缘性。从这个角度来看,边缘性与中心性实则上是一对共生关系,二者缺一不可。

可以说,作者在吸收两种边缘族群研究理论的基础上,巧妙地消解了后人建构的概念,不再执着于用"民族"这一类标签划分历史上的不同人群,转而关注人群背后的行为动机与利益抉择。在观察华夏与边缘长时段互动的同时,了解西南地区建立起中华民族认同的方式,以及其整合入大一统中国的历史过程和机制。①

在该书的最后,作者提出了未来湘西研究的若干方向。在深化研究当地族群的文化与社会运作机制之外,更需将这一区域放入"世界史",或者说一种更广阔的"区域史"视野下,讨论多元中心格局在西南的互动情景。② 笔者以为,在上述思路之外,还可以具体时间为切入点。以明中后期为例,在湘西卫所衰败、土司擅权的情况下,为何土司仍需借助苗乱获取王朝认可的正统性?土著如何在边缘性与正统性的张力间获得平衡?

再如,除了楠木的开采外,16世纪美洲作物如玉米、甘薯的传入,也对西南山区开发造成了相当大的影响。大量汉移民的出现,以及因汉人在农业生产方面具有的优势而导致的资源争夺和民族矛盾,又如何在湘西地区呈现?这些问题都值得进一步探讨。

此外,在关注"西南传统"的同时,也应该注意到历代王朝治边理念的变化。由里耶秦简记载的文书运作可以看到,湘西一些地区在当时已然隶属中原王朝,与内地别无二致。唐代以后,这一地区反而成为土司的区域。有宋一代,华夷之辨日趋严格,正统理念逐渐形成,③ 这实际代表了秦汉以后中央王朝对某些边疆区域采取的收缩政策。明代,在北部边防吃紧的情况下,中央王朝的向外扩张其实是有限的,土司制度成为明代在西南地区推行的主要政策,这也与清朝形成了鲜明的对比。在清初准噶尔汗国灭亡后,中央王朝来自北方的威胁也解除了,清朝对边疆地区,包括西北和西南在内都采取了扩张性的政策。王朝在调整自身治边策略的同时,也会影响到西南地区的反应措施,这一现象同样不容忽视。

总的来说,10~19世纪的湘西,不是边缘逐渐向中央靠拢的单向过

---

① 谢晓辉:《制造边缘性:10~19世纪的湘西》,第15页。
② 谢晓辉:《制造边缘性:10~19世纪的湘西》,第228页。
③ 谢晓辉:《制造边缘性:10~19世纪的湘西》,第45页。

程,也并非如斯科特(James Scott)所言的"逃避统治的艺术"。只有当我们将视线聚焦历史现场本身,才能发掘出这段历史中由多重主体共同利用,并制造边缘性的全过程。

征稿启事

《区域史研究》是由中山大学、香港中文大学、北京大学、厦门大学、武汉大学、清华大学、南开大学、华东师范大学、南昌大学、浙江大学的一批志同道合的学者共同创办的刊物,旨在为区域史研究者提供一个分享最新研究、交流最新思想的平台。本刊设有学人访谈、专题研究、研究综述、读史札记、田野笔记、书评等栏目,现面向海内外学界征稿,来稿要求如下。

(一)论文字数一般不超过3万字,须有中文摘要(200字左右)以及3~5个中文关键词;读史札记、田野笔记一般不超过1.5万字;书评一般不超过4000字,有深度的书评,则不受此限。

(二)文责自负。除非事先说明,否则编辑部对文字内容均可适当处理;译稿一律附原文。

(三)本刊采用社会科学文献出版社的投稿格式和注释体例,请各位作者投稿前务必参照修改。来稿统一采取页下注方式,每页重新编号。出自同一文献的注释第二次出现以后,只需标明著者、篇名、卷次、页码即可。

(四)来稿请通过电子邮件寄至 lingnanculture@126.com,并在邮件标题栏中注明:《区域史研究》投稿。

(五)本刊实行双向匿名审稿制,来稿时请将姓名、工作单位、联系方式、职称等反映作者信息的个人资料另页附上,并在正文中避免出现作者的相关信息。

(六)请勿一稿多投。收稿后逾3个月未做答复,作者可自行处理。

（七）本刊不以任何形式收取编辑费、审稿费、版面费等费用。稿件一经发表，即奉稿酬，稿酬从优，并赠送作者样刊 5 册。

（八）本征稿启事常年有效。

《区域史研究》编辑部

图书在版编目(CIP)数据

区域史研究.2022年.第1辑:总第7辑/温春来主编.--北京:社会科学文献出版社,2022.11
ISBN 978-7-5228-0736-2

Ⅰ.①区… Ⅱ.①温… Ⅲ.①地方史-研究-中国-丛刊 Ⅳ.①K29-55

中国版本图书馆CIP数据核字(2022)第170219号

区域史研究 2022年第1辑(总第7辑)

主　　编 / 温春来
执行主编 / 王东杰

出 版 人 / 王利民
责任编辑 / 赵　晨
文稿编辑 / 汪延平
责任印制 / 王京美

出　　版 / 社会科学文献出版社·历史学分社(010)59367256
　　　　　地址:北京市北三环中路甲29号院华龙大厦　邮编:100029
　　　　　网址:www.ssap.com.cn

发　　行 / 社会科学文献出版社(010)59367028
印　　装 / 唐山玺诚印务有限公司

规　　格 / 开　本:787mm×1092mm　1/16
　　　　　印　张:14.25　字　数:195千字
版　　次 / 2022年11月第1版　2022年11月第1次印刷
书　　号 / ISBN 978-7-5228-0736-2
定　　价 / 99.00元

读者服务电话:4008918866

版权所有 翻印必究